国家卫生健康委员会"十三五"规划教材

全国高等学校教材

供健康服务与管理专业及相关专业用

老年健康服务与管理

Elderly Health Service and Management

主 编　曾　强　陈　垦

副主编　李　敏　武　强　谢朝辉　张会君

编　者（以姓氏笔画为序）

王　锦（华录健康养老发展有限公司）

王维民（解放军总医院健康管理研究院）

冯芮华（中国医学科学院医学信息研究所）

宁宝礼（哈尔滨医科大学附属第一医院）

朱振玲（武警后勤学院）

孙　晶（吉林大学中日联谊医院）

孙　颖（首都医科大学附属北京友谊医院）

李　敏（首都医科大学附属北京友谊医院）

李永丽（河南省人民医院）

佟　青（锦州医科大学附属第三医院）

张　青（武汉大学健康学院）

张　群（江苏省人民医院）

张会君（锦州医科大学）

陈　垦（广东药科大学）

陈传亮（河南省人民医院）

武　强（解放军总医院海南医院）

胡亦新（解放军总医院第二医学中心）

贺　媛（国家卫生健康委科学技术研究所）

贾红红（哈尔滨医科大学大庆校区）

曾　强（解放军总医院健康管理研究院）

谢朝辉（首都医科大学电力教学医院）

褚　熙（首都医科大学宣武医院）

人民卫生出版社

图书在版编目(CIP)数据

老年健康服务与管理/曾强,陈垦主编.—北京:
人民卫生出版社,2020

全国高等学校健康服务与管理专业第一轮规划教材

ISBN 978-7-117-29421-8

Ⅰ.①老… Ⅱ.①曾…②陈… Ⅲ.①老年人-卫生
服务-高等学校-教材②老年人-卫生管理-高等学校-
教材 Ⅳ.①R19

中国版本图书馆 CIP 数据核字(2020)第 005080 号

| 人卫智网 | www.ipmph.com | 医学教育、学术、考试、健康,购书智慧智能综合服务平台 |
| 人卫官网 | www.pmph.com | 人卫官方资讯发布平台 |

老年健康服务与管理

主　　编:曾　强　陈　垦

出版发行:人民卫生出版社(中继线 010-59780011)

地　　址:北京市朝阳区潘家园南里 19 号

邮　　编:100021

E - mail:pmph @ pmph.com

购书热线:010-59787592　010-59787584　010-65264830

印　　刷:人卫印务(北京)有限公司

经　　销:新华书店

开　　本:850×1168　1/16　印张:13

字　　数:367 千字

版　　次:2020 年 3 月第 1 版　2025 年 2 月第 1 版第 9 次印刷

标准书号:ISBN 978-7-117-29421-8

定　　价:48.00 元

打击盗版举报电话:010-59787491　E-mail:WQ @ pmph.com

质量问题联系电话:010-59787234　E-mail:zhiliang @ pmph.com

全国高等学校健康服务与管理专业
第一轮规划教材编写说明

《"健康中国 2030"规划纲要》中指出,健康是促进人的全面发展的必然要求,是经济社会发展的基础条件。实现国民健康长寿,是国家富强、民族振兴的重要标志,也是全国各族人民的共同愿望。推进健康中国建设,是全面建成小康社会、基本实现社会主义现代化的重要基础,是全面提升中华民族健康素质、实现人民健康与经济社会协调发展的国家战略。

要推进落实健康中国战略,大力促进健康服务业发展需要大量专门人才。2016 年,教育部在本科专业目录调整中设立了"健康服务与管理"专业(专业代码 120410T);本专业毕业授予管理学学位,修业年限为四年;目前逐步形成了以医学类院校为主、综合性大学和理工管理类院校为辅、包括不同层次院校共同参与的本科教育体系,各院校分别在不同领域的专业比如中医、老年、运动、管理、旅游等发挥优势,为本专业适应社会发展和市场需求提供了多样化选择的发展模式,充分体现了健康服务业业态发展充满活力和朝阳产业的特色。

我国"健康服务与管理"专业理论和实践教学还处于起步阶段,具有中国特色的健康服务与管理理论体系和实践服务模式还在逐渐完善中。为此,2016 年 4 月和 8 月,人民卫生出版社分别参与"健康服务与管理"专业人才培养模式专家研讨会和"健康服务与管理"专业教材建设会议;2017 年 1 月,人民卫生出版社组织召开了"健康服务与管理"专业规划教材编写论证会议;2018 年 2 月,人民卫生出版社组织召开了"健康服务与管理"专业规划教材评审委员会一届一次会议。在充分调研论证的基础上,根据培养目标、课程设置确定了第一轮规划教材的编写品种,部分编写品种也与《"健康中国 2030"规划纲要》中"要积极促进健康与养老、旅游、互联网、健身休闲、食品融合,催生健康新产业、新业态、新模式,发展基于互联网的健康服务,鼓励发展健康体检、咨询等健康服务,促进个性化健康管理服务发展,培育一批有特色的健康管理服务产业;培育健康文化产业和体育医疗康复产业;制定健康医疗旅游行业标准、规范,打造具有国际竞争力的健康医疗旅游目的地;大力发展中医药健康旅游"相对应。

本套教材编写特点如下:

1. **服务健康中国战略** 本套教材的编撰进一步贯彻党的十九大精神,将"健康中国"战略贯穿教材编写全过程,为学科发展与教学改革、专业人才培养提供有力抓手和契机,为健康中国作出贡献。

2. **紧密围绕培养目标** 健康服务与管理专业人才培养定位是为健康服务业培养既懂业务又懂管理的实用性管理型人才。人才培养应围绕实际操作技能和解决健康服务问题的能力要求,用医学和管理学手段为健康服务业健康、有序、科学发展提供专业支持。本套教材的编撰紧密围绕培养目标,力求在各部教材中得以体现。

3. **作者团队多样** 本套教材的编者不仅包括开设"健康服务与管理"专业院校一线教学专

家,还包括本学科领域行业协会和企业的权威学者,希望能够凝聚全国专家的智慧,充分发挥院校、行业协会及企业合作的优势,打造具有时代特色、体现学科特点、符合教学需要的精品教材。

4. 编写模式创新　为满足教学资源的多样化,教材采用了"融合教材"的编写模式,将纸质教材内容与数字资源内容相结合,教材使用者可以通过移动设备扫描纸质教材中的"二维码"获取更多的教材相关富媒体资料,包括教学课件、思考题解题思路、高清彩图以及视频等。

本套教材共 16 种,均为国家卫生健康委员会"十三五"规划教材,预计 2019 年秋季陆续出版发行,数字内容也将同步上线。希望全国广大院校在使用过程中能够多提供宝贵意见,反馈使用信息,为下一轮教材的修订工作建言献策。

全国高等学校健康服务与管理专业
第一届教材评审委员会

全国高等学校健康服务与管理专业
第一轮教材目录

序号	书名	主编		副主编			
1	**健康服务与管理导论**	郭　清		景汇泉	刘永贵		
2	**健康管理学**	郭　姣		王培玉	金　浪	郑国华	杜　清
3	健康经济学	毛振华		江启成	杨　练		
4	**健康保障**	毛　瑛		高广颖	周尚成		
5	健康信息管理	梅　挺		时松和	牟忠林	曾　柱	蔡永铭
6	健康心理学	孙宏伟	黄雪薇	于恩彦	孔军辉	朱唤清	
7	健康运动学	张志勇	刘忠民	翁锡全	骆红斌	吴　霜	徐峻华
8	健康营养学	李增宁		夏　敏	潘洪志	焦广宇	叶蔚云
9	健康养生学	傅南琳		谢　甦	夏丽娜	程绍民	
10	**健康教育与健康促进**	李浴峰	马海燕	马　莉	曹春霞	闫连秋	钱国强
11	职业健康服务与管理	杨　磊	李卫东	姚　华	汤乃军	刘　静	
12	**老年健康服务与管理**	曾　强	陈　垦	李　敏	武　强	谢朝辉	张会君
13	社区健康服务与管理	曾　渝	王中男	李　伟	丁　宏	任建萍	
14	**健康服务与管理技能**	许亮文	关向东	王淑霞	王　毅	许才明	
15	**健康企业管理**	杨大光	曹　煜	何　强	曹维明	邱　超	
16	**健康旅游学**	黑启明	向月应	金荣疆	林增学	吴海波	陈小勇

主 编 简 介

曾 强

教授,老年心血管内科专业医学博士,博士生导师,老年医学、健康管理专家。现任中国人民解放军总医院健康管理研究院主任,中国健康管理协会副会长,中国老年医学学会副会长,中华医学会健康管理学分会主任委员,联合国教科文组织生命技术研究院(亚洲区)副主席,国际心脏代谢风险学会会员。《中华健康管理学杂志》总编辑,国家科技部人口健康领域专家以及国家自然科学基金委评审专家等职。

从事心脑血管疾病的基础和临床研究以及教学工作二十余年,先后获得多项"国家自然科学基金"及省部级科研基金的资助。在国内外期刊发表论文两百余篇。并荣获7项国家和军队科技进步奖。率先提出并积极实践体检中心的三个战略转变——"由单纯经营型向学科建设型转变,由单纯体检向健康管理转变,由单纯疾病检查向整体健康评估转变"。作为首席科学家承担国家"863"和"支撑计划"亚健康研究课题各一项。2013年获得中华医学会健康管理学分会授予的"健康管理杰出贡献奖"和被《健康报》评为"中国健康管理十大风云人物"。被评为"科学中国人(2016)年度人物"。是我国健康管理学科的创立者之一,也是我国健康管理行业的积极推动者和实践者。

陈 垦

主任医师,教授,硕士生导师。从事医、教、研工作三十余年,积累了丰富的教学经验,尤其热爱医学教育事业。现为全国高等医学教育学会护理教育分会理事,全国高等医学教育学会护理教育分会专家委员会委员,护理学专业教学指导委员会副主任委员,广东省本科高校标准化人才培养指导委员会副主任委员,广东省家庭医生协会副会长。任《广东药科大学学报》《中华全科医学》等多家杂志的编委。先后主持省部级科研项目十余项,发表学术论文近百篇,主编、副主编专著和教材十余部。主要研究领域为消化系统疾病的发病机制和治疗、急救护理、老年人健康教育及健康促进等。

副主编简介

李 敏

　　主任医师,毕业于首都医科大学,为澳大利亚墨尔本大学圣乔治老年病医院访问学者,首都医科大学附属北京友谊医院医疗保健中心原内科主任,首都医科大学本科生任课教师,教龄25年。承担国家"863"及北京市科委关于衰老和慢性病管理相关课题数十项。任中国首部《中华健康管理学》专著编委,参编多部老年医学相关教材。社会兼职:北京医学会健康管理学专业委员会第三届委员会名誉主任委员,中华医学会健康管理学专业委员会第四届委员会常务委员,中国老年学会心脑血管病专业委员会委员等,《中华老年医学杂志》编委,《中华健康管理学杂志》编委。

武 强

　　主任医师,医学博士,硕士生导师,解放军总医院海南医院健康医学部主任。承担原卫生部、军队"老年心血管疾病规律研究"等课题,获军队医疗、科技成果三等奖。参编《当代高血压学》《老年健康服务与管理》《老年医学临床技能培训》等专著、教材;参与制定《中国老年健康生活指南》《医养结合服务机构建设基本要求与服务规范》;主编《听体检说健康》。社会兼职:中华医学会健康管理学分会委员兼教育与培训学组副组长,中国医师协会高血压专业委员常委,中国老年医学学会医养结合促进委员会总干事,中国老年医学学会培训专家,全军保健人员培训基地授课专家,国家健康管理师培训专家,《中华健康管理学》杂志微信编委。

副主编简介

谢朝辉

　　主任医师,毕业于北京协和医学院,流行病学与卫生统计学专业(健康管理方向)医学博士,中华健康管理博士联盟副秘书长,中国健康管理协会理事,健康体检分会常务委员兼副秘书长,北京大学国家发展研究院中国卫生经济研究中心客座研究员,《中华健康管理学杂志》专家,中国科协第三方评价专家,北京市科委和自然基金项目评审专家,全国健康管理师考试、执业医师考试和继续医学教育授课专家。高等学校教龄25年。参加国家"863"课题、科技部重点专项以及老年项目等36项;担任中国首部《中华健康管理学》专著的编委和承担《中华人民共和国基本医疗卫生与健康促进法(草案)》的撰写工作;获省部级科技奖5项;国家知识产权局授权专利3项;撰写SCI以及核心期刊论著41篇。

张会君

　　主任护师,三级教授,硕士生导师,锦州医科大学护理学院院长,曾先后担任护士长、护理部主任、教研室主任、护理技能实验中心主任、护理学院副院长、康复与运动医学院书记、健康管理学院院长。社会兼职:中国老年学和老年医学学会护理和照护分会委员,中华护理学会第二十七届理事会护理教育委员,中国营养学会骨营养与健康分会委员,辽宁省预防医学会老龄健康与医养结合专业副主任委员,辽宁省高级职称评委,《中国全科医学》杂志审稿专家。曾获国家医学教育发展中心奖项2项、省级教学成果奖5项、辽宁省高等学校党建研究优秀成果奖1个;辽宁省"五一巾帼标兵""辽宁省教学名师"、锦州市科普先进工作者、锦州市大学生思想政治教育优秀工作者。主要研究方向为:养老护理,老年慢性病管理。先后主持参与国家级、省部级科研项目16项,指导大学生科技创新项目10项;编写教材和专著12部,发表SCI论文3篇、国家级核心期刊论文112篇。

前　　言

老年健康服务与管理作为老年健康服务业的一种新业态,其服务体系或服务链有着鲜明的特色。主要表现为围绕老年人个体或群体的健康多层次、多样化需求,提供健康检测、监测,健康风险评估,慢性病高危人群筛查,生活方式干预管理,以及借助移动可穿戴技术实施连续动态跟踪随访为主要内容的老年健康管理服务,这与临床疾病检查、诊断、治疗和康复为主要内容的医疗服务有明显不同。

全书共九章,内容涵盖老年健康服务与管理概述、老年人健康特点、老年人健康体检、老年人健康评估、老年人健康指导、老年人健康干预、老年健康管理的信息化及技术、老年健康服务特点及职业规范、健康养老服务。可作为普通高等学历教育、毕业后教育、继续教育、健康管理师培训的教材和参考书。

该书有以下特点和亮点:①理论创新性:老年健康管理融合了中医治未病、预防保健、管理学思维、互联网信息技术以及老年健康管理模式等内涵;②方法的实践性:健康监测、检测、干预、健康教育和健康促进、随访的闭环、全程管理;③适宜技术的交叉性:生物,预防、中医治未病、疾病管理、康复医学、大数据、互联网、可穿戴设备、云计算、人工智能等信息技术的协同应用;④服务的引领性:与国家"十三五"规划、健康中国建设以及新常态下国家慢性病管理和健康养老的发展目标及发展模式相适应;站位高;学科引领作用大。

本书的编委也充分体现了多学科、多部门、大卫生、大健康的理念,来自高等学校、科研院所、医疗卫生服务机构的专家和学者从不同角度,应用鲜活的教学实例和流畅的笔触为本书增色不少,他们严谨求实的写作态度让我们感动。没有他们的无私奉献就没有本书的问世。还要衷心地感谢人民卫生出版社的各位领导和编辑对我们的信任和支持,在此一并感谢!

为了提高本书的质量,以供再版时修改,诚恳地希望广大专家、教师、学生和读者不吝提出宝贵意见,谢谢!

主编　曾强

2019年6月1日

目　录

第一章　老年健康服务与管理概述 ··· 1
第一节　人口老龄化的现状与发展趋势 ··· 1
一、人口老龄化的相关概念 ··· 1
二、健康老年人的标准 ··· 2
三、国内外人口老龄化的现状 ··· 2
四、健康老龄化发展的新趋势 ··· 4
第二节　老年健康服务与管理的内容 ··· 6
一、老年健康服务与管理的内涵和意义 ······································· 6
二、老年健康服务与管理的实施流程 ··· 7
三、老年健康服务与管理的服务模式 ··· 8
四、老年健康服务与管理的展望 ··· 9

第二章　老年人健康特点 ··· 11
第一节　老年人的身体功能 ··· 11
一、循环系统病理生理特征 ··· 11
二、呼吸系统病理生理特征 ··· 11
三、消化系统病理生理特征 ··· 12
四、泌尿系统病理生理特征 ··· 12
五、血液系统病理生理特征 ··· 13
六、内分泌与代谢系统病理生理特征 ··· 13
七、免疫系统病理生理特征 ··· 14
八、神经系统病理生理特征 ··· 14
九、运动系统病理生理特征 ··· 14
第二节　老年人的心理状态 ··· 14
一、老年人的心理特征 ··· 14
二、老年人的常见心理疾病 ··· 18
第三节　影响老年人身心健康的因素 ··· 23
一、影响老年人身体健康的因素 ··· 23
二、影响老年人心理健康的因素 ··· 25

第三章　老年人健康体检 ··· 27
第一节　健康管理新三个转变的内涵 ··· 27
一、健康管理服务"由单纯体检向健康管理转变" ······························· 27

　　二、健康管理机构"由单纯经营型向学科建设型转变" ……………………… 28
　　三、健康体检模式"由套餐式体检向个性化体检转变" ……………………… 29
　第二节　老年人健康体检前的准备 …………………………………………… 29
　　一、老年人健康体检的再认识 ……………………………………………… 29
　　二、老年人健康体检档案建立 ……………………………………………… 30
　　三、老年人健康体检项目设置 ……………………………………………… 32
　　四、老年人健康体检的注意事项 …………………………………………… 34
　第三节　老年人健康体检的内容 ……………………………………………… 35
　　一、自测问卷 ………………………………………………………………… 35
　　二、一般检查 ………………………………………………………………… 36
　　三、物理检查 ………………………………………………………………… 38
　　四、实验室检查 ……………………………………………………………… 38
　　五、仪器检查 ………………………………………………………………… 41

第四章　老年人健康评估 ………………………………………………………… 45
　第一节　老年人身体状况的评估 ……………………………………………… 45
　　一、老年人主要慢性病的风险评估 ………………………………………… 45
　　二、老年人重大疾病的早期筛查 …………………………………………… 52
　　三、老年综合征的风险评估 ………………………………………………… 55
　第二节　老年人生活方式的评估 ……………………………………………… 57
　　一、老年人膳食习惯的评估 ………………………………………………… 57
　　二、老年人运动习惯的评估 ………………………………………………… 58
　　三、老年人睡眠习惯的评估 ………………………………………………… 60
　　四、老年人居住习惯的评估 ………………………………………………… 60
　　五、老年人生活环境的评估 ………………………………………………… 60
　　六、老年人社交习惯的评估 ………………………………………………… 60
　　七、老年人消费习惯的评估 ………………………………………………… 60
　　八、老年人工作习惯的评估 ………………………………………………… 61
　　九、老年人理财习惯的评估 ………………………………………………… 61
　　十、老年人学习习惯的评估 ………………………………………………… 61
　第三节　老年人生活能力的评估 ……………………………………………… 61
　　一、老年人生活自理能力评估 ……………………………………………… 61
　　二、老年人活动与安全评估 ………………………………………………… 66
　　三、老年人生活质量的评估 ………………………………………………… 68

第五章　老年人健康指导 ………………………………………………………… 71
　第一节　健康体检报告的解读 ………………………………………………… 71
　　一、健康体检报告的内容 …………………………………………………… 71
　　二、主检报告的解读在健康体检中的重要作用 …………………………… 71
　　三、主检结论解读与指导 …………………………………………………… 72
　　四、异常指标的解读与指导 ………………………………………………… 73
　　五、主检报告解读注意事项 ………………………………………………… 74
　第二节　健康危险因素方面指导 ……………………………………………… 74

一、健康危险因素指导 ……………………………………………………… 74

二、常见慢性病危险因素指导 …………………………………………… 75

三、老年常见慢性病危险因素指导 ……………………………………… 76

第三节　老年人自我健康管理指导 ……………………………………… 78

一、老年人慢性病的自我健康管理 ……………………………………… 78

二、老年人睡眠的自我健康管理 ………………………………………… 79

三、老年人运动的自我健康管理 ………………………………………… 80

四、老年人饮食的自我健康管理 ………………………………………… 80

五、老年人视力的自我健康管理 ………………………………………… 82

六、老年人听力的自我健康管理 ………………………………………… 83

七、老年人安全用药的指导 ……………………………………………… 83

第四节　对老年人亲属照护者的健康教育 ……………………………… 84

一、老年人家庭成员的健康教育 ………………………………………… 84

二、老年人陪护人员的健康教育 ………………………………………… 87

第六章　老年人健康干预 ………………………………………………… 90

第一节　老年人健康监测与检测概述 …………………………………… 90

一、老年人健康监测 ……………………………………………………… 90

二、老年人健康检测 ……………………………………………………… 92

第二节　老年人的膳食干预 ……………………………………………… 94

一、老年人的营养需求和膳食特点 ……………………………………… 94

二、老年人营养食谱的制订 ……………………………………………… 96

三、慢性病老年人的复合式营养干预方案 ……………………………… 100

第三节　老年人的运动干预 ……………………………………………… 102

一、老年人健康体适能评估 ……………………………………………… 102

二、老年人心肺功能运动干预 …………………………………………… 104

三、老年人肌肉力量运动干预 …………………………………………… 106

四、老年人柔韧性运动干预 ……………………………………………… 107

第四节　老年人常见慢性病及其危险因素的干预 ……………………… 107

一、高血压及危险因素的干预 …………………………………………… 107

二、冠心病及其危险因素的干预 ………………………………………… 110

三、糖尿病及其危险因素的干预 ………………………………………… 111

四、慢性阻塞性肺部疾病及其危险因素的干预 ………………………… 112

五、脑卒中及其危险因素的干预 ………………………………………… 113

六、老年痴呆及其危险因素的干预 ……………………………………… 115

七、老年帕金森病及其危险因素的干预 ………………………………… 116

第五节　老年人心理健康管理干预 ……………………………………… 117

一、老年人的情绪管理 …………………………………………………… 117

二、老年人退休综合征的心理调节 ……………………………………… 118

三、空巢老人的心理慰藉 ………………………………………………… 119

四、失能老人的心理管理 ………………………………………………… 120

第六节　老年人合理用药及多重用药的安全管理 ……………………… 121

一、老年人药动学特征 …………………………………………………… 121

二、老年人药效学特征 ……………………………………………… 122

三、老年人的用药原则 ……………………………………………… 123

四、老年人多重用药的安全管理 …………………………………… 123

第七节　老年照护 …………………………………………………… 125

一、老年照护服务的范围 …………………………………………… 125

二、老年照护服务的作用 …………………………………………… 125

三、老年照护服务的内容 …………………………………………… 126

四、老年照护服务中的沟通技巧 …………………………………… 127

五、老年临终关怀与安宁疗护 ……………………………………… 129

第七章　老年健康管理的信息化及技术 …………………………… 134

第一节　老年健康管理的信息化 …………………………………… 134

一、老年人健康数据采集的信息化 ………………………………… 134

二、老年人电子健康档案的应用 …………………………………… 136

三、"互联网+老年健康管理"的发展 ……………………………… 139

第二节　老年健康管理的信息化技术 ……………………………… 140

一、可穿戴设备在老年人健康管理中的应用 ……………………… 140

二、人工智能技术在老年健康管理中的应用 ……………………… 141

第八章　老年人健康服务特点及职业规范 ………………………… 145

第一节　老年人健康服务的特点 …………………………………… 145

一、健康服务与管理的特点 ………………………………………… 145

二、健康服务与管理需求的特征 …………………………………… 146

三、健康服务和管理消费行为特征 ………………………………… 147

四、老年人健康服务与管理的特点 ………………………………… 148

第二节　老年人健康服务的伦理关系 ……………………………… 148

一、老年人健康服务与管理中的权利 ……………………………… 148

二、老年人健康服务与管理中的义务 ……………………………… 149

第三节　老年人健康服务职业规范 ………………………………… 150

一、老年人健康服务与管理职业道德规范 ………………………… 150

二、老年人健康服务与管理伦理规范 ……………………………… 150

三、老年人健康服务者与管理基本职业规范 ……………………… 151

第九章　健康养老服务 ……………………………………………… 153

第一节　健康老龄化 ………………………………………………… 153

一、养老新概念 ……………………………………………………… 153

二、实现健康老龄化的途径 ………………………………………… 154

三、成功老龄化 ……………………………………………………… 156

四、健康老龄化 ……………………………………………………… 157

五、积极老龄化 ……………………………………………………… 158

第二节　健康养老的模式 …………………………………………… 159

一、居家养老 ………………………………………………………… 159

二、社区养老 ………………………………………………………… 162

三、机构养老 ……………………………………………………………… 164

四、智慧养老 ……………………………………………………………… 165

第三节　健康养老社会服务 ……………………………………………… 167

一、老年人的家庭支持 …………………………………………………… 167

二、老年人的社区支持 …………………………………………………… 169

三、老年人养老机构的支持 ……………………………………………… 171

第四节　健康养老产业 …………………………………………………… 173

一、健康养老产业的定义及分类 ………………………………………… 173

二、养老金融业的构成 …………………………………………………… 174

三、养老地产业 …………………………………………………………… 175

四、养老用品业 …………………………………………………………… 175

五、养老服务业 …………………………………………………………… 178

参考文献 …………………………………………………………………… 184

中英文名词对照索引 ……………………………………………………… 186

第一章 | 老年健康服务与管理概述

本章要点

1. **掌握** 健康老年人的标准；健康老龄化定义；老年健康管理内容和流程。
2. **熟悉** 老年健康管理的目的和意义。
3. **了解** 老年健康管理发展的趋势。

第一节 人口老龄化的现状与发展趋势

随着医学蓬勃发展,社会人口寿命延长和人口结构的变化对每个人乃至整个社会都有着深远的影响。世界各地老年人口所占比例和绝对数量都在急剧增加,人口老龄化是21世纪全球面临的最严峻问题之一,需要开展综合性的公共卫生响应,以应对人口老龄化。我国是目前人口老龄化进展速度最快的国家之一,也是目前世界范围内拥有最多老龄人口的国家。科学看待人口老龄化的发展进程,全面建立有利于老年健康事业发展的政策体系,加强对生命全周期的管理,促进老年人身心健康,最终实现积极健康的老龄化。

一、人口老龄化的相关概念

（一）老年的界定

世界卫生组织对老年的定义为:老年意味着这样一个生命阶段,与前一阶段相比身心功能的损害日益明显。1956年,联合国将65岁作为老年人划分标准,但发展中国家的人口年龄结构比较年轻,对发展中国家人口进行研究时,将60岁作为老年人的起始年龄。1980年,联合国把老年的下限定义为60岁。在我国,中华医学会20世纪80年代确定的老年标准为60岁,因此,在文献中,老年的定义有两个,60岁或65岁。

（二）人口老龄化

研究人口老龄化趋势首先要重视人口老龄化的指标和老年人口的划分标准。通常把社会上老年人口的比例升高称为人口老龄化。反映老龄化的指标最常用的是老年人口系数,即社会中年龄≥60岁或≥65岁的人口占总人口的百分比。若年龄≥60岁的人口达到10%或≥65岁的人口达到7%,则为老龄化。老龄化指数是指≥65岁人口与<15岁人口的百分比,此百分比≥30%为老龄化。此外,其他指标如人口年龄中位数,年龄中位数在20岁以下为年轻型,20~30岁的为成年型,30岁以上的为老年型。社会中人口达到了老龄化的标准,这个社会称为老龄化社会。

二、健康老年人的标准

（一）健康老年人标准的确定

随着年龄的增长,老年人获得人力和社会资源的多少以及可获得的机遇,都取决于一个重要的因素:他们的健康状况。如果人们在延长寿命中身体健康,那么他们做想做的事情的能力就不受限制。但是如果延长的生命始终伴随着脑力和体力的严重衰退,就会对老年人本身和社会产生更多的负面影响。20 世纪中期,世界卫生组织提出健康的定义,健康是指个体不仅没有疾病和衰弱,并且在身体、精神和社会上都呈现完满状态。世界卫生组织对健康老年人的标准提出了多维度评价,包括躯体健康、精神健康、日常生活能力、社会健康和经济状况。1999 年,世界卫生组织提出了积极老龄化的概念,老年人应维持自主和独立能力,保持社会参与的最佳状态,有助于提高老年人生活质量。近年来,世界卫生组织指出健康老年人最好的测量指标是功能,身体功能的适应能力可能比病理的改变程度更能衡量老年人对于健康照护的需求量。文献提示美国并没有明确的健康老年人定义,多以健康老龄化(又称为成功老龄化)的概念进行老年人群体健康的评价。健康老龄化强调的是增龄这一过程相关的身心变化是否健康、是否成功;与之相对应的个体即为健康老年人。健康老年人这一标准的确立是建立在健康与疾病、躯体和认知功能、精神心理、社会参与度以及自我感受等多个维度上,受到社会、文化等因素的影响而不断演变和完善。

（二）中国健康老年人标准的制定

1982 年,中华医学会老年医学分会提出了有关健康老年人标准,健康老年人是指主要的脏器没有器质性病理改变的老年人。1995 年依据医学模式从生物医学模式向社会-心理-生物医学模式转变的要求,中华医学会老年医学分会又对这一标准进行补充修订为 10 条,2013 年对该标准重新修订,修订后的标准通俗易懂,倡导健康生活习惯,同时考虑到机体增龄性改变,引入自我评价和参与社会活动等指标,此标准将对积极的老龄化起到重要作用。《中国健康老年人标准》(2013)内容包括以下 5 个方面:

1. 重要脏器的增龄性改变未导致功能异常;无重大疾病;相关高危因素控制在与其年龄相适应的达标范围内;具有一定的抗病能力。

2. 认知功能基本正常;能适应环境;处事乐观积极;自我满意或自我评价好。

3. 能恰当处理家庭和社会人际关系;积极参与家庭和社会活动。

4. 日常生活活动正常,生活自理或基本自理。

5. 营养状况良好,体重适中,保持良好生活方式。

三、国内外人口老龄化的现状

（一）世界各国老龄化的历程

20 世纪 70 年代以来,世界各国人口年龄结构的老化过程并不相同。1970—2000 年间,老年人口增多,人口出现老龄化。据统计,1950 年欧洲平均年龄中位数就达到 29 岁,2000 年增加到 37.8 岁。法国的人口出生率下降最早,是最先达到老龄化标准的国家。英国是较早进入老龄化的国家之一,老龄化问题较为严峻。根据英国国家统计局 2017 年 7 月发布的数据,英国 65 岁以上的老年人占总人口比例为 18%,85 岁以上的老人占 2.4%,预计到 2046 年,英国 65 岁以上的老人占比将达到 24.7%。

美国人口数量从 1950 年到 2010 年增加了 1 倍多,而且变得更加老龄化、多样化。1950 年,65 岁及以上老年人占美国总人口的 8.1%,1975 年占总人口的 10.5%,2000 年占总人口的

12.4%,2025 年预计占总人口的 17.9%,到 2050 年,将占 4.39 亿总人口的 20%左右,其中 80 岁及以上高龄老年人占总人口的 7.4%,高龄老年女性将占总体女性人口数量的 8.5%。

1970 年,日本 65 岁以上的人口占总人口的 7.1%,日本进入老龄化,日本老龄化程度不断加深。最新数据显示,日本 65 岁及以上的老年人口数量达到 3 557 万,占总人口的 28.1%,预计到 2055 年这一比例将上升至 38%。2000 年,韩国进入"老龄化社会",截至 2017 年底,韩国总人口为 5 142 万人,其中韩国 65 岁及以上人口占总人口的 14.2%,这标志着韩国正式进入"老龄社会",韩国从"老龄化社会"到"老龄社会"的转换速度为全球最高水平。20 世纪 70 年代初,东亚地区人口的出生和死亡水平并不低,在 1970—2000 年间下降很快,导致青少年人口相对急剧减少,老年人口比重相对增加,形成人口加速老龄化的现象。

2000 年至 2050 年,全球 60 岁及以上的人口将从 6 亿增加到 20 亿,增长两倍多,其中大部分增长发生在欠发达国家,这些国家的老年人口数将从 2000 年的 4 亿增加到 2050 年的 17 亿。

(二)中国人口老龄化现状

20 世纪 50 年代以来,随着我国生活水平的提高、卫生条件和生存环境的改善,老年人口增长加速,同时人口生育率大幅下降,1998 年我国总和生育率下降到 1.8 左右,已经接近于英国、法国等发达国家水平。20 世纪 90 年代以来,我国老龄化进程加快,从 1990 年到 2000 年,65 岁及以上老年人口占总人口的比例由 5.57%上升到 6.96%,中国人口进入老龄化社会。《中国老年健康研究报告(2018)》指出,2000 年至 2017 年,中国 60 岁及以上老年人口从 1.26 亿人增加到 2.41 亿人,占总人口比重从 10.2%上升到 17.3%,预计到 2020 年,全国老年人口总量会超过 2.5 亿人,占总人口比重接近 20%。

中国老年人口占世界总量的 1/5,是世界上老年人口最多的国家,中国人口老龄化关系到全球人口老龄化的发展进程。人口老龄化给中国的经济、社会、政治、文化、科技等方面的发展带来了深刻影响,庞大的老年群体在养老、医疗、社会服务等方面的需求压力越来越大。因此,人口老龄化已成为贯穿我国 21 世纪的基本国情,积极应对人口老龄化是国家的一项长期战略任务。中国老龄事业改革发展已贯穿我国"十一五"和"十二五"规划,如今依然是我国"十三五"规划和全面建成小康社会的重要内容。《中国人口老龄化发展趋势预测研究报告》指出,我国人口老龄化具有以下主要特征。

1. 老年人口绝对数多　2004 年底,我国 60 岁及以上老年人口为 1.43 亿,占总人口的 10.97%,并以每年 3.2%速度递增,2026 年将达到 3 亿,2037 年超过 4 亿,2051 年将达到最大值,之后维持在 3 亿~4 亿的规模。

2. 人口老龄化速度快　国际上通用的衡量老龄化速度的指标是 65 岁及以上人口占总人口的比例从 7%上升到 10%、从 10%上升到 14%或从 7%上升到 14%所需要的年限。如果用 65 岁以上人口占总人口的比例从 7%上升到 10%这个指标来衡量,法国用了 75 年,美国用了 30 年,日本用了 15 年,中国用了 16 年。如果用 65 岁及以上人口占总人口的比例从 10%上升到 14%这个指标来衡量,法国用了 40 年,美国用了 35 年,日本用了 9 年,中国用了 11 年。如果用 65 岁及以上人口占总人口的比例从 7%上升到 14%这个指标来衡量,法国需要 115 年,美国需要 65 年,日本需要 26 年,中国需要 27 年。由此可见,中国与其他国家老龄化速度相比,我国老龄化增长速度是相当快的。与"边富边老"和"先富后老"的发达国家不同,我国在刚迈入老龄化社会时处于"未富先老"状态,而在 2026 年老龄社会到来之际,人口老龄化进程超前于经济发展进程,这使我国面临的风险、挑战更为严峻。

3. 高龄人口增长速度快　随着我国人口老龄化速度加快,80 岁及以上高龄老年人口增长速度增快。2005 年,我国 80 岁及以上的老人约 1 600 万,占全部 60 岁及以上人口的 11%,到 2050 年

左右,高龄人口将达到1亿。我国将面临人口老龄化和人口总量过多的双重压力。随着年龄的增长,老年人慢性病的发病率、致残率和死亡率也随之增加,高龄老人空巢化趋势,需要照料的失能、半失能老人数量将急剧增加,社会养老服务体系建设和老人护理院等医疗机构的任务十分繁重。

4. 各地区老龄化发展不平衡　经济水平和生活条件是影响人类寿限的因素之一。我国人口老龄化的发展具有明显的由东向西的区域梯次特征,东部的沿海经济发达地区明显快于西部的经济欠发达地区。最早进入人口老年型行列的上海(1979年)和最迟进入人口老年型行列的宁夏(2012年)比较,时间跨度长达33年。

5. 城乡倒置显著　由于我国城市化加速,农村的青壮年劳动力大量转移到城市,使农村的人口老龄化程度和速度都高于城市,农村同样面临着老龄化的严重问题。2008年全国城市65岁及以上人口占城市总人口的9.66%,农村65岁及以上人口占农村总人口的9.79%,农村的老龄化水平高于城市0.13个百分点。城乡倒置的状况将会持续到2040年。到21世纪后半叶,城镇老龄化水平才将超过农村,并逐渐拉开差距。这是中国人口老龄化不同于发达国家的重要特征之一。

6. 女性老年人口数量多于男性　我国老年人口中女性比例高于男性,2049年将达到峰值,预计女性比男性多出2 645万人。21世纪下半叶,多出的女性老年人口基本稳定在1 700万~1 900万,多出的女性老年人口中50%~70%都是80岁及以上年龄段的高龄女性人口。

四、健康老龄化发展的新趋势

人口老龄化受到出生率和死亡率两个直接因素的影响,社会和经济发展水平是决定这两个因素的根本力量,人口老龄化是社会与经济发展的产物,社会与经济的发展推动着人类的物质文明和精神文明进步。世界老龄化发展问题的报告指出,世界人口老龄化的趋势不可避免,并对经济和社会发展产生深远影响。

(一)人口老龄化趋势不可逆转

从2005年至2050年,世界人口增加的一半为60岁以上的老年人,80岁及以上人口将从9 000万增加到4亿。不同国家老龄化的速度不同,未来几十年,发展中国家的老龄化速度将超过发达国家,到2050年,79%的老年人将生活在发展中国家。由于老龄化的加剧,世界上15岁至64岁的劳动力人口的年龄组成也发生变化,2005年50岁及以上劳动力人口占1/5,到2050年将增加至1/4,发达国家将增加至1/3。

21世纪我国将是一个不可逆转的老龄社会。从2001年至2100年的100年间,按照我国人口老龄化发展趋势可划分为快速老龄化、加速老龄化和重度老龄化三个阶段:

2001—2020年是快速老龄化阶段。我国平均每年增加596万老年人口,年均增长速度3.28%,超过总人口年均0.66%的增长速度。预计到2020年,全国老年人口总量会超过2.5亿人,占总人口比例将接近20%。

2021—2050年是加速老龄化阶段。20世纪60年代至70年代中期,新中国成立后第二次生育高峰的人群开始进入老年,我国老年人口数量开始出现加速增长,平均每年增加620万人,到2050年,老年人口总量将超过4亿,老龄化水平增长到30%以上,80岁及以上高龄老人将占老年人口的21.78%。

2051—2100年是稳定的重度老龄化阶段。2051年,我国老年人口规模将达到峰值4.37亿,约为少儿人口数量的2倍。此阶段的老年人口规模将稳定在3亿至4亿,老龄化水平基本稳定在31%左右,80岁及以上高龄老人占老年总人口的比重将保持在20%~30%,进入高度老龄化的平台期。

（二）老龄化社会带来的挑战

人口老龄化对经济社会发展的挑战主要体现在：①增加经济社会负担：由于劳动力人口比例缩减，老年人口比例增加，全社会用于养老、医疗、照护、福利保障和设施建设等方面的支出将大幅增加，政府财政负担加重；②人口老龄化将改变劳动力供给格局和影响技术进步，使我国陷入"中等收入陷阱"，呈现劳动力资源短缺、与技术进步相关的人才与资源投入相对不足的局面，导致经济增长乏力；③人口老龄化还可能会影响宏观经济安全，对国家能源结构、产业结构、金融系统的稳定性产生深远影响。预计在 2015—2050 年，全社会用于养老、医疗、照料、福利与设施方面的费用占 GDP 的比例，将由 7.33% 增长到 26.24%。面对如此严峻的老龄化挑战，我国亟须开拓一条中国特色健康老龄化路径，这将为世界同样步入"未富先老"之列的国家提供中国智慧与中国经验。

（三）健康老龄化发展的新趋势

1. 健康老龄化概念　健康老龄化（healthy aging）最初是在 1987 年 5 月的世界卫生大会上被提出，1990 年世界老龄大会上被世界卫生组织作为应对人口老龄化的一项发展战略，世界卫生组织于 2002 年在健康老龄化的基础上，提出"积极老龄化"的政策框架。2016 年世界卫生组织发布的《关于老龄化与健康的全球报告》指出，健康老龄化是发展和维护老年健康生活所需的功能发挥的过程。功能发挥是指使个体能够按照自身观念和偏好来生活和行动的健康相关因素。它由个人内在能力与相关环境特征以及两者之间的相互作用构成。健康老龄化反映了个体与所处环境之间持续的相互作用，而这种相互作用的结果即为内在能力和功能发挥的轨迹。积极老龄化定义为"为提高老年人的生活质量，尽可能优化其健康、社会参与和保障机会的过程"。世界卫生组织的政策框架确定了积极老龄化的六个重要的决定因素：经济、行为、个体、社会、卫生和社会服务、物理环境。此外，建议了卫生政策响应的四个必要组成部分：预防和减少因过多失能、慢性病和过早死亡所导致的负担；减少重大疾病的危险因素，增加整个生命过程中的健康保护因素；建立可负担、可及、优质和关爱老年人的连续的卫生和社会服务体系，解决老年人的需求和权利问题；为照护人员提供教育和培训。

2017 年 3 月我国发布的《"十三五"健康老龄化规划》，将健康老龄化定义为："从生命全过程的角度，从生命早期开始，对所有影响健康的因素进行综合、系统的干预，营造有利于老年健康的社会支持和生活环境，以延长健康预期寿命，维护老年人的健康功能，提高老年人的健康水平。"作为一项围绕医疗保健和老年人健康问题的战略，健康老龄化将核心目标聚焦于提高老年人的生命质量，缩短带病生存期，延长健康预期寿命。

2. 促进健康老龄化的策略　促进健康老龄化的干预措施可以有很多着手点，但共同的目标是尽可能改善功能发挥。可以通过两种方式达成：一是增强和维护内在能力；二是使功能衰减的个体能够做其认为重要的事情。对于内在能力强而稳定者，其公共卫生策略的重点应该是尽可能长久地维持这种状态。卫生系统应该尽早发现并控制疾病和危险因素。环境战略对于促进健康行为非常重要，其手段包括提高个人的知识和技能，并广泛执行环境措施，如征收烟草税或为锻炼身体提供安全愉悦的环境。环境还可以通过消除身体功能运行的障碍而促进本阶段的功能发挥。对于能力衰退者，其公共卫生干预的重点有所不同。此阶段，疾病可能已经发生，卫生系统的重点逐渐从预防或治疗疾病转变为防止功能衰退。对于已经严重失能或者面临严重失能风险的老年人，其公共卫生响应的重点是提供长期照护。公共卫生干预应该在老年人从一个时期过渡到另一个时期时仍然能够完美衔接，从而为他们继续提供支持。综合性卫生保健计划是将卫生系统重新定位为以老年人为中心的整合型服务的重要手段，建立以老龄人群为中心的卫生

保健体系,并确保老年人能够得到有效服务,将内在能力提升作为体系的工作重心,促进卫生保健和社会服务的整合,增进不同卫生服务之间的协调,从而有效促进健康老龄化。

为了积极参与全球健康治理、履行2030年可持续发展议程国际承诺,我国发布《"健康中国2030"规划纲要》,阐明了促进健康老龄化的具体措施,包括:推进老年医疗卫生服务体系建设,加强常见病、慢性病的健康管理和健康促进;推动医养结合发展,鼓励社会力量积极参与,促进老年人预防、诊疗、康复、临终关怀等医疗服务与居家、社区和机构提供的养老服务的有机结合;推动开展老年心理健康与关怀服务;推动长期照护服务发展,针对不同经济水平、健康水平的老人建立多层次长期护理保障制度;实现老年基本药物可及性的覆盖。

促进健康老龄化和积极老龄化对社会经济的发展和实现健康中国战略有重要意义:

(1)健康权是老年人的一项基本人权,国家有义务为老年人提供可用、可及、可接受和优质的健康服务,维护和促进老年人的健康是社会和谐与稳定的必然要求。

(2)提升老年人的健康预期寿命和生活质量,为其提供支持性的养老、预防、医疗、康复、照料环境,通过预防疾病、促进健康来极大地减轻政府和社会的财政负担。

(3)健康老龄化和积极老龄化措施的实现会使健康、活力的老年人增加,带来人力资本折旧率的降低,有利于形成第二次人口红利。

(4)健康老龄化和积极老龄化将促进经济发展方式的转变和产业结构调整升级,人口老龄化使老年人口消费率上升,长期照顾和老年健康服务将带来就业岗位的增加,并促进养老产品、保险产品、医养产业等繁荣发展。

实现和推进健康老龄化、积极老龄化是我国应对老龄化高速发展态势的必由之路,科学看待人口老龄化的发展过程,全面建立有利于老年健康事业发展的政策体系,全面开发人力资源、推动医养结合、推进长期照护保险和服务体系建设、构建老年友好环境,使老年人及其家庭能够享有更高的生活质量,促进代际关系的和谐,努力实现老龄化背景下的可持续发展。

(曾　强)

第二节　老年健康服务与管理的内容

一、老年健康服务与管理的内涵和意义

(一)老年健康服务与管理的内涵

老年健康服务与管理就是以老年人的健康为中心,对个体或群体健康状况及其影响因素进行检测、评估、指导、干预,为老年人提供必要的满足其物质生活和精神生活需求的服务,并对老年人的整体健康进行标准化、量化、个性化、智能化、连续性健康监测和管理的全过程。

(二)老年健康服务与管理的意义

随着时代和社会的变迁,传统的生物医学模式正在向生物-心理-社会模式转变。老年人虽然不是与众不同的群体,但是他们却有许多特殊的需求,例如:随着年龄的增长,老年人在身心健康和社会功能方面都会老化和弱化,特别需要社会、家庭来呵护;老年人对社会保障、社会福利、社会风气、公共卫生保健事业、医疗卫生服务、生活服务的需求,对于社会参与、文体娱乐、家庭成员关系、再婚等的需求都有这个群体自身的特点。

老年人经历多个生活事件如丧偶、离退休后使老年人角色发生变化,社会活动减少,从而产生失落感、孤独感,很容易产生焦虑和抑郁。焦虑和抑郁是一种负性情绪,可导致老年人躯体疾病症状扩大化和社会功能缺陷,并使慢性疾病患者的心理调节功能削弱,引起躯体产生功能性、

器质性病变,躯体疾病恶化或加重,影响康复效果并增加社会功能缺陷和自杀的危险性。老年人的生活质量是指老年人对自己的身体健康、精神心理及社会交往诸方面满意程度的主客观总结和评价。其主观幸福感除了受到自我概念的影响外,还与老年人的身体状况、文化程度、配偶状况、月收入、社会支持、家庭环境等有关。

面对生活事件时,鼓励老年人充分利用社会支持帮助系统。一方面通过弘扬全民敬老传统美德,倡导爱老的社会风尚,关爱老年人的身心健康,普及疾病知识及心理健康知识,定期开展体格检查、身心健康评估,从生活方式方面进行有针对性的健康管理干预,不断促进老年人常见病、慢性病的健康指导和综合康复,减低医疗费用。另一方面还要培养老年人的兴趣爱好,帮助老年人提升心理防御能力,以积极的应对方式面对现实,保持心理平衡。提高老年人的自我健康管理和自身情绪调节、社会适应能力和人际交往能力,延缓认知功能减退。此外,还要调动社会各方面的力量,在老年人的外部形成一个良好的社会支持网络,完善老年人的各种保障措施,提高老年人的社会文化与经济地位,让老年人随着社会的发展生活更有新意,使老年人无后顾之忧,消除或减轻孤独、忧郁等负性情绪,提高生活质量和主观幸福度。

二、老年健康服务与管理的实施流程

老年健康服务与管理分八个步骤。

第一步:建立健康档案

建立老年人个人健康档案、生活习惯档案、健康管理档案以及家庭档案。健康档案包括个性化健康体检项目设计方案、健康体检报告、身体和心理健康风险评估报告、健康干预计划和方案、健康干预实施过程记录、慢性病管理记录、特殊需要记录、家庭状况以及家庭成员的相关信息等资料。健康档案是一个综合的、连续的、个体化的老年人健康信息记录库。

第二步:健康信息采集

有针对性地设计个性化老年人健康体检项目,安排健康体检,收集老年人生理和心理健康相关信息;填写健康问卷获得生活习惯、现病史、家族史及随访情况等信息,为老年人健康风险评估提供基础数据。

第三步:健康风险评估

根据老年人的体检报告和生活方式问卷,了解老年人的生活方式,结合其既往病史、症状和家族史等信息,进行综合评估。分析老年人身心健康的危险因素,预测其未来5到10年内疾病发生的趋势,将老年人群分为低风险人群、中风险人群和高风险人群并给予有针对性的预警提示,使老年人对自身健康高度重视和早期防范,为制订健康干预计划和方案提供量化指标。

第四步:出具健康处方

制订减少健康危险因素的干预计划和方案,出具健康干预处方,包括健康教育的内容、干预的目标、内容、途径、手段、频率、方法等,如业临床状态的异常指标分析;生活方式方面包含膳食干预、运动干预、心理干预、行为干预、环境干预等处方;疾病的干预包括单种疾病和多种疾病的干预处方。

第五步:健康指导

针对疾病的危险因素,以"饮食能量平衡、运动量化管理、心理情绪疏导、中医养生"等为核心,开展生活方式、运动、心理、康复等方面的健康教育和指导,提高老年人的健康素养。

第六步:健康干预

依据健康管理处方的内容,有步骤地以多种形式帮助老年人采取行动,纠正不良的生活方式和习惯,控制健康危险因素,如针对由于不良的生活习惯导致的膳食结构不合理、超重或肥胖、运

动方式不得当、心理上存在抑郁焦虑等问题,为老年人进行心肺功能评分,制订个性化的运动方案;控制总热量、调整饮食结构、减少烟酒的摄入量;举办心理健康教育讲座,保持健康的心态,学会自我调节和自我放松等。必要的情况下,对个体进行压力、心理状况测试,提供心理咨询服务,提高生活质量。对已诊断明确的疾病,如高血压、糖尿病、高脂血症以及无症状高尿酸血症等实施单病种管理,健康管理师提供初期评估,出具健康管理处方,实施生活方式、药物等干预和追踪复查提醒服务。对自身慢性疾病较多,生活方式不合理的老人要进行全面评估,制订个性化综合的健康管理方案。除咨询、指导、宣教、干预外,开通体检、管理、就诊、急救等绿色通道。有条件的还可以通过高清技术设备和现代网络科技开展远程会诊服务。此外,保证环境设施安全,指导训练老年人养成良好的健康行为,预防跌倒。

第七步:健康管理效果评价

在管理过程中对老人的身心健康状况进行阶段性效果评价和年度效果评价,可包含单项干预效果评价和综合干预效果评价。干预前后生活方式、行为因素改善的比较等,依据评价结果调整健康管理干预计划和方案,使老人的健康状况得到有效的改善和促进。

第八步:健康动态跟踪

通过短信、电话、互联网、邮件、上门、可穿戴设备等跟踪老年人执行健康管理计划的状况,持续监测,随时掌握老人身体变化和健康状况,不断调整和修订健康干预计划和方案,跟踪随访。

三、老年健康服务与管理的服务模式

(一)家庭医生签约服务模式

家庭医生服务模式是以家庭医生与老年人以签订协议的方式为老人提供连续的综合健康管理服务的一种卫生服务模式。该模式适合社区高龄、重病、失能、部分失能等行动不便或确有困难的老年人。通过设立家庭病床、定期体检、咨询、护理和慢性病管理提供服务。此模式可以将医生坐诊变为主动问诊,将间断服务变为连续服务,将疾病治疗变为综合、连续、有效的健康管理服务。

(二)社区巡诊服务模式

社区分片成立健联体,由专家牵头巡诊小组,针对社区老人开展常见病和慢性病的健康管理、重点人群日常体检等基本公共卫生服务。该模式适合慢性病患病率较高的社区老人的慢性病健康管理需求。此外,还要积极动员高级职称专业技术人员参与健康管理工作,提升社区慢性病综合防治水平,使老年人居家就能够享受到高水平的健康管理服务。

(三)公立医院健康管理中心服务模式

医院体检机构由单纯的健康体检向健康管理转变,可以借助医院强大的医生和护理团队完成健康体检和检后健康管理工作,如为健康、亚临床人群提供健康体检、健康评估、健康咨询、健康教育及慢性病管理等服务,同时开辟就医绿色通道,及时发现健康问题并给予相应处理。

(四)民营专业体检中心服务模式

由民营的专业体检机构提供健康管理相关服务。体检前重视体检环境的优化,设计合理的体检套餐,体检后有体检报告咨询指导和就医绿色通道,设有专项的健康管理服务。老人生病时,可预约专家就诊,代送报告和医药,以自身的专业特点开展如健康体检、健康咨询、慢性病管理和中医养生保健等相关的健康管理服务。

(五)养老机构护养结合模式

老人的护理分为自理、介助、介护三个等级。养老机构除了护理外还结合老年人的健康状况

如健康史、自理能力、精神状况、功能活动等状况和健康危险因素开展运动、饮食、心理、健康教育、药物等健康管理指导和干预服务。

（六）社会支持模式

社会支持模式是指老年人通过社会联系所获得的能减轻心理应激反应，缓解精神紧张状态，提高社会适应能力的影响模式。其中社会联系是指来自家庭成员、亲友、同事、团体、组织和社区的精神上和物质上的支持及赞助。良好的社会支持有益于缓解生活压力，有益于身心健康和个人幸福；缺乏社会支持，则会导致个人身心疾病，使个人日常生活的维持出现困难。

（七）参与社会活动模式

老年人社会活动参与不仅指参与社会经济发展活动、家务劳动，还包括参与各种社会文化活动及各种社会文化精神生活。老年人继续发挥余热，再就业或重新再就业、读书学习、从事家务劳动、参加歌舞活动对增加老年人的经济收入，实现精神寄托和减少孤独感，以及发挥个人的特长，实现自我价值，增进老年人的身体健康有很大益处。

（八）家庭关爱模式

家庭是老年人晚年生活的主要场所，亦是满足老年人各种需求的主要来源，家庭成员能够提供目前社会所无法提供的各种支持，例如生活照料、精神慰藉、经济支持等。因此，家庭关系和谐、适应退休生活、性格外向、情绪调节能力强的老人生活质量较高，经常参与社会活动，爱好广泛，读书看报，参加歌舞活动，锻炼身体的老人能够放松心情，丰富业余生活，保持快乐的心态，促进了生活质量的提高。随着时代的变迁，生活的丰富多彩，影响老年人生活质量的重要因素已从年龄和婚姻，演变为与家人的关系、情绪调节能力以及跳舞、集邮、看电影等爱好。因此，老年人参与社会活动，增强情绪自我调节能力，培养诸多爱好，积极与人交往，保持良好和谐的家庭关系至关重要。

（九）"互联网＋"健康管理模式

运用互联网、人工智能等信息技术构建检前、检中、检后的线上线下一体化的新型健康管理服务模式。该模式适合文化程度较高的社区老年人。可网上在线开展远程医疗、健康咨询、部分常见病、慢性病复诊，开具健康管理咨询处方等健康管理服务。应用可穿戴设备实时收集连续、完整的健康信息。如通过智能手环、戒指、项链、耳环、皮带扣、智能背心、T恤、鞋等，来监测血压、心率、脉搏、体温、血氧饱和度、皮肤电反应、心电图、步态等指标。再通过蓝牙、WiFi将监测数据传输至远端服务器或软件客户端，健康管理师在计算机后台及时为用户提供反馈和建议，为老年人提供互联网预约挂号、预约床位、康复护理、送药上门、健康宣教等服务。

四、老年健康服务与管理的展望

老年健康服务与管理要持续发展，必须注重健康服务与管理的标准化、专业化以及实用技术和行业规范等方面的研究。整合多学科的力量，拓展健康管理的筹资渠道，如制订健康管理的收费项目（运动处方、营养处方、慢性病随访、心理干预等）及收费标准。打破信息孤岛，建立区域性健联体，开放社区卫生服务中心、医院、社会保障局和卫健委等部门的众多健康信息，以慢性病管理为切入口，通过将大数据、人工智能与移动终端相结合，有效地突破人们在管理自身健康时面临的获取健康数据难的问题。除了重视个体健康状况的变化外，还要考虑相似特征群体的分类管理，更要注意多源数据的横向关联和纵向归纳的深度挖掘，实现资源共享。此外，还要转变现行医保政策的思路与观念，以健康为中心，将医疗保险模式转向健康管理模式。总之，现代服务业的发展促进了老龄事业健康管理与服务的产业化，要以人性化、亲情化为方向，借鉴国际先进养老模式，推广智能健康养老服务，着力巩固提升公益性养老服务品质，积极拓展市场化养老服务,大力发展健康管理与养老服务相结合,打造国际级健康服务与管理发展新高地。

(谢朝辉)

思考题

1. 我国健康老龄化的定义是什么?
2. 我国健康老龄化发展战略有哪些?
3. 老年健康服务与管理的实施流程是什么?
4. 老年健康服务与管理的发展趋势是什么?

第二章 老年人健康特点

本章要点

1. **掌握** 老年病的分类和临床特点;老年人记忆能力和智力衰退的特点;思维、性格、情绪和情感变化的具体表现;老年焦虑症、老年抑郁症、退休综合征的特征及防治;老年综合征的概念和临床特点。

2. **熟悉** 八大系统的老化对机体的影响及引起机体疾病的病因;老年人感知觉特征、老年疑病症的临床表现;影响老年人身体和心理健康的因素。

3. **了解** 老年疑病症、老年抑郁症、老年焦虑症的病因;各系统老化的解剖学特征、诱因及流行病学特点。

第一节 老年人的身体功能

衰老属于自然生命现象,人体器官系统功能状态随着年龄的增高而下降,是一种自然的生理状态,不是一种病态,但是与老年病的发生发展有着密切关系。了解衰老过程及老年人病理生理特征对于了解老年病的危险因素,及时采取相应的干预措施,以及延缓衰老进程、维护老年健康长寿有重要意义。对于老年人很难严格界定生理和病理的界限,这里我们按照人体的主要系统将老年人的生理特征和病理特征放在一起介绍。

一、循环系统病理生理特征

随着年龄的增加,心肌逐渐出现肥厚、心肌间质纤维化、淀粉样变等,导致心脏顺应性降低。心肌收缩力随增龄而降低,70 岁时心脏收缩功能储备能力相当于 40 岁时的 50%,心排血量减少。瓣膜增厚和僵硬导致瓣膜功能障碍。这些老化改变使老年人易发生心力衰竭。窦房结及房室结功能减退,临床表现为静息心率和运动最大心率降低,运动后恢复到静息心率的时间延长。左房扩大、心房肌纤维化、淀粉样变等因素使老年人容易发生房性心律失常。

血压随年龄有升高趋势,特别是收缩压。运动时收缩压升高幅度大于中青年,恢复至静息血压所需时间延长。动脉僵硬度增加,动脉扩张度变差,舒张压降低。中心静脉压调节功能减退,使老年人在热水浴后或进餐后容易出现血压降低,脱水、血容量丢失或感染等情况下,比成年人容易出现低血容量休克。老年人冠脉血流量减少,心脏舒张功能障碍,心肌纤维化、心肌硬化及小冠状动脉血管床减少,导致冠状动脉储备能力降低,应激时会产生明显心肌缺血、缺氧。

二、呼吸系统病理生理特征

老年人气道黏膜腺体萎缩,对气流的过滤和加温功能减退,气道的整体防御功能下降,容易发生上呼吸道感染。气管、支气管黏膜萎缩,弹性组织减少,纤维组织增生,黏膜下腺体和平滑肌萎缩,支气管软骨钙化变硬,管腔扩张,胸廓因肋骨、脊柱钙化而变硬,前后径增大呈桶状。小气道杯状细胞数量增多,分泌亢进,黏液潴留,气道阻力增加,易发生呼气性呼吸困难。肺泡壁变薄,泡腔扩大,弹性降低,肺组织重量减轻,呼吸肌萎缩,肺弹性回缩力下降,导致肺活量降低、残气量增多,咳嗽反射及纤毛运动功能退化,使老年人咳嗽和反射功能减弱,滞留在肺内的分泌物和异物增多,这些因素导致老年人呼吸系统易感染且不易控制。老年人残气量及无效腔通气/潮气量增高,肺泡弥散能力下降,换气功能下降,表现为动脉血氧分压随着年龄增长而降低,且肺泡动脉氧梯度增大。第一秒用力呼气量在 30 岁以后每年递减 10ml,而在吸烟者中每年递减 20ml以上。老年人化学感受器的反应性降低,对低氧、高碳酸血症的通气反应减退。呼吸系统疾病是老年人常见疾病,也是造成老年患者死亡的重要病因。老年人慢性呼吸系统疾病急性加重以及其他系统疾病加重时,更容易出现呼吸衰竭。老年人手术、骨折、卧床等情况时,更易出现肺不张及吸入性肺炎。

三、消化系统病理生理特征

1. **牙齿损害**　导致咀嚼功能减退,机械性消化功能减退。
2. **唾液腺**　分泌减少,造成淀粉类食物消化能力下降、口干,甚至出现吞咽困难。
3. **食管**　肌肉萎缩,动力减弱,排空延迟。食管上括约肌功能减弱导致胃内容物反流至食管,上括约肌功能减弱使反流物进入口腔甚至肺部。
4. **胃**　动力减弱,胃排空减慢,易发生消化不良等。胃酸分泌减少影响铁和维生素 B_{12} 吸收,同时造成对病原性微生物的抵抗力降低。老年人易发生萎缩性胃炎和功能性消化不良。胃液和碳酸氢钠盐分泌减少,使防御机制下降,胃黏膜易受损伤引起相关疾病。小肠有效吸收面积减少、消化酶分泌减少,导致食物不能充分消化。
5. **结肠和直肠**　神经、肌肉退化,各项功能减弱,使老年人易发生结肠憩室、慢性便秘、缺血性肠病、息肉和恶性肿瘤。
6. **肝脏**　质量下降,40 岁时约 1 200g,71 岁时 741g。肝细胞萎缩,结缔组织增生,部分肝细胞酶活性降低,肝脏解毒功能减弱。蛋白质的合成和储备减少,血浆白蛋白下降,球蛋白及纤维蛋白原相对升高,血胆红素减少。
7. **胆囊**　胆管壁增厚,胆囊变小及收缩功能下降,胆汁浓缩并含有大量胆固醇和胆红素,易沉积而形成胆石,故老年人易患胆石症、胆囊炎和急性胰腺炎。
8. **胰腺**　体积缩小,胰酶分泌减少,胰蛋白酶和淀粉酶活性降低,故老年人易发生消化不良。

四、泌尿系统病理生理特征

1. **肾血流量**　人体从 40 岁开始肾血流量大约每 10 年下降 10%,90 岁老年人肾血流量仅为年轻人的 50%。
2. **功能性肾小球**　数目逐渐减少,单位面积毛细血管袢的数量也减少,肾小球平均滤过面积减小,而系膜成分相对增多,基底膜增厚,小动脉玻璃样变,形成局灶性肾小球硬化,外表健康的 80 岁老年人,发生硬化或玻璃样变的肾小球数已多达 30%。
3. **肾小管**　数量减少,从 40~80 岁功能性肾小管减少近 40%。近端肾小管出现萎缩,远端小管扩张并且部分形成憩室或囊肿。
4. 膀胱松弛,前列腺增大,易出现尿频、尿急、夜尿增多情况,易并发急性尿潴留、尿路感染。
5. **肾功能**　全面减退,包括肾小球滤过率(GFR)下降,但是老年人肌肉组织萎缩,肌酐生成明显减少,即使 GFR 明显降低,血肌酐水平可近似正常。肾小管的尿液浓缩稀释功能降低,酸化功能减退,65 岁以上老年人酸化功能较年轻人降低约 40%。老年患者口渴知觉降低,浓缩功能降

低,肾素对容量反应减弱,在体液丢失情况下极易发展为低血容量并出现低血压。肾脏稀释能力减少以及处理钠的能力下降,在大量输液时易出现水潴留及低血钠,在有心血管病或者中枢神经系统疾病时易于发生肺水肿和脑水肿,而在限水或给予高钠饮食时,又可能出现高钠血症。肾分泌 NH_3 能力障碍,在发生酸中毒时代偿能力明显下降。

五、血液系统病理生理特征

随着衰老,造血系统功能下降,血液成分发生了一系列变化。

1. **血红蛋白**　骨髓随着衰老而减少,老年人造血组织被脂肪和结缔组织所代替,60 岁、70 岁、80 岁以后,骨髓脂肪组织可分别增加至 42%、61% 和 76%。青壮年在应激情况下黄骨髓可转变为具有造血功能的红骨髓,尽快恢复造血能力,老年人这种应激能力明显减低。造血干细胞的增生力明显减低。老年男性平均血红蛋白浓度缓慢下降,女性变化不大。据文献报道老年贫血发生率在 7.3% ~ 28%。

2. **粒细胞**　数量改变不明显,但是,感染时中性粒细胞升高程度不如年轻人,呈显著的核左移表现。骨髓粒细胞的储备能力降低。粒细胞吞噬能力降低,对趋化性多肽和氧化应激的反应性减弱。淋巴细胞数往往是减少的,可能与胸腺萎缩有关,同时胸腺媒介的 T 细胞不足,因此老年人 T 细胞依赖的免疫反应减弱,B 细胞产生抗体的能力降低。

3. **血小板**　数量基本无变化,但是血小板黏附和聚集活性升高,对聚集诱导剂的反应增强,易于在损伤的血管内皮表面形成附壁血栓,血管内皮细胞表面的维护血管系统自身通畅的保护性机制削弱了。

六、内分泌与代谢系统病理生理特征

随着机体老化,内分泌腺形态与功能发生了相应的变化:①与生长、生殖功能有关的激素水平下降;②某些激素的分泌随着增龄而改变,但是不确定;③某些激素对靶组织的敏感性下降,如胰岛素。功能的变化不能适应机体的生理需要时,相应组织或器官功能出现病理状态。

1. **下丘脑**　退化性改变主要是重量减轻、血供减少、结缔组织增生及细胞形态改变。老年人的下丘脑昼夜节律的调节障碍,与老年失眠、智力下降、抑郁等密切相关。下丘脑是体内自主神经中枢,其功能减退使各种促激素释放激素分泌减少或作用减弱,接受下丘脑调节的垂体及下属靶腺功能也减退。

2. **脑垂体**　重量减轻、血供减少,结缔组织增多,嫌色性和嗜碱性细胞相对增多,嗜酸性细胞相对减少。老年人容易发生垂体腺瘤。垂体的功能改变对老年人的代谢、应激、衰老等生命活动具有重要影响。肾上腺纤维化,皮质和髓质的细胞减少,脂褐素颗粒沉积。

3. **肾上腺皮质**　激素的分泌下降,使机体的应激能力明显减弱。

4. **甲状腺**　甲状腺纤维化、腺体萎缩和重量减轻,甲状腺滤泡的数目、大小、胶质和分泌颗粒均减少,合成及分泌功能降低。甲状腺是维持发育与代谢的重要内分泌腺,老年人在老年期,活力较强的 T_3 减少 10% ~ 15%。老年人基础代谢率逐年降低。

5. **甲状旁腺**　甲状旁腺随增龄其重量减轻,主细胞减少,甲状旁腺分泌的甲状旁腺素活性减弱。但是,老年人常常因维生素 D 缺乏,导致甲状旁腺素水平增高,从而增加老年人骨质疏松的风险。

6. **性腺**　活性降低,性功能减退。体内雄激素与雌激素比例的改变与老年人许多疾病的发生有关,女性更年期后骨质疏松和冠心病等的患病率明显增加。

7. **胰岛素**　分泌减少,胰岛素释放延迟,胰岛素受体数量减少,对胰岛素敏感性下降(胰岛素抵抗),因此老年人糖耐量随年龄增高而降低,约 1/3 老年人会发生胰岛素抵抗,引发 2 型糖尿病。

七、免疫系统病理生理特征

老年人免疫功能下降,主要表现为胸腺萎缩,成熟 T 细胞减少,胸腺素水平下降,细胞免疫、体液免疫功能降低,对外源性抗原产生抗体能力下降,对自身抗原产生抗体能力却增强,故易患自身免疫性疾病。老化使免疫功能下降、抵抗力降低,感染发生率升高。

八、神经系统病理生理特征

老年人神经系统老化的主要表现为:①神经细胞减少,脑重量减轻,脑体积缩小,皮质变薄,脑沟加宽,脑室扩大;②脂褐质、淀粉样蛋白等沉积在神经元内和神经元周围,使其功能减退直到丧失,最终可损伤患者记忆力,逐渐发展到痴呆;③细胞形态改变:神经元数量减少伴有神经元形态改变;④脑血管改变:脑血管内膜增生、中层纤维变性和透明性变性,使血管狭窄甚至闭塞,出现脑血管病;⑤外周神经的神经束内结缔组织增生,神经纤维变性等。

九、运动系统病理生理特征

躯体功能的衰退在运动系统表现得更为明显。骨质有机物减少,骨皮质变薄,骨小梁变稀疏,致使骨密度降低和骨质量减轻,出现骨质疏松,加之骨矿物质增多使骨质脆性增加,易发生骨折。骨质疏松在脊柱部位更为突出,表现为背痛和自发性压缩性骨折,导致老年人驼背。老年人软骨变性,骨质增生。关节囊周围韧带退变,关节囊滑膜萎缩变薄,表面的皱襞和绒毛增多,滑液分泌减少,软骨素基质减少,代谢功能减弱,使关节僵硬,灵活性降低。

老年人肌肉组织失去弹性,肌纤维不断萎缩,肌肉变硬,肌力减退,出现衰老性肌萎缩,使老年人动作迟缓、笨拙,易于疲劳和腰酸腿痛;面部、颈部和背部肌肉也会逐步变紧张,影响其功能活动。

(李　敏)

第二节　老年人的心理状态

一、老年人的心理特征

步入老年阶段后,人体各组织器官的老化过程迅速而显著,机体各系统、组织、器官的生理功能发生退行性改变。随着中枢和周围神经系统功能的变化,心理也会发生一系列改变,认知功能逐渐减弱导致心理上的衰老,出现如记忆减退,情感脆弱、抑制能力降低等现象。有的老年人容易生疑、发怒、焦虑甚至抑郁,有的则会产生自卑、孤独、失落等消极心理。

心理状况反映着老年人的生理功能及所处的社会环境,对老化过程、健康状态、疾病治疗都有很大影响。许多老年疾病不仅与组织器官的病变有关,还与心理状态有关。因此应全方位地重视老年人身心保健,鼓励其树立积极的生活态度,培养良好的应对及思维能力,以顺利度过老年生活。

(一)感知觉特征

感知觉包括感觉(sensation)和知觉(perception)两个心理过程。感觉是大脑对客观刺激作用于感觉器官所产生的对事物个别属性的反映,如形状、颜色、大小、气味等。知觉是在感觉基础上,大脑对事物的不同属性进行整合,并结合以往经验,形成的对事物整体的印象,如根据香蕉的形状、气味等,结合既往对香蕉的认知,在大脑中产生的香蕉的印象。它们是感性认识过程中的两个不同心理层次,二者密切联系、相互融合且不可分割。

在老年期的心理变化中,感知觉变化最明显,各感知觉系统如视觉、听觉、味觉、嗅觉和皮肤

感觉等均出现不同程度的退行性变化,对外界刺激反应的敏锐度下降,感知时间延长。老年人感觉减退,反应变慢和动作迟缓,因此老年人不适宜从事限时和快节奏的工作,如驾车或操纵机器等。

老年人感知觉衰退的表现

(1) 视听觉:眼角膜透明度降低、屈光力减退,导致远视、散光、视力减弱;虹膜血管与虹膜实质的硬化,导致对光反射不灵敏;晶状体弹性变小,调节功能减弱形成老视,部分老年人会有老年性白内障,视力下降明显。另外,视觉加工速度变慢,视觉的注意力也随之降低。视力降低或眼盲对老年人心理负面影响巨大,易出现焦虑、抑郁等心理问题,从而导致生活质量下降。

声音的辨别能力减弱,尤其对高频听力丧失较多。听力减弱从高频音开始,随后对中、低频率声音的听力也逐渐减弱。随着听力敏感度的普遍下降,与老年人交流时,对话者往往需要提高音量,但高音量又会使老年人感到刺耳不适,造成沟通障碍。沟通交流减少,会影响老年人日常生活,也会影响其心理状态,出现孤独、无价值感等不良情绪,产生猜忌、怀疑的否认心理,甚至出现人格偏执等现象。

(2) 味觉和嗅觉:人类主观感受到的"食物味道"是味觉和嗅觉的综合感觉。进食过程中,味蕾和嗅细胞一同将信号传送至大脑,从而形成对食物的体验。老年人嗅黏膜萎缩,味蕾减少、萎缩、敏感度降低,导致味觉、嗅觉退化,对食物散发出来的香气感受性变差,对酸、甜、苦、辣、咸等味道敏感度降低,食欲减退。

(3) 皮肤感觉和运动位置觉:皮肤敏感触觉点减少,部分皮肤感觉迟钝甚至丧失。皮肤感觉包括触觉、压觉、振动觉、痛觉、冷觉、温度觉。老年人躯体部分的认知、判断、平衡、位置触觉等分辨能力明显减退;痛觉、触觉、温度觉等敏感度降低,阈值升高;位置觉、压觉分辨能力下降;因此老年人容易出现受凉、碰伤、烫伤和跌倒等状况。

(二)记忆特征

记忆(memory)是人们将经历或发生过的事情,经过加工保存在大脑中,并在需要时提取、回忆出来的过程。老年人不同程度的脑萎缩、神经细胞和中枢神经递质减少,造成记忆力减退,其中近期记忆下降更为显著。在衰退的总趋势下,记忆能力并不是直线下降的,而是呈现出一定的阶段性特征,不同形式的记忆老化趋势不完全相同,个体记忆的衰退是连续性和阶段性的统一。另外,记忆衰退与记忆的性质和内容密切相关,表现出记忆老化过程中的选择性和可塑性。同时,记忆衰退的速度和程度存在个体差异,消极情绪会影响记忆能力。

1. 老年人的记忆特点

(1) 初级记忆优于次级记忆:初级记忆(primary memory)和次级记忆(secondary memory)又被称为短期记忆(short-term memory)和长期记忆(long-term memory)。初级记忆是对刚刚发生的事情或画面进行即刻的回忆;次级记忆则是学习的材料经过复习或精细复述在头脑中长久保持的记忆。对老年人而言,初级记忆保持较好,且不受年龄限制;而在对次级记忆的处理中,可因加工能力的问题导致后来的记忆受限。例如,当李大爷和朋友去看电影时,他能记得在哪看电影、和谁一起看、电影情节等信息;但由于认知加工较慢、对事件过程的专注力下降、短时记忆衰退和记忆速度减慢等原因,几天后对当时印象深刻的信息也想不起来了。

(2) 再认能力比回忆能力强:当过去的经验或曾经记得的事物再次出现在眼前时,对其进行辨认的过程称为再认(recognition);把曾经经历而当前并未作用于自身的事物在头脑中呈现出来的过程称为回忆(remembrance)。二者的区别在于经历过的事物再度出现时能够确认叫做再认;经历过的事物不在眼前发生,但能在头脑中重现叫做回忆。再认与回忆没有本质区别,但再认比回忆要容易,能再认的不一定能回忆,能回忆的就一定能再认。如在街上偶遇久未谋面的朋友,非常熟悉对方的样貌,但就是想不起对方的姓名。

(3) 对有逻辑联系的内容记忆较好:老年人是以有意识的记忆为主导,对有意义或内容上有

逻辑关联的信息记忆保持良好,理解记忆保持较好,对内容无关联的机械记忆衰退较早。由于机械记忆衰退明显,速记、强记较为困难。如一提及毛主席,很自然地想起天安门,就知道在北京,可能还会不自觉哼出"我爱北京天安门"之类的歌词。地名、人名、数字等都属于机械记忆。

（4）日常生活记忆保存良好:老年人对于日常生活记忆保存较久,减退较慢,并无显著年龄差异,尤其对与自己工作生活有关的记忆保存良好。日常生活记忆跟人生经验积累有关,这种记忆能力关系到老年人的生活质量。在记忆老化的过程中,老年人可在一定程度上运用人生经验补偿因年龄增加带来的记忆减退。比如怎么骑自行车;买菜要去菜市场或超市;散步要去小区、公园或广场等。

（5）远期记忆保持比近期记忆好:近事易遗忘,对往事的回忆准确而生动。老年人对年轻时发生的事件记忆清晰,而对近期发生的事情记忆保持较差。

2. 老年人记忆减退的表现　排除病理性老化的情况,一般认为,记忆衰退是由生理性老化所导致的老年人对信息编码、存储和提取困难所造成的。老年人记忆减退主要体现在记忆广度、机械识记、再认和回忆、规定时间的速度记忆等能力的减退或下降。首先,记忆提取困难。随着年龄增长,老年人记忆广度有所下降。从编码过程来讲,老年人不善于主动运用记忆策略,因此机械记忆不佳。换言之,老年人可能"知道"很多事情,但却不能快速地把它们从脑海中提取出来。如果对他们进行线索或生活情景方面的提示,或给予足够的时间让他们回忆,他们就可能想起来。其次,语言流畅性降低。日常对话中,经常出现找词困难,知道要说什么,但不知道用什么词准确表述,表现出欲言难吐、迟疑不决,用语重复,句子不完整等情况。

（三）智力特征

智力（intelligence）是人有目的地行动、合理地思维和有效地处理周围环境的总和或整体的总能力（美国心理学家韦克斯勒）。智力是老年人的核心思维能力,老年人的智力变化是一个动态的过程。步入老年期后,智力逐渐衰退,解决问题的能力下降,其中抽象思维能力衰退较慢。痴呆患病率呈增长趋势,但痴呆并不是正常衰老、智力减退的必然结果。

1. 老年人的智力特点

（1）非全面性智力衰退:依据卡特尔的智力发展理论,晶体智力（词汇能力、数字能力等）在成年后仍会随年龄增长,直到70岁以后才出现显著地减退;流体智力（推理能力和空间能力等）则在成年早期达到高峰后开始缓慢下降,进入老年阶段后衰退进程加快。

（2）抽象思维能力并不下降:后天获得的与知识、文化和经验积累有关的智力成分则随年龄的增长而增长,"老马识路数,老人通世故"就是这个道理。

（3）"用进废退"具有"可塑性":可塑性是神经系统的重要特征,无论在发育阶段还是在成年阶段甚至老年阶段,也无论在中枢神经系统或周围神经系统,从神经元到神经环路都可能存在可塑性变化。著名的"西雅图研究"通过环境刺激和认知功能训练,发现老年人的认知能力可以通过训练来提高,从而促进智力水平的保持。

（4）变化存在个体差异:不同个体的智力水平表现不完全相同。

2. 老年人智力衰退的表现　表现为记忆障碍、思维固执、注意力涣散;较为严重的表现为老年痴呆。老年痴呆的表现是健忘、言行脱离常识、做事无条理、行为异常等。如出门不记得去哪,不知道自己家住哪,不认识自己的子女或不记得子女名字,忘记自己刚说过的话或问过的问题等。

（四）思维特征

思维（thought）是人脑对客观现实的概括和间接反映过程,以感知为基础,又超越感知的界限,涉及所有的认知或智力活动。它是探索与发现事物内部本质的联系和规律,认识过程的高级阶段和对事物的间接反映,并通过其他媒介作用认识客观事物,及借助于已有知识和经验、已知的条件推测未知的事物,是人类所具有的一种高级、理性的认识过程。

老年人的思维能力存在普遍下降的趋势,思维老化出现的时间较晚,但与自己熟悉的专业有关的思维能力在年老时仍能保持。

1. 老年人的思维特点

(1) 概念学习能力下降:概念的形成耗时较长,出现错误的频率增加。概念形成难度越大,分类概念的把控能力就越低。例如,即使在子女花费大量精力和时间帮助理解的状况下,老年人对 WLAN(无线局域网)此类的概念认知仍有很大难度,易与其他概念混淆,理解和掌握时间远远长于年轻人。

(2) 逻辑推理能力下降:推理紊乱,思维过程繁杂曲折,内容缺乏逻辑联系。在皮亚杰认知任务研究中,很多老年人表现出以自我为中心的特点,思维回到 7 岁以前的前运算阶段。此阶段的思维特点是:自我且不能接受他人观点;对概念的掌握仅限于与具体动作或事件相关的事物,不能理解同一类事物中的不同个体;对事物的看法带有强烈的主观色彩,且对不同维度的信息缺乏逻辑性。

(3) 解决问题能力下降:老年人提出解决问题策略的能力下降,效能减退,但其知识和人生阅历比较丰富,在某些特定情况下能表现出较好的洞察力。

2. 老年人思维弱化的表现(表 2-1)

表 2-1　思维弱化的表现

特点	表现
思维迟钝贫乏	对特定事物联想困难、易中断,反应迟钝,语言缓慢,词汇短缺,说话常突然中断
思维奔逸	对青壮年时期发生的事件联想迅速,说话漫无边际,滔滔不绝
强迫思维	不自主的、毫无意义的联想,或反复出现且难以控制的思维联想
逻辑障碍	推理及概念紊乱,思维过程繁杂曲折,内容缺乏逻辑联系

(五)情感和情绪特征

情感(affection)和情绪(emotion)是个体对客观事物的态度和因之产生的相应内心体验,是意识的外部表现,两者既有区别又有联系。情感是指与人的社会性需要相联系的体验,具有稳定性、持久性,不一定有明显的外部表现,如爱与恨。情绪是与人的自然性需要相联系的体验,包括正性情绪和负性情绪,具有情景性、暂时性和明显的外部表现,如喜与怒。情感是在多次情绪基础上形成的,并通过情绪表现出来;而情绪的表现和变化也受情感的制约。情绪变化会引起身心反应,不良情绪易导致自主神经功能紊乱和躯体疾病。老年人的情感和情绪常表现出以下特征:

1. 情感日益内敛　表现出老成持重,喜怒不形于色,能理性地应对各种生活事件,部分老年人甚至能"不以物喜,不以己悲",更善于控制自己的情绪。

2. 情绪体验强烈而持久　中枢神经系统过度活动和较高的唤醒水平,使老年人呈现出强烈而持久的情绪特点。当遇到激动事件,老年人仍会像年轻人一样爆发出强烈的情绪,但情绪平复耗时较长。

3. 积极情感和消极情感并存　老年人可同时存在积极情感和消极情感。如自尊感与自卑感、衰老感与怀旧感、空虚感与孤独感、焦虑感与抑郁感等。

(六)性格特征

性格(character)是个体对自己、周围人、事件和环境所抱的态度和行为方式,是相对稳定的人格特征,个性的核心内容;是个体的本质属性,人与人之间相互区别的主要方面。大多数老年人的性格特点是其年轻时性格的延续。进入老年期之后,人的个性会发生一系列变化。行为常变得与年龄、学识、身份不符,对周围人不信任感和自尊感增强,常计较别人的言谈举止,甚至认为别人居心叵测、心怀不轨。由于判断力和理解力减退,想法常变得顽固,甚至发展成为超价观念

或妄想。老年人的性格常有以下方面的表现：

1. 内向　老年人年老过程中欲望和需求日益减少，驱动力及精神能量逐渐减退，对周围环境的适应日渐变差，容易出现退缩、孤独等心理体验，从外向性格向内向性格转变，对待事物的态度和方式由主动趋于被动，学习新知识困难，对应急事件的反应和决策能力变差。

2. 保守　变得小心、谨慎、固执、刻板，做事仔细，看重准确性，但不太重视速度。在一项要求老年人和年轻人对不同颜色灯光分别做出不同的按键反应（如红灯亮按1，绿灯亮按2）的研究中，老年人的按键速度普遍要比年轻人慢，但是准确率相对较高。

3. 自我　长者心态常使老年人以自我为中心，倾向于用教育者的姿态与人沟通，希望子女甚至他人按照自己的经验行事。常说"我走过的桥比你走过的路多，吃过的盐比你吃过的米多"之类的话，对因强加给他人自己的观念而造成的意见不合或矛盾冲突较难理解和接受。

4. 怀旧　老年人的社会参与度逐渐下降，对新事物的接受能力降低，从而导致注意力慢慢由外部转向内心。表现为怀旧心理日趋明显，对往事的回忆越来越多，可以是对故乡的思念，也可以是对人或事的怀念，如经常向家人或朋友讲述昔日往事，翻看老照片、书信、纪念品等。

5. 孤独　是由于老年人社会交往需求未得到满足而产生的一种消极内心体验，往往给老年人带来寂寞、被冷落甚至被遗弃的感受。老年人体力渐衰，远离社会生活，很容易产生孤独感，有些老年人由于丧偶、离异、独居、退休等原因，孤独感日渐强烈。严重的孤独感可导致老年人认知水平降低，生活质量下降，更有甚者会出现抑郁或轻生。

二、老年人的常见心理疾病

老年人除各器官功能下降导致的生理或病理的改变外，心理的改变也较为明显。常见的心理问题若得不到及时排解，可能导致老年人各种严重心理障碍，如疑病症、焦虑症、抑郁症等。为提高老年人心理疾病的预防和治疗效果，应关注老年人心理变化，必要时进行心理治疗和药物治疗。

（一）老年疑病症

1. 概述　疑病症（hypochondria）是疑病性神经症的简称，是一种以担心或相信患有一种或多种严重躯体疾病的持久性先占观念为特征的病症。老年人疑病症发生率明显高于其他年龄段，首次发病一般在60岁以后。患病老人的先占观念常建立在对躯体症状或体征的曲解上。反复就医，医学检查显示阴性结果，医生的解释或保证均不能打消其顾虑。病程长短不一，常伴有焦虑或抑郁，女性预后优于男性。若老年疑病症得不到及时的缓解和治疗，可能发展为老年恐惧症，严重影响老年人的身心健康和生活质量。

2. 病因

（1）生物因素：不良个性是老年疑病症的发病基础，该病的发生与一定的病前个性有关，易怒、紧张、焦虑等心理体验常在老年疑病症病人身上出现。老年人往往多思善虑，信守养生之道，崇尚各种民间方术，对医学知识兴趣浓厚。但过分关注躯体感觉，易受医书或各种相关知识的暗示，出现偏执表现。患病老人常把自身的不适症状与医学科普文章上的疾病或症状"对号入座"，表现出自以为是的高度敏感、关切、紧张和恐惧等心理。

（2）社会环境因素：该因素是老年疑病症的强化因素。负性事件的发生，强化了老年病人的病人角色；老年人探望病人或参加追悼会的机会较年轻时增加，看到他人卧病在床或去世，总觉得别人的今天就是自己的明天。此外，不和谐的家庭氛围、劣性刺激及他人的评论等，哪怕是一句话、一个动作、一个表情，都会引起老年病人的不安和疑病情绪。

3. 临床表现

（1）反复求医：担心某些器官患有其想象的疾病，反复寻求医疗检查和诊断，力图使用客观检查证实自己有病的观点，并多次要求医生、朋友和家人的保证。虽然检查结果与其期望不符，

但仍对医生的解释和客观检查结果持怀疑态度,甚至要求更为深入的检查。

（2）感觉敏感:过度关注躯体变化或功能状态。对一般强度的外来刺激敏感且不能耐受;常关注细枝末叶的变化,并加以夸大和曲解,形成自身患病的证据;对正常内脏活动如肠蠕动、肠鸣音等过分关注感知增强。

（3）心理焦虑:病人长时间地相信自己体内某一个或几个部位有病。常常感到烦恼、忧虑甚至恐慌,其表现出的严重程度与实际情况极不相符,对自己的病症尤为焦虑。在求医时对病情的描述不厌其详,从病因、症状、部位、就医经过等均一一介绍,担心自己漏说一些重要信息,唯恐医生疏忽大意。

4. **防治** 对于老年疑病症的防治,心理调节最为重要。消除老年人的疑病情绪,主要应采取心理疗法。

（1）转移病人注意力:从老年人的心理特征入手,运用亲切、关怀、同情而通俗易懂的言语来说明心理与疾病的关系;实事求是地向患病老人解释病情,逐渐弱化其恐惧心理,从而解开心中疑虑;鼓励其培养自身爱好,寻找生活乐趣。

（2）保持乐观情绪:某些早期经历往往是构成老年疑病症的根源。因此老年人应多回忆愉快的往事,回味当时幸福的体验,多设想今后美好的生活,不要让过去的痛苦和不幸笼罩和淹没自己。纠正自身性格缺陷,保持乐观、开朗、自信的心态有利于老年人克服疑病症。

（3）正确引导:引导老年人正确理解医学知识,避免自我取义生搬硬套。

（4）心理治疗辅以药物治疗:在治疗过程中,治疗者应和病人建立相互信赖的关系。帮助病人寻找病因,解除或减轻病人的心理负担,同时尽可能避免治疗过程中的不利影响。除心理治疗外,可以辅助药物治疗,常用的药物有抗抑郁和抗焦虑药,但用量不宜过大,时间不宜过长。

（二）老年焦虑症

1. **概述** 老年焦虑症（senior anxiety disorder）是指老年人由于没有达到目标或无法克服某些障碍,导致自信心受挫、存在失败感,形成一种没有明确对象和内容,与现实处境不相符的紧张和担忧,并伴有自主神经症状、肌肉紧张和运动不安等神经症性障碍。老年焦虑症使老年人机体免疫力下降,生活质量降低,甚至可能引起抑郁情绪,进而导致更为严重的不良后果。

老年焦虑症在老年群体中是较为常见的心理疾病,既可单独存在,也可以是老年抑郁症或老年痴呆的早期症状或其他躯体疾病的先驱症状。因此,应认真对待老年焦虑症,及时鉴别诊断,通过有效的心理干预达到较好的治疗效果。

2. **病因**

（1）生物因素:一方面,大脑功能逐步衰退、学习和记忆能力下降、患有慢性基础疾病等原因,导致老年人过度关注自身躯体变化,从而出现焦虑症。另一方面,有遗传易感体质的老年人比普通老年人更容易患上焦虑症,且女性患病率高于男性。研究发现,焦虑症是疾病易感体质和环境因素共同作用的结果,而易感体质是由遗传决定的。广泛性焦虑与基因多肽性相关,有明显家族聚集性,遗传度为30%~40%;体内儿茶酚胺与惊恐障碍有关,遗传度为40%左右。

（2）环境因素:老年人对负性生活事件的适应和应对能力逐渐下降是出现焦虑的前提。"环境脱离假说"认为,个体在步入老年期后,由于人际交往减少、社会活动改变、家人情感支持降低,引起老年人性格发生改变,变得自我、保守、故步自封、易激惹等,并逐渐对周围环境失去兴趣。这种人格易致心理疾病,如焦虑、抑郁等。

3. **分类及临床表现**

（1）惊恐障碍:又称惊恐症。是一种急性焦虑障碍,是一种慢性复发性疾病,伴有显著的社会功能损害,其发病率为1%~4%,女性是男性的2~3倍。发作时常感到害怕、恐惧、强烈不适感、濒临灾难性结局等心理体验,并伴失控感或濒死感以及严重自主神经功能紊乱症状,如胸闷、心动过速、头痛、眩晕、四肢麻木、感觉异常、呼吸困难或过度换气、全身发抖、全身无力等。惊恐

障碍症的特点是发作的不可预测性和突然性、反应程度强烈、发作无明显诱因或特殊情境。一般历时 5~20 分钟,很少超过 1 小时,时隔不久又可突然再发。老年人在发作期间意识清晰,发病之后仍有余悸,多数老年人由于担心发病时得不到有效控制而产生回避行为。如不敢单独出门,不敢到人多热闹的场所,逐渐发展为场所恐惧症。约 30% 的病人在数年内缓解较好,不会再发;约 25% 的病人表现为断续疗程;约 45% 的病人缓解较差。部分病人的惊恐障碍可在数周内缓解。病程超过 6 个月则易慢性化。40% 病人可能同时患有抑郁症,预后较差。

（2）广泛性焦虑症:又称慢性持续焦虑,是焦虑症最常见的表现形式。起病缓慢,以经常或持续存在的焦虑为主要特征,具体有以下表现:

1）精神焦虑:对未来可能发生、难以预料的某种危险或不幸事件过度担心。此类病人不能明确意识到担心的对象和内容,焦虑程度与现实不相符,常有恐慌或大祸临头之感,终日心烦意乱、忧心忡忡、坐卧不宁等。

2）躯体焦虑:表现为运动性不安与肌肉紧张等多种躯体症状。病人常不能静坐,不停地来回走动,无目的的小动作多;肌肉紧张表现为舌、唇、指肌的震颤或肢体震颤,严重时伴有胸、肩颈及背部肌肉酸痛。躯体症状包括气短、气喘、呼吸困难等;部分病人出现紧张性头痛且有心动过速、皮肤潮红或苍白、出汗、口干、便秘或腹泻、尿频等症状;少数病人可出现内分泌紊乱。

3）觉醒度提高:表现为过分警觉,对外界刺激变得敏感,易出现惊跳反应,情绪易激惹。病人感觉过敏,如怕光、怕水、怕声,能感觉自身肌肉的跳动和胃肠道的蠕动等;难以集中注意力完成事情,易受干扰;睡眠质量欠佳,难以入睡,睡中易惊醒。

4. 防治

（1）拥有良好心态:以积极态度去面对老年期遇到的各种事情。对自己的人生经历有满足感和认同感;对过去的事物要淡然,不追悔;放宽心态,保持情绪稳定,不可大喜大悲。

（2）注意自我疏导:正确看待焦虑,正视焦虑心理;不盲目夸大焦虑症的症状或体征;树立起消除焦虑心理的信心;不逃避就医,积极寻求医生帮助,获得家人朋友的支持。

（3）积极有效交流:良好的沟通能有效减少老年焦虑症的负面情绪,减轻焦虑。患病后应多与家人及亲朋好友沟通交流,不过分操心晚辈的事,应有儿孙自有儿孙福的心态。

（4）药物治疗(表 2-2)和心理干预:有效治疗老年焦虑症的方案是心理干预结合药物治疗。心理干预治疗方法有:认知行为治疗、精神动力学治疗、生物反馈、人际关系心理治疗、家庭治疗等。

表 2-2　临床常用治疗焦虑药物

分类	药名
苯二氮䓬类药物	阿普唑仑、劳拉西泮、地西泮
选择性 5-羟色胺再摄取抑制剂（SSRI$_s$）	帕罗西汀
5-NH 及 NE 再摄取抑制剂（SNPI$_s$）	文拉法辛
5-HT$_{1A}$ 受体部分激动剂	丁螺环酮、坦度螺酮
三环类药物	丙米嗪、地昔帕明和氯米帕明

（三）老年抑郁症

1. 概述　广义的老年抑郁症(late life depression,LLD)是指发生于老年期(60 岁及以上)这一特定人群的抑郁症,包括原发性(含青年或成年期发病,老年期复发)和见于老年期的各种继发性抑郁。狭义的老年抑郁症特指 60 岁及以上老人首次发病的原发性抑郁。该病在老年人群中较为常见,一般病程较长,具有缓解与复发倾向,部分病人预后不良。伴有躯体疾病的老年人患病率更高。据世界卫生组织统计,老年抑郁症病人占老年人口总数的7%~10%,而患有躯体疾病的老年人抑郁症的发生率高达50%。我国社区老年人抑郁症患病率为6%~29.4%。女性发病率高于男性。主要原因是女性受激素影响的时期较男性多,如妊娠期、哺乳期、更年期、绝经期等,患更年期综合征的女性,患抑郁症的可能性更大。

2. 病因

(1) 生物因素:生物性病因主要是生化和内分泌因素。研究资料初步证实中枢神经递质代谢异常可能与老年抑郁症的发生有关,主要有5-羟色胺(5-HT)假说、去甲肾上腺素(NE)假说、多巴胺(DA)假说及γ-氨基丁酸(GABA)假说等。心理分析理论认为老年抑郁是愤怒型人格转向自我型人格的结果。多数学者认为老年抑郁症与基因遗传有关。

(2) 社会心理因素:老年抑郁症中,大部分病人都有过身体疾病或社会、心理上受到压抑的情况。老年期易发生各种重大生活事件,因而遭受各种心理应激的机会增多。如躯体疾病、意外伤害、退休、经济困窘、生活环境恶化、社交隔绝、丧亲和被遗弃等,应激理论认为正是这些原因诱发了老年抑郁症。

3. 类型

(1) 心因性抑郁:常不能体验生活乐趣,情绪低落,正常活动的参与性显著下降,对外界刺激敏感度提高,严重时可能有自杀倾向。

(2) 内因性抑郁:自杀倾向较重,不能很好地表达忧伤情绪或强颜欢笑。由于亲友对该病的认知较为片面,因此常延误治疗时机。

(3) 疑病型抑郁:过度关注自身健康,反复求医,常因对疗效不满导致疑病与抑郁症状加重。

(4) 焦虑性抑郁:通常出现焦躁、易怒等情绪,无故埋怨他人。

(5) 假性痴呆型抑郁:以认知功能障碍为特点。情绪低落,反应迟钝,漠不关心,对日常生活等常以痴呆的形象呈现,对症治疗后,痴呆症状随之消失。

4. 临床表现　常表现为心理症状和躯体症状。心理症状包括:焦虑、自罪自责、妄想或幻觉、认知症状、自杀观念和行为精神运动性迟滞。躯体症状主要包括睡眠紊乱、精力差、食欲紊乱、性功能减退、非特异性躯体症状等。在发病过程中常有以下特点:

(1) 表现形式不一:主要表现为以持久抑郁心境为主的精神障碍,核心征象是心境低落,愉快感丧失,从而导致活动效能受损。

(2) 易被误诊和忽视:老年人群中合并各种脑器质性疾病和躯体疾病的抑郁发作较为常见。神经系统疾病,如脑卒中、癫痫、帕金森病等引发的抑郁,亦可表现出情绪低落、兴趣丧失等近似老年抑郁症的情感或心境障碍。由于这类病人原发病的表现较为突出,往往掩盖了抑郁的情绪或症状,导致病人或家属忽略了老年抑郁症的存在,即便被发现有情绪的改变,也易被误认为是原发病所致,而不能及时就医,延误治疗。

(3) 消极心理体验较强烈:老年抑郁症病人思维迟钝、注意力下降、主动性言语减少、常回忆不愉快的往事、无端丑化和否定自己,甚至有厌世观念。心情沮丧、郁闷、忧伤,精神消沉、萎靡不振,有强烈的心理落差感、孤独感、衰老无用感等消极心理体验。对退休生活感到悲观失望,日常懒于做事,动作行为缓慢、缺乏准确性、不协调等表现。

5. 防治

(1) 知识普及和社会干预:抑郁症是一种危害相当大的慢性疾病,世界卫生组织资料显示,到2020年,抑郁症将成为仅次于癌症的人类第二大杀手,而老年人自杀和自杀企图50%~70%继发于抑郁症。老年抑郁症不仅损害老年人的生活质量和社会功能,也增加了照料者的负担。因此,应加强该病的知识普及,及早识别抑郁症的早期表现,引导病人树立正确的人生观,合理对待和处理各种不利因素,避免不必要的精神刺激,及时寻求心理疏导和专业支持;增强家庭支持,鼓励其积极参与社会活动,以减少孤独感及社会隔绝感,增强自我价值观念;加大社会投入,建立健

全社会卫生服务体系,早预防、早诊断、早治疗。

（2）心理治疗:老年人的心理疗法包括支持性心理治疗、认知行为治疗、问题解决治疗、人际关系治疗、行为激活治疗、生命回顾治疗以及正念治疗等。有效的心理治疗能改变老年抑郁症病人的思维方式,改善其无助感、无用感等负性认知,使老人能够获得理性的认知并恢复正常生活。对有自杀倾向的抑郁症病人,在理解其孤独无助、愤怒的情感基础上,创造一个安全、接纳的环境,帮助解决心理问题,恢复自我能力,同时监督防范,防止发生意外。

（3）药物治疗:《中国抑郁障碍防治指南》倡导急性治疗、巩固期治疗和维持治疗的全程治疗方案。一般采用三环类抗抑郁药,如阿米替林、丙米嗪等;5-羟色胺再摄取抑制剂（SSRIs）,如氟西汀、帕罗西汀等;选择性 5-HT 再摄取抑制剂,如氟伏沙明等。

（4）物理治疗:对于重度抑郁症病人,通常可用无抽搐电休克（MECT）、重复经颅磁刺激治疗（rTMS）等物理治疗辅助。

（四）退休综合征

1. 概述 退休综合征（retirement syndrome）是指老年人在退休后不能顺利进入新的社会角色,适应新的生活环境和方式,产生较为强烈的不适应感,以一系列消极情绪为表象的适应性心理障碍。退休是个体在步入老年期后难以避免的社会事件,通常需要半年至一年时间才能逐渐适应。大部分老年人都能顺利适应退休生活,约 30% 存在适应困难,只有少数会患上退休综合征。老年人能否正确认识退休、顺利适应退休后的变化和生活,不仅是老年人自己需要积极应对的人生挑战,也是老龄化社会发展下需要重视的社会问题。"顺利退休"与否直接关系到老年人的身心健康及主观幸福感的获得。

2. 病因 因个体差异,老年人对待退休的认知和态度不同,适应时间也不尽相同。事业心强、胜负心重、固执刻板,没有工作以外的兴趣爱好、家庭不和睦、人际关系欠佳的老年人易患退休综合征。退休前身居高位的老年人往往会留恋昔日的权势及别人对其的关注和钦佩,退休后往往会有强烈的落差感、无用感、不适应感等。家庭关系中,伴侣对其的情感支持是度过退休生活的重要因素。社会支持方面,老年人的养老保险制度是否完善也影响老年人退休后的生活质量,特别是有疾病困扰和经济条件低下的老年人。

3. 疾病分期（表 2-3） 老年人面对退休通常会经历 5 个时期,但并非每个退休老年人都会完整地经历这些阶段,且先后顺序也并不完全相同。

表 2-3　老年退休适应分期

分期	特　　点
蜜月期	压力和责任的减轻使老年人感到自由和轻松,有宽裕的时间安排以前由于工作原因冲突的活动,总体上对退休生活较为满意
清醒期	逐渐发觉退休并不像预想的那样美好。时间富余、活动单一。变得空虚无助,并开始怀念工作时的成就与地位等
重新定位期	开始意识到退休的事实,并能以积极的态度面对。开始重新考虑自身的角色定位,发展新的自我,从而获得成就感和满足感
平淡期	充分接受退休的现实,努力、主动地适应变化。培养多方面的兴趣爱好,参与各种社会活动,增加社会交往等行为来获得快乐感与满足感
稳固期	逐渐形成一套适合自己的退休生活模式

4. 临床表现

（1）心理方面:抑郁症状:常表现为心情忧伤、郁闷、沮丧,精神消沉、萎靡不振,有强烈的失落感、孤独感、衰老无用感,对未来生活感到悲观失望,自信心下降,不知所措,兴趣减退,甚至不愿与人交往,包括亲属朋友。焦虑症状:表现为不安、心烦,做事缺乏耐心、急躁冲动,坐立难安,小动作增多、注意力不集中等。严重者还会产生紧张、恐惧感,并伴有出汗、心慌等躯体症状,但最主要表现为无力感、无助感、无用感和无望感。

(2) 躯体方面:常表现为疑病症症状。病人自述头痛头晕、胸闷气促、心慌心悸、阵发性燥热、出汗、四肢无力、入睡困难、失眠多梦等躯体症状,但检查并无器质性疾病。

5. 防治

(1) 规律生活,身心保健:提前做好退休的心理准备,与家人商量制订退休计划。建立相对规律的生活作息时间,制订切实可行的作息时间表,适时活动;建立良好的饮食卫生习惯,戒除不良嗜好;若出现身体不适、心情不佳、情绪低落时,应该主动寻求帮助,切忌讳疾忌医,以积极的态度面对退休综合征。

(2) 培养兴趣、陶冶情操:如果体格壮健、精力旺盛、有一技之长的老年人,可以积极寻找发挥余热的机会与场所,实现自我价值;若是身体欠佳的老年人,可在医生的指导下行适当的锻炼;应培养多种兴趣爱好,如读书写字、绘画下棋、园艺手工等,亦可通过进入老年大学继续学习,促进人际沟通,增加社会交往。

(陈　垦)

第三节　影响老年人身心健康的因素

随着社会发展和研究的深入,人们逐渐认识到影响健康的因素是相当复杂的。1974 年加拿大卫生与福利部部长 Marc Lalonde 在题为 *A New Perspective on the Health of Canadians* 的报告里提出影响健康的因素分为四大类,即生活方式、环境、人类生物学和卫生服务。有学者也提出了更为细化的分类方式,本节从个体因素和环境因素两大方面来分析老年人健康影响因素。

一、影响老年人身体健康的因素

(一)个体因素

1. 人口学因素　包括年龄、性别、文化程度、婚姻状况等。

(1) 年龄:人体各项功能会随着年龄的增长而出现衰退甚至病变,比如适应能力、储备能力、免疫功能和体表老化等。总体来讲,低龄老人身体状况会好于高龄老人。进入高龄阶段,大部分老年人的各项能力均显著下降,罹患各种疾病的概率也迅速增加,残障比例升高。

(2) 文化程度:文化程度的高低通常影响着老年人的职业、社会地位和社会资源的获取。文化程度高的老年人,多从事收入、社会地位和养老保障较好的工作,享有退休金、医疗保障等资源;自我预防、自我保健意识也相对较强;满足日常生理健康需求的各种社会支持也较容易获得,所以文化程度高的老年人健康状况相对文化程度较低的老年人普遍较好。文化程度高低还直接影响老年人参加社会活动的能力、社会交往和精神生活。

(3) 婚姻状况:多项研究表明,离婚和处于丧偶状态的老人,其健康风险增加,患多种疾病的可能性增加。新近丧偶的老人,由于心理创伤和生活环境的急剧变化,健康状况发生变化的可能性较大,这可能与缺乏配偶的关怀和行为退缩有关。因此对丧偶、离异的老年人需要提供更多心理和社会支持,帮助他们更好地与社会沟通、融合,以提高生命质量。

2. 生活方式因素　2001 年世界卫生组织宣布人群 60% 的疾病与不良生活方式有关。生活方式和行为可概括为:人们在衣、食、住、行、爱好、嗜好、业余活动、风俗习惯与信仰等各方面的活动行为方式。吸烟、饮酒、无规律的作息习惯,对身心健康影响较大。生活方式不健康的老年人,身体健康状况相对较差。此外,运动不仅与老年人躯体健康有密切关系,而且与精神、心理状况有关,能在很大程度上减轻抑郁和焦虑症状。

（二）环境因素

环境是指以人为主体的外部世界。人类不仅生活在自然界,而且生活在人与人之间复杂关系的社会中,具有生物属性,又具有社会属性。因此人类环境包括着物质环境和社会环境两大部分。

1. 物质环境

（1）自然环境(natural environment):是人类赖以生存和发展的物质基础,包括阳光、空气、水、气候、地理等。生活于不同自然环境的老年人,在适应自然环境过程中形成了不同的生活方式和健康行为,如南北方不同的饮食习惯。在对老年人进行健康服务时,应注意自然环境因素的影响。

（2）建成环境(built environment):指人类为了更好地生活和适应社会发展而建立的人工设施,如住房、学校、社区、单位、休闲旅游建设等物质系统。建成环境对老年人健康也存在着有利因素和不利因素。方便的卫生设施,适合的健身器材,完备的社区配套都有利于老年人的健康。它会在很大程度上影响老人健康行为的实现。为老年人开展健康服务时,应注意生活环境中建成环境因素的影响。

2. 社会环境   社会因素对个体的影响无所不在。本部分主要讨论社会经济、社会保障、家庭环境等因素对老年人健康的影响。

（1）社会经济因素:社会经济状况一定程度上制约着老年人的物质生活和精神生活水平。

收入水平高的老年人具备较强的经济能力,以满足维持自我身体健康的各种需求。例如:生病时较少考虑经济因素,及时得到治疗;日常生活中具备经济实力,做好养生和保健。生活拮据的老年人,营养状况、生活条件、医疗保障等都会受到影响,也会使老年人产生心理和精神上的压力。长期处于这种状态下,将扰乱人体各系统的正常调节,导致一系列器质性或身心性疾病。

（2）社会保障因素:社会保障资源包括养老保障和医疗保障,是老年人维持健康的关键资源,对维护老年人健康具有重要的促进作用。享受社会保障水平较高的老年人健康状况相对较好。目前,我国为老年人提供的养老保障形式有:基本养老保险、企业补充养老保险、个人储蓄性养老保险、商业养老保险等。社会保障通常在以下几方面影响着老年人的健康:

1）患病时能否及时就诊:该因素与社会网络和社会资源有关。经济条件好、家庭和睦、子女孝顺的老年人,患病时能较早得到治疗;而经济状况差、家庭关系不和睦的老年人,获得医疗资源的能力较低,往往会因多种原因延误治疗。

2）社区医疗服务能否满足老年人需求:社区服务质量、能否满足老年人的基本医疗保健和需求,直接影响到老年人的生活质量和健康水平。社区医疗资源较多、医疗技术精湛、服务周到,老年人在患病时能在"家门口"享受到较好的医治与照顾,这些对老年人的身体健康都是有益的。

（3）家庭环境因素:家庭是以婚姻和血缘为基础的人类社会生活基本单位,是人类社会的细胞。退休后生活重心由社会转向家庭,家庭成为老年人物质支持、精神安慰和生活照料的主要依托。随着社会发展,家庭结构由过去的"大家庭"向"小家庭"转变。这种趋势在一定程度上削弱了家庭养老作用,增加了养老负担,同时也影响着老年人的健康状况。

1）居住方式:老年人的居住方式与家庭模式紧密相连。在我国传统的家庭模式中,老年人大都与后代共同生活。但随着经济转型、社会发展和人口老龄化,我国老年人口的居住方式与供养模式也随之发生改变,传统大家庭逐渐向小家庭过渡。与家人共同居住的老人在遇到健康问题时,能及时获得来自家人的照顾与帮助;同时可以方便地与家人进行沟通,满足情感需求和社会支持的需求。有统计表明,不同的居住方式中,独居老年人身体健康状况较差,与子女同居的老年人身体健康水平较高,与老伴共居的老年人身体健康状况最高。

2）家庭健康观:指家庭成员对健康的态度、信念和行为准则。世界卫生组织曾指出:"健康自家庭开始"。良好的家庭健康观有助于确认健康问题在家庭中的重视程度,有助于有效地解决

家庭健康问题。因此,家庭成员的健康观念与健康行为直接关系到老年人的健康状态与健康获得。

二、影响老年人心理健康的因素

随着年龄增大,老年人生理功能逐步衰退的同时,感知觉和记忆能力、智力水平也发生退行性变化。行为能力减弱,社会角色发生转换,生活场景也发生变化,这些变化均会影响老年人的心理健康。同时老年人的心理健康也会对身体健康造成一定的影响。

（一）个体因素

1. 身体因素 脑神经、神经元细胞衰老减少,神经元突触凋亡增加,神经冲动逐渐减慢,大脑皮质神经元的兴奋水平降低等生理变化,导致老年人感知、智力等能力出现衰退。表现出处理信息能力减弱、记忆认知加工速度减慢、思维能力退化;记忆力、智力不同程度衰减;反应能力下降,主动性言语减少,语速明显减慢;情绪、情感变化明显,易发怒,失去控制,且情绪平复耗时较长等现象。

同时,患有慢性疾病、抑郁症、甲状腺功能低下、长期服用降压药等导致的大脑神经递质改变等情况也在一定程度上影响思维的敏捷度,从而影响老年人的心理健康。随着患慢性病种数的增加,老年人的精神与情绪也会受到较大影响,甚至导致部分老年人出现抑郁、自杀倾向。由于身体功能远比不上年轻的时候,多数老年人会产生无用感。

另外,老年人自我照顾能力对其心理健康的影响也非常显著。自我照顾能力越弱,其心理健康状况相对越差。

2. 职业因素 能继续工作的老年人因认知储备增多,智力衰退较慢;不同职业类型的老年人性格特征不同,在面对同类生活事件时对心理的影响也不同。以前从事管理工作的老年人,通常较为严肃;从事文艺工作的老年人较开朗活泼;从事文字工作的富有想象力;从事科研工作的比较独立、严谨、擅于分析等。

不同职业群体的人对离开日常工作岗位的心理感受也大不相同,通常工人、农民离岗前后心理感受变化不大,他们退休后情绪比较稳定,社会适应较好。离退休干部退休后由于社会联系骤然减少,社会地位改变,易感到不适应,而产生悲观心理,甚至引起身心疾病而影响到正常生活。

3. 生活方式 认知功能锻炼有助于维持大脑活力,增强思维灵活性、提高处理问题的反应速度和能力,经常进行大脑功能锻炼的老年人思维能力保持相对较好。适当的体育锻炼可促进新陈代谢,保持大脑良好的血运,提高思维活跃度,使老年人反应敏捷、动作准确。另外,个体的生活习惯也可影响心理健康,如长期接触杀虫剂、塑化剂等有害化学物质,吸烟、酗酒、长期饱食、生活不规律均会影响老年人的思维能力、智力水平和反应速度等。

4. 药物因素 随着老年人健康状况的下降,患慢性病的几率增加,大多老年人都处于长期服药状态,其中有些药物存在精神、神经系统的作用或副作用进而影响老年人心理状况。如部分治疗咳嗽、腹泻和眩晕的药物会抑制神经递质,导致智力衰退。长期服用镇静药(盐酸氯丙嗪、地西泮)、平喘药(氨茶碱)等导致的副作用也可能导致记忆减退,增强老人的衰老感。

（二）社会因素

1. 社会生活事件 指日常生活中引起人的心理平衡失调的事件。包括正性生活事件(引起正性生活体验的事件,如结婚、晋升等)和负性生活事件(个体感觉不愉快的事件,如退休、丧偶、空巢等)。老年人退休后不再需要面对工作的压力,社会角色逐渐弱化,闲适的晚年生活可能导致老年人的认知储备减少,对外界信息的主动记忆减少,记忆能力逐渐退化。同时受丧偶、子女离家、好友病故、自身疾病等负性生活事件的影响,使老人常产生消极的情绪体验,导致心理落差感、抑郁感、孤独感、衰老感、无助感和自卑感等。这些不良心理状态,又会导致失眠、厌食、胸闷等身体症状,进而诱发各种疾病。

2. **社会支持**　指作为个人在其社会网络中获得的支持和帮助的数量和质量。一般认为社会支持包括四个方面,物质支持、情感支持、信息支持和评价支持。

处于良好的家庭氛围、社会支持、人际关系等环境下的老年人智力和思维能力下降较慢。配偶健在、家庭成员相处融洽的老年人比离异、丧偶、家庭关系不和谐的老年人心理状况好。已婚且配偶健在的老年人由于能够互相扶持,孤独感和寂寞感相对较低。而空巢老人、丧偶老人、家庭关系不和谐的老年人长期过着寂寞、单调的生活,情感需求不易得到满足,容易形成忧郁内向的个性,从而产生抑郁、焦虑、敌对等心理问题。

良好的社会保障对老年人的健康也会起到促进作用,如改善适老环境、居家设施、医疗保障等。老年人社交群体中缺少年轻人,会在一定程度上加重老年人抑郁、低沉的消极情绪情感,从而影响老年人心理健康。组织老年人适当参加社会活动,加强与年轻人的互动有助于缓解老年期压力。

3. **社会角色转变**　退休使老年人的社会角色、社会地位及社会关系发生变化。从职业角色转入了闲暇角色;从家庭主体角色逐渐转变为依赖角色,年龄越大,对儿女的依赖程度越高;从配偶角色变为单身角色。人到老年期,失去配偶的可能性日益增大,当配偶丧失,剩下的老人即进入单身角色。这些变化若没有得到主动、及时的调适,就很容易产生心理失衡,造成老年人自我心理冲突,产生孤独、抑郁、消极等心理问题。另一方面,虽然社会角色发生了转变,但一些拥有专业技术或受过高等教育的老年人其原有社会网络广阔,社会资源较多,往往退而不休,能够保持较高智能,且继续发挥余热向社会贡献才智,容易通过社会途径缓解离岗造成的心理影响。

（朱振玲）

思考题

1. 老年人病理和生理改变的主要特征是什么?
2. 论述存在心理疾病的老年人该如何管理并提出干预时机。
3. 根据影响老年人身心健康的因素,自行选取角度阐述如何促进老年人的身心健康。

第三章 老年人健康体检

本章要点

1. **掌握** 健康管理机构新三个转变的内涵；老年人定期健康体检的定义及意义；实验室检查、仪器检查。

2. **熟悉** 老年人健康体检的内容；健康体检档案项目的设置；老年人健康体检的自测问卷、一般检查、物理检查。

3. **了解** 老年人健康体检前的准备；老年人健康体检的注意事项；老年人健康体检档案内容及管理；自测问卷。

第一节 健康管理新三个转变的内涵

一、健康管理服务"由单纯体检向健康管理转变"

健康管理服务"由单纯体检向健康管理转变"，这是完善健康体检服务，实现"未病先防，已病防变"的健康管理核心目标的需要。前十年，健康管理主要是以体检为核心的医学服务。随着健康管理行业的发展，公众主动体检意识的提高，越来越多的人积极主动地进行体检。但同时，不少人把健康管理和健康体检混为一谈，甚至认为体检无用。实际上，健康体检只是健康管理的第一步——健康信息的采集；还需第二步健康信息的评估；第三步健康指导和干预。目前，80%的体检都停留在"只查不管"的层面，没有对已经发现的危险因素进行管控。因此，仅靠健康体检达不到预防疾病，维护健康的目的，只有把健康危险因素真正管控起来，才能起到防病的效果。如糖尿病健康管理就包含早期筛查、分层管理和检后干预三个方面。健康管理是有病治病，无病防病，防控健康风险因素，重点关注慢性疾病临床前期的人群。

健康管理还需重视"从子宫到坟墓"，或者说"从摇篮到天堂"的全生命周期的管理，其中包含了"生得好、病得晚、死得快"的理念。所谓"生得好"就是指从妊娠期就对胎儿进行健康管理，生个健康的宝贝；所谓"病得晚"，是指通过健康管理让人们不得病，晚得病，延长健康寿命；所谓"死得快"，就是让更多的老人无疾而终，避免临终前过度医疗。大量研究表明生命早期营养对成年疾病的形成具有一定的影响。如中国 1958 年到 1961 年灾荒年出生的人群，到成年之后患高血压和糖尿病的风险较其他年龄段的人群高。由于当时环境条件的限制，饮食缺乏，饥饿基因作了表型调控，摄取营养的能力变得很强大，而且这种表型的改变可以持续多年。成年之后，随着生活条件的改善，营养不缺乏，但基因的表观没有改变，导致营养过剩，因此，容易患糖尿病和高血压。基因型虽然不能改变，但基因的表达可以改变。如给怀孕的雌鼠服用丰富的叶酸、维生素 B_2、胆碱、锌等，小鼠出生后可以有效地预防成年后的肥胖和糖尿病。怀孕的雌鼠如果维生素缺乏，后代就会产生胰岛素抵抗，易患糖尿病。*NATURE* 发表的研究也表明，雄性小鼠高脂饮食后，其后代胰岛素抵抗,肥胖、糖尿病发生率大大提高。糖尿病的发生发展与"生得好"有关系,出生之前就应该预防糖尿病和肥胖,将预防的关口提前,真正做到全程健康管理。

二、健康管理机构"由单纯经营型向学科建设型转变"

（一）由单纯经营型向学科建设型转变就是将健康管理中心去行政化

目前仍有一些医院应用门诊部的管理方式管理健康管理中心,将阻碍健康管理学科的发展。健康管理(体检)中心的建设,就应像其他学科一样,医教研全面推进。在学科设置上,要设立亚专科,向着科学化、系统化、精准化、体系化的方向发展,完善健康管理的医学支撑。在"检中"环节,不仅仅要遵循中华医学会健康管理学分会颁布的健康体检"1+X"模式进行项目设置,还必须跳出"辨病体检"的范畴,完善机体功能评估和疾病风险因素的评估,为检后干预阶段实施"有病治病、无病防病"的健康管理提供必要的信息支持。

（二）人才培养与教学培训是学科建设的核心和关键

1. 首先,学科带头人的选拔是重中之重　学科建设离不开学科带头人的引领,开拓创新,最终实现团队的共同价值追求与提升。学科带头人思维前瞻,能够准确地把握学科发展方向,带领学科团队追求共同的价值观,共同发展,共同成功。只有重视学科带头人在学科建设中的作用,才能将学科建设工作真正落到实处。十年前,全国多数体检中心主任普遍存在学历和职称偏低、科研水平较弱、学术影响力较小的现象。医院领导也更多地把健康管理(体检)中心视为一个单纯的行政科室。如今,健康管理学科已经进入"复旦版医院排行榜",健康管理中心按照学科发展的趋势已经很明确。选择一个优秀的学科带头人是非常必要的,现在全国健康管理(体检)中心有博士学历、海外经历、正高职称的学科带头人越来越多,这为健康管理学科未来的发展奠定了重要的人才基础。

2. 健康管理学科的发展也要注重和完善人才梯队的建设　一流的健康管理学科不仅需要具有一流学术造诣和学术声望的学科带头人,还需要结构合理的学科梯队。学科梯队由不同年龄、不同学历、不同职称、不同能力的员工组成,需注意知识结构的互补性和年龄结构的合理性。一般来说,学科梯队应当以富有科研创造活力的中青年为主,重视发挥梯队成员个体的作用,同时还要不断调整梯队结构,实现相对平衡和稳定,使其发挥更大作用。早期的体检中心专业人员多数由即将离退或离退返聘的专家构成,年轻的医技骨干多为科室轮换人员,使得很多健康管理(体检)中心的梯队建设存在断档或结构不合理,竞争和激励体制不完善等队伍建设中普遍存在的问题,严重制约了健康管理学科的发展。调整机构,加强健康管理学科梯队建设,已成为学科建设管理者的共识。近年来,很多医院逐步引进中青年的高层次人才,如中国人民解放军总医院健康管理研究院主系列中引进了博士和博士后的人员,充实了健康管理学科梯队的骨干力量。2018 年 1 月中国首个高水平的健康管理先锋团队"中华健康管理博士联盟"在北京成立,有近300 名博士加入了健康管理行业,促进了人才结构的合理调整,增加了健康管理学科建设的后劲和可持续性。

3. 健康管理学科人才培养模式的创新　在健康管理人才培养模式方面,遵循教育规律和人才成长规律,创新教育教学方法,注重学思结合,知行统一,因材施教,形成多元化的人才培养模式;建设人才培养创新示范区,探索一专多能应用型人才培养的新路子、新方法、新途径。有机融合多学科的精华,开拓创新,采取"请进来"与"走出去"相结合的模式,将预防、治疗、康复、营养、运动、心理等多学科的专家请到健康管理中心,进行与健康管理密切相关议题的学术讲座,使医务人员完善和丰富自己的知识结构,了解和掌握各相关领域的最新进展。同时,也组织所属人员到国内外健康管理机构进行参观考察和短期培训,从而完善人才的知识结构,提升学术水平。

（三）充分发挥科研在健康管理学科建设中的作用,促进科学研究、人才培养和社会服务的协调发展

发挥多学科交叉、融合的优势,联合相关学科开展多中心科学研究、科技创新,成果共享。申

报科研课题和开展健康管理相关研究是支撑健康管理学科可持续发展的必要步骤和条件。科研基础较好的单位和个人可以直接申报国家及省部级的各项科研课题;科研基础稍差的单位和个人可以采用孵育培养的方式,即由健康管理中心对那些有科研潜能的人员进行小额资助,待取得初步结果后,再行申报高等级课题。此方式已经取得了一定的效果。同时,在全国范围内那些没有研究基础的健康管理(体检)中心,要积极参与申报各类多中心研究,通过参与课题,学习研究方法,提升自己的研究水平,为今后独立申报课题奠定基础。

三、健康体检模式"由套餐式体检向个性化体检转变"

2015年至2016年期间,美国和中国先后掀起了"精准医学"热潮,笔者在国内最早提出了"精准健康管理"的理念。与关注疾病为主的"精准医疗"相比,"精准健康"是以个体、群体和社会为中心,更加关注疾病预测预防,有效控制健康危险因素,普及健康生活,塑造自主自律的健康行为和提高全民身体素质。

要做到精准健康管理,就要彻底改变"千人一方"的以疾病为中心的套餐式体检模式向个性化体检转变。依据受检者的年龄、性别、职业、家族史和疾病史等因素制订个性化的体检方案,从而获取完整准确的健康信息,为正确全面地评估和干预奠定基础。体检应该做到"基本项目不可少,年龄地域性别做参考",个体的身体素质是千差万别的,所以体检检查的项目也应该有所区别,推行健康体检"1+X"方案,其中的X就是个体化的体检,根据遗传背景、生活环境、个人习惯的不同,个人的体检项目也要有所差别,原则上应以较少的指标反映问题的全部特征为最佳。

同时,在生命科学和医学新方法、新技术蓬勃发展,特别是基因组学取得革命性突破的新时代,新兴的健康管理学科也迅速进入"精准健康管理"阶段,更加精准的测量方法和评价体系、疾病易感基因检测、药物基因组学和营养基因组学的结合,让健康管理专业人士可以更准确地评估健康人、病人的个体化需求,更精准、更有效地帮助他们解决健康和疾病的问题。以体重管理为例,出具减重方案前先进行易感基因测定,查看遗传风险,碳水化合物敏感性,脂肪的敏感性,运动的敏感性,从而制订个性化的减重方案,取得了良好的效果。也回答人们在减肥过程常有的困惑,即有的人"管住嘴、迈开腿"取得了较好的效果,而有的人基本无效,其原因在于基因层面,若对运动根本不敏感的人,靠运动减肥效果就不理想;但是如果对碳水化合物敏感,只要把主食减了就一定会出现效果;如果对肉类这些饱和脂肪敏感,则注意饮食中饱和脂肪酸摄入,效果就会显著。

总之,精准健康管理技术的需求是多样的。以生物信息与大数据为基础,以先进健康管理手段为支撑,基于精准健康管理的健康体检、健康评估和健康干预的新型健康管理技术,如疾病易感基因的检测、药物基因组学的检测、营养基因组学的检测、肠道菌群的检测、功能医学的检测等在健康管理中得到广泛应用,可以通过先进的精准仪器设备检查、医学实验室检测和基因检测等为客户提供详细的、专业的健康状况解读。此外,检前问卷是风险筛查精准管理的基础,是获得遗传学和生活方式信息的重要途径,不容忽视。

(曾　强)

第二节　老年人健康体检前的准备

一、老年人健康体检的再认识

(一)加深对健康体检的科学认识

1. **"评估健康、预警风险"——老年健康体检的定义**　健康体检(health check-up)是指对无症状老年个体和群体的健康状况进行医学健康检查与评价的医学服务行为及过程,其重点是对

老年常见慢性非传染性疾病及其风险因素进行筛查与风险甄别评估,并提供健康指导建议及健康干预方案。老年健康体检是为了解受检者的健康状况、早期发现疾病线索和健康隐患,针对未病的老年健康人群、欲病的老年亚健康人群或初病的已病老年人群进行体检,是老年健康管理的基础。

2. "及时发现、动态管理"——老年定期体检的重要意义

(1) 及时发现健康的危险,帮老年人识别亚健康的灰色地带。

(2) 及时发现早期的疾病,帮老年人发现小毛病后面的大隐患。

(3) 让健康管理有据可依,帮老年人制订针对性的保健方案。

(二)纠正对健康体检的错误观念

"不痛不痒,不用查""身体不好,不敢查""以前查过,不再查""老年有病,查也没用"等,都属于错误的观念。正确认识到:健康要管理、身体要体检、体检要周期、管理要动态。

老年人通过年度健康体检和周期性健康筛查,能及时、实时了解自身的健康状况,及早发现一些不易察觉的健康危险因素和早期疾病,及时地给予预防和治疗,将大大降低慢性病的发病率、致残率和死亡率。

二、老年人健康体检档案建立

(一)老年人健康体检档案的意义

1. 老年人健康体检档案的定义   个人健康档案(personal health record,PHR)是一个人从出生到死亡的整个过程中,包括其健康状况的发展变化情况以及所接受的各项卫生服务记录的总和。老年人健康体检档案是老年个人健康档案最重要的内容和形式,即结合了以问题为导向的健康记录和以预防为导向的健康记录两方面内容。

2. 老年人健康体检档案的意义   完整而系统的健康体检档案对老年健康管理具有重要意义。

(1) 有助于制订老年健康管理决策。

(2) 有助于提高老年健康管理水平。

(3) 有助于评价老年健康管理质量。

(二)老年人健康体检档案内容

老年人健康体检档案的主要内容:个人基本信息、健康调查信息、健康体检信息、健康评估信息、健康服务信息等报告或表格。

1. 个人基本信息   包括姓名、性别等基础信息和家族史、既往史等基本信息。

2. 健康调查信息   用于对老年人膳食习惯、运动习惯、心理健康、健康素养等评估的健康自测问卷或生活调查问卷。

3. 健康体检信息   体检后形成的健康体检报告能全面反映受检者的健康状况,为相关疾病的诊断、治疗和预防提供重要依据。体检报告应出以下几部分构成。

(1) 报告首页。

(2) 报告内容。

(3) 报告审核。

(4) 报告时限。

(5) 报告领取。

4. 健康评估信息   通过专业评估量表完成的对老年人认知功能、生活自理能力评估、防止跌倒、骨质疏松的评估、肌肉减少症、活动与安全评估、生活质量等老年人生活能力专业的评估。

5. 健康服务信息   包括接诊记录表、会诊记录表、转诊记录表等老年人医疗、保健以及健康管理的记录。

Note

（三）老年人健康体检档案的管理

严格按照相关文件要求,统一规范老年健康档案内容、建档方式、服务流程、档案保管和使用等管理工作。

1. 建档原则　卫生服务机构通过疾病筛查、健康体检方式收集辖区内60岁以上老人居民健康信息,建立规范的健康体检档案。建立健康档案的主体是镇卫生院(社区卫生服务中心)或村卫生室(社区卫生服务站)的门诊、住院、预防保健等科室的医务人员。针对老年人健康体检档案的建立与使用的要求,应该遵循自愿性与多方式相结合、真实性与科学性相结合、完整性与连续性相结合、可用性与灵活性相结合的原则。

2. 建档方式　从填写个人基本信息表开始到最后健康体检报告归档保存,同时发放居民健康档案信息卡,老年健康体检档案的建立是一个完整的建档过程,每一步都不可或缺,其建立方式有以下三种:

(1) 辖区老年居民到乡镇卫生院、村卫生室、社区卫生服务中心(站)接受服务时,由医务人员负责为其建立居民健康体检档案,并根据其主要健康问题和服务提供情况填写相应记录。同时为服务对象填写并发放居民健康档案信息卡。

(2) 通过入户服务(调查)、疾病筛查、健康体检等多种方式,由乡镇卫生院、村卫生室、社区卫生服务中心(站)组织医务人员为老年居民建立健康档案,并根据其主要健康问题和服务提供情况填写相应记录。

(3) 已建立居民电子健康档案信息系统的地区应由乡镇卫生院、村卫生室、社区卫生服务中心(站)通过上述方式为老年个人建立居民电子健康体检档案,并按照标准规范上传到区域人口健康卫生信息平台,实现电子健康档案数据的规范上传。为服务对象制作发放居民健康卡,替代居民健康档案信息卡,作为电子健康档案进行身份识别和调阅更新的凭证。

3. 维护管理　居民健康档案参照《医疗病历管理办法》管理,重点要求如下:60岁以上老人档案、妇幼档案可单独存放,也可与普通居民健康档案一起同家庭健康档案整合,实现一户一档管理,档案按村组顺序编号存放。死亡、失访档案单独存放。逐步实现健康档案的计算机动态管理,具体做到:

(1) 中心建立居民健康档案服务专(兼)职管理人员,接受过本项目组织的培训,并成绩合格。应制定本单位居民健康档案管理制度,并严格执行。

(2) 健康档案管理要具有必需的档案库房,配备档案装具,按照防盗、防光、防高温、防火、防潮、防尘、防鼠、防虫等要求妥善保管健康档案,指定专(兼)职人员负责健康档案管理工作,保证健康档案完整、安全。

(3) 使用多途径的信息采集方式建立居民健康档案。健康档案应及时更新,保持资料的连续性。

(4) 健康档案的建立要遵循自愿与引导相结合的原则,在使用过程中要注意保护服务对象的个人隐私。

(5) 居民健康档案统一编码,采用16位编码制,以国家统一的行政区划编码为基础,以乡镇和街道为范围,村(居)委会为单位,编制居民健康档案唯一编码。同时将建档居民的身份证号作为统一的身份识别码。

(6) 遵照国家有关专项技术规范要求记录相关内容,记录内容应齐全完整、真实准确、书写规范,基础内容无缺失。

(7) 健康档案管理和服务人员在使用、管理、考核等工作中有权使用健康档案,其他机构或个人需要使用健康档案时,必须向中心提出书面申请,经批准并经本人或其监护人同意后,方可使用。

(8) 居民健康档案为社会公共信息资源,应长期保存,不得流失、损毁,违者依法追究责任。

三、老年人健康体检项目设置

（一）老年人健康体检项目设置遵循的原则

老年人健康体检项目的设置必须遵循科学性、适宜性及实用性的原则,具体如下:

1. 以老年健康评价和健康风险筛查为目的,了解受检老年人健康状况,早期发现老年常见疾病线索。

2. 体检采用的方法或手段要科学适宜,简便易行。

3. 体检项目所采用的仪器、设备及试剂必须是经国家药品监督管理局(SFDA)认证、有正式批准文号,以保证质量及安全。

4. 体检项目要充分体现最佳成本效益原则,避免优先采用过多高精尖医疗技术设备,以免加重受检者的经济负担。

5. 专业正规的体检机构,可根据自己的实际情况,制订老年人健康体检项目。

（二）老年人健康体检项目设置考虑的因素

老年人健康体检项目的设置应该充分考虑以下因素:

1. 针对老年常见慢性疾病发展全程各阶段的危险因素,设置体检项目(图 3-1)。

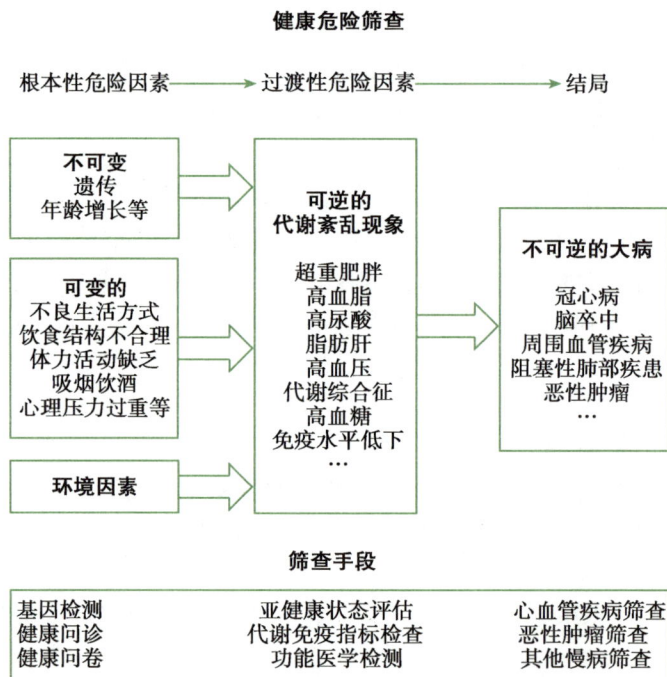

图 3-1　疾病发展不同阶段体检项目设置

2. 按照老年人"年度体检""专病筛查""专项评估"等不同需求,组合体检项目。

3. **老年健康管理涵盖两个方向**　"查-评-管"和"查-诊-治",两者有机结合组合体检项目。

（三）老年人健康体检项目设置采用的体系框架

采用"1+X"的体系框架。

1. **"1"——老年人健康体检基本项目(必选项目)**　是开展老年健康体检服务的基本检测项目,包括老年健康体检自测问卷、体格检查、化验检查、仪器检查、体检报告首页等 5 个部分。

2. **"X"——老年人专项体检项目**　即健康体检的备选项目,是老年个体化深度体检项目,主要根据老年个体不同身体情况及对慢性病高危情况进行的专业化筛查项目。

（四）老年人健康体检套餐项目的制订

为了方便和满足不同老年人群的健康体检和慢性病筛查的需求，健康体检机构重点对老年人主要慢性病的风险进行评估和重大疾病的早期筛查，常见制订以下体检套餐：

1. 老年人心血管病及其危险因素体检套餐 体检项目包括高血压、冠心病、脑卒中、外周血管病等专病检查项目。

2. 老年慢性病早期风险筛查体检套餐 主要是糖尿病、慢性阻塞性肺疾病（chronic obstructive pulmonary disease，COPD）、慢性肾脏疾病早期风险筛查。

3. 老年人常见癌症筛查套餐 恶性肿瘤风险筛查包括食管癌、胃癌、直肠癌、肺癌、乳腺癌、宫颈癌、前列腺癌等风险筛查项目。

（五）合理安排老年人健康体检的间隔

国外医疗检查权威指出，成人体检的频率应为1年1次。50岁以上中老年人，检查的间隔时间应缩短至半年左右，每年2次，分别为全面体检和针对性体检。对于一些特殊疾病高危人群，某些体检项目的检查频率就应高些。如乙肝病毒携带者最好每3个月到半年检查1次肝功能或病毒DNA，每半年做1次肝脏B超。常年吸烟者应每半年体检1次，老年女性乳腺癌筛查每年1次。

（六）老年人健康体检（管理）服务规范

1. 服务对象 辖区内60岁及以上常住居民。

2. 服务内容 每年为老年人提供1次健康管理服务，包括生活方式和健康状况评估、体格检查、辅助检查和健康指导。

（1）生活方式和健康状况评估：通过问诊及老年人健康状态自评了解其基本健康状况、体育锻炼、饮食、吸烟、饮酒、慢性疾病常见症状、既往所患疾病、治疗及目前用药和生活自理能力等情况。

（2）体格检查：包括体温、脉搏、呼吸、血压、身高、体重、腰围、皮肤、浅表淋巴结、心脏、肺部、腹部等常规体格检查，并对口腔、视力、听力和运动功能等进行粗测判断。

（3）辅助检查：包括血常规、尿常规、肝功能（血清谷草转氨酶、血清谷丙转氨酶和总胆红素）、肾功能（血清肌酐和血尿素氮）、空腹血糖、血脂（总胆固醇、甘油三酯、低密度脂蛋白胆固醇、高密度脂蛋白胆固醇）心电图和腹部B超（肝胆胰脾）检查。

（4）健康指导：告知评价结果并进行相应健康指导：①对发现已确诊的原发性高血压和2型糖尿病等病人纳入相应的慢性病病人健康管理；②对患有其他疾病的（非高血压或糖尿病），应及时治疗或转诊；③对发现有异常的老年人建议定期复查或向上级医疗机构转诊；④进行健康生活方式以及疫苗接种、骨质疏松预防、防跌倒措施、意外伤害预防和自救、认知和情感等健康指导；⑤告知或预约下一次健康管理服务的时间。

3. 服务流程 见图3-2。

4. 服务要求

（1）开展老年人健康管理服务的乡镇卫生院和社区卫生服务中心应当具备服务内容所需的基本设备和条件。

（2）加强与村（居）委会、派出所等相关部门的联系，掌握辖区内老年人口信息变化。加强宣传，告知服务内容，使更多的老年人愿意接受服务。

（3）每次健康检查后及时将相关信息记入健康档案。具体内容详见《居民健康档案管理服务规范》。对于已纳入相应慢性病健康管理的老年人，本次健康管理服务可作为一次随访服务。

（4）积极应用中医药方法为老年人提供养生保健、疾病防治等健康指导。

5. 工作指标 老年人健康管理率＝年内接受健康管理人数/年内辖区内65岁及以上常住居民数×100%。

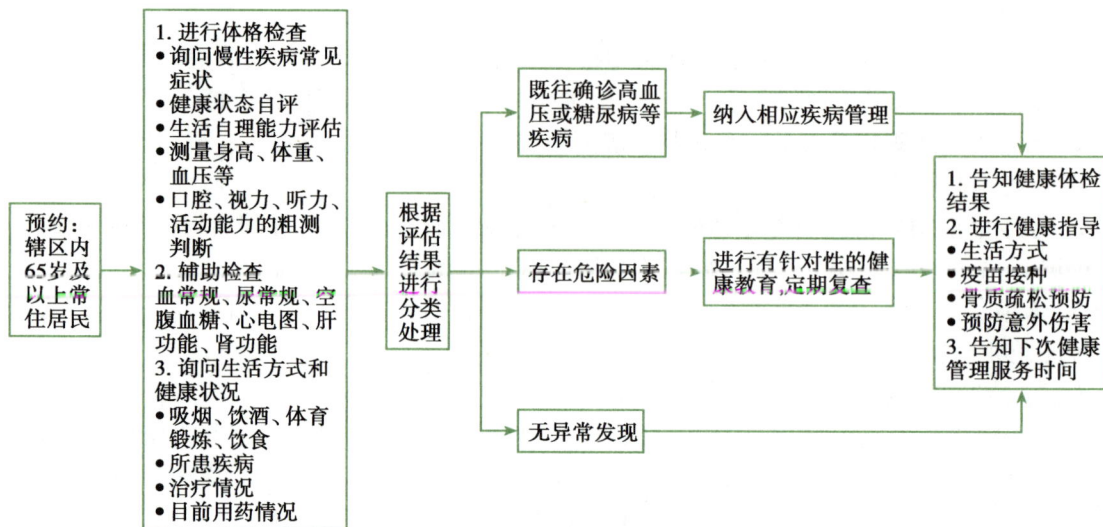

图 3-2　老年人健康体检服务流程

四、老年人健康体检的注意事项

(一)体检前注意事项

1. **选择正规体检机构**　由于各家体检医院的环境、设备、技术、服务、医师资质的不同,体检价格略有不同,建议选择机构合法、队伍专业、设备精良、体检环境布局合理、检后相关服务跟得上的,开展老年人健康体检经验丰富的体检机构。

2. **预选合适的体检套餐**　针对老年人个体或群体的年龄、性别、生活方式、职业特点以及家族史、既往史、健康史等实际情况,提前选择个性化的体检套餐。其中普查套餐可实现对慢性疾病风险及其风险因素常规筛查和综合评估,专病套餐可以实现对高风险慢性疾病,如肥胖、高血压、糖尿病、冠心病、脑血管病以及各种癌症的深度检查与精准评估,满足个性化、多样化的健康需求。

3. **饮食方面准备**

(1) 检查前 3 天:不喝酒,清淡饮食;勿食高脂肪、高糖分和不易消化的食物;勿食动物肝、血等血性食物;勿饮茶、咖啡等刺激性饮料;开始停用维生素 C、减肥产品及对肝、肾功能有影响的药物。

(2) 检查前 1 天:19:00 后禁食,24:00 后禁水。

4. **起居方面准备**

(1) 体检之前休息好。

(2) 睡前洗澡,做好个人卫生。

(3) 着轻便服装,勿穿有金属的内衣或佩戴含金属的饰品。

(4) 患有糖尿病、高血压、冠心病等慢性病且正在服药的受检者日常药物不需停。

(二)体检时注意事项

1. **先进行空腹项目**　以下检查项目需要空腹进行:采血、留尿标本、碳-13 呼气试验、腹部超声检查、远红外全身热成像(TTM)检查。体检时应先检查空腹项目,然后再进早餐,继续完成其他检查项目。

2. **排尿憋尿项要分清**

(1) 需要排空小便的检查项目有:

1) TTM 热成像检查。

2）妇科检查。

（2）检前需要多喝水、憋尿，以保持膀胱充盈的检查有：

1）膀胱超声检查。

2）妇科子宫、附件 B 超。

3）男性前列腺 B 超检查。

3. **医生问诊告知实情** 在健康体检时，要客观、准确地陈述病史，重要疾病不可遗漏。医生可由目前检查结果，配合过去病史来诊断疾病。

4. **体检项目全部完成** 最好能按照本次健康体检表所列内容进行逐项检查，若自动放弃某一项检查容易影响对本次健康状况的评估，甚至漏检漏诊癌症等重大疾病。

（三）体检后注意事项

健康体检完毕，如有体检表，应将体检表交回体检收表处，以便总检医师根据检查内容对本次体检结果作出目前健康状况评估。体检后报告及时领取，认真阅读体检报告，认真对待体检结论和健康建议，对体检报告有疑问时，可以电话或当面咨询专家。当检查结果提示有"异常"时，不要讳疾忌医，应及时请教医生帮助分析解读，按医生的建议进行复诊或治疗。

（武 强）

第三节 老年人健康体检的内容

老年健康体检一般包括健康体检自测问卷、一般检查、物理检查、实验室检查和辅助仪器检查五个部分。

一、自测问卷

健康体检自测问卷是开展健康体检基本项目服务的重要内容，可为体检项目的个性化设置、检后健康评估与健康管理服务提供基础信息，应推广使用。健康体检自测问卷基于现代多维度的健康概念和健康测量指标体系，并学习借鉴了国内外相关问卷，按照问卷或量表研制经过与信效度要求而形成的。内容除基本信息采集外，主要包括健康史、躯体症状、生活方式和环境健康、心理健康与精神压力、睡眠健康、健康素养 6 个维度和 85 个具体条目。

（一）健康史

健康史内容包括家族史、现病史、过敏史、用药史、手术史、月经生育史等，除了按照诊断学要求的问诊内容以外，重点强调了对主要慢性病家族遗传信息的询问，如早发心血管病家族史（男性 55 岁，女性 65 岁）等。

（二）躯体症状

该部分内容设置主要依据诊断学和有关慢性病预防指南，是对主要慢性病风险人群进行的症状与体征的系统询问，包括循环、呼吸、消化、内分泌、神经、泌尿、妇科系统疾病以及视听功能等。

（三）生活方式和环境健康

该部分内容主要依据引起主要慢性病的生活方式与环境风险因素而设置，包括饮食、吸烟、饮酒、运动锻炼、环境健康风险等，其中不健康饮食、吸烟、过量饮酒、体力活动不足和有害环境暴露均是具有高级别循证医学证据的项目及指标。

（四）心理健康与精神压力

该部分内容包括情绪、精神压力、焦虑抑郁状态等。该部分内容主要用于精神心理问题的初

筛和精神压力的评估。

（五）睡眠健康

该部分内容包括睡眠时间、睡眠质量、睡眠障碍及其影响因素等内容。由于睡眠影响人的健康状况和工作能力,同时睡眠问题容易引发多种身心疾病,尤其与心血管系统、糖尿病等慢性非传染性疾病密切相关,故该量表中专门设置了有关睡眠健康的条目内容。

（六）健康素养

该部分包括健康理念、健康意识、健康知识和健康技能等内容。国内外研究证明,健康素养能反映国民的健康基础水平,而且健康素养低可以增加慢性病发生率及疾病负担,应该作为健康体检问卷调查的必需内容。

二、一般检查

一般检查是指健康体检中体格测量的基本指标,包括:体温、身高、体重、腰围、血压、脉搏（心率）等。近年来人体成分分析测量、家庭自测血压、动态血压等仪器检查越来越多地被纳入体格测量中。鼓励老年人在家庭自备体温表、体重计、电子血压计等,学会并经常测量脉搏、体温、体重、血压等,以便实现健康状况的自我评估、疾病线索的自我发现、治疗效果的自我观察。

（一）体温测量

健康人的体温是相对恒定的,当体温超过正常体温的最高限度时称为发热。常用的体温有口腔温度和腋窝温度。结果判断如下:

1. **正常体温**　（腋下）36.0~37.0℃ ,（口腔）36.3~37.2℃ 。
2. **低热**　37.4~38℃ 。
3. **中热**　38.1~39℃ 。
4. **高热**　39.1~41℃ 。
5. **超高热**　41℃以上。

（二）脉搏（心率）测量

脉搏（pulse）为人体表可触摸到的动脉搏动。血液经由心脏的左心室收缩而挤压流入主动脉,随即传递到全身动脉。当大量血液进入动脉将使动脉压力变大而使管径扩张,在体表较浅处动脉即可感受到此扩张,即所谓的脉搏。正常人的脉搏和心跳是一致的。结果判断如下:

1. **正常脉搏**　60~100 次/min,跳动强弱应均匀,节律一致。
2. **脉搏过速**　>100 次/min（数脉）。
3. **脉搏过缓**　<60 次/min（短绌脉）。

（三）身高测量

身高是指从头顶点到地面的垂距,一般以 cm（厘米）作为单位,也较经常用 m（米）。受试者穿轻薄的衣服,光脚直立,两脚后跟并拢靠近量尺,并将两肩及臀部也贴近量尺进行测量。可连续测 2 次,2 次测量的结果误差不得超过 0.5cm,取均值为最终结果。

（四）体重测量

体重是体内蛋白质、矿物质、水分、脂肪与碳水化合物的总和。在水分恒定不变的情况下,体重可反映身体营养水平,尤其反映与蛋白质和脂肪有关的能量水平。体重测量方法有电子体重计和杠杆秤,首选杠杆型体重秤,使用前需校正。判断指标用体重指数（body mass index,BMI）来表示。体重指数（BMI）=体重（kg）/身高（m）^{2}（表 3-1）。

表 3-1 体重指数（BMI）判断体重类型

体重类型	体重过低			正常体重	体重超标		
	重度	中度	轻度		超重（偏胖）	中度肥胖	重度肥胖
BMI/（kg·m⁻²）	≤16	16~16.9	17~18.4	18.5~23.9	24~27.9	28~29.9	≥30

（五）腰围/臀围测量

腰围是人体站立时水平方向的最小腰部周长值；臀围是人体站立时水平方向的最大臀部周长值，反映髋部骨骼和肌肉的发育情况。腰臀比为最窄部位的腰围除以最宽部位的臀围。腰围及腰臀比是临床上估计病人腹部脂肪过多最简单和实用的指标，与肥胖相关性疾病有更强的关联。可用于对肥胖者的最初评价，在治疗过程中也是判断减肥效果的良好指标。判断标准见表 3-2。

表 3-2 腰围、腰臀比、腰身比判断肥胖类型

判断指标		中心型肥胖	均匀性肥胖
腰围（WC）	男性	≥90cm	<90cm
	女性	≥85cm	<85cm
腰臀比（WHR）	男性	≥0.90	<0.90
	女性	≥0.85	<0.85
腰身比（WHtR）	男女	≥0.50	0.45~0.50

（六）血压测量

诊室血压测量（office blood pressure monitoring，OBPM）、动态血压监测（ambulatory blood pressure monitoring，ABPM）及家庭自测血压（home blood pressure monitoring，HBPM）是目前血压测量的 3 种方法。

血压测量结果判断如下：

1. **诊室血压——指南标准** 高血压诊断标准是未服抗高血压药物的情况下，收缩压 ≥140mmHg 和/或舒张压 ≥90mmHg。需至少经过 2 次不同日血压测量，并经一定时期的观察，达到诊断标准，方可诊断。此外，正在服用降压药的高血压病人，即使血压已经低于 140/90mmHg 仍为高血压。

2. **自测血压——参考标准** 家庭自测血压一般低于诊所血压，其正常上限值为 135/85mmHg，相当于诊所血压 140/90mmHg。非同日多次家庭自测血压的平均值 ≥135/85mmHg，可考虑诊断为高血压。自测血压 ≥135/85mmHg，确诊高血压；自测血压 <130/80mmHg，为正常血压；自测血压 ≥130/80mmHg，血压偏高，需密切观察。

3. **动态血压——推荐标准** 动态血压监测的常用指标有 24 小时、白天（清醒活动）和夜间（睡眠）的平均收缩压与舒张压水平，夜间血压下降百分率以及清晨时段血压的升高幅度（晨峰），可以诊断高血压和判断血压波动类型。

（1）血压均值标准——全天血压：24 小时平均动脉压 ≥135/85mmHg；白天（6:00~22:00）血压：平均动脉压 ≥140/90mmHg；夜间血压（22:00~6:00）：平均动脉压 ≥120/75mmHg。

（2）血压负荷标准：血压负荷就是血压读数超过标准读数的百分数，该指标在反映左室肥厚、右室峰值率和左房指数等方面，比动脉血压均值更有意义。

三、物理检查

（一）内科检查

通过视、触、叩、听,检查胸廓、肺脏、心脏、肝、脾、神经系统等重要脏器的基本状况,发现内科常见疾病的相关征兆,或初步排除内科常见疾病。

（二）外科检查

检查内容有检查皮肤黏膜、浅表淋巴结、头颈、甲状腺、乳腺、脊柱、四肢、关节、肛门、疝气等基本情况,发现常见外科疾病的相关征兆,或初步排除外科常见疾病。男性检查外生殖器、前列腺指诊,必要时行前列腺液和精液检查。女性必要时行乳腺仪器检查。

（三）眼科检查

检查内容有视力、色觉检查:了解视力状况,判断眼睛视力、色觉功能;外眼检查:判断眼睑、泪囊、结膜、眼球是否存在异常情况;裂隙灯检查:通过裂隙灯检查巩膜、虹膜、角膜、瞳孔、玻璃体等有无异常情况;检眼镜检查:通过检眼镜检查眼底视网膜、视乳头和视网膜中央血管等有无异常情况。

（四）耳鼻咽喉检查

1. **常规检查**　通过对耳、鼻、咽、扁桃体、喉等器官的常规检查,初步筛查常见疾病。
2. **鼻咽镜检查**　了解鼻咽部有无异常情况。
3. **听力检查**　以128Hz音叉或电测听检测听力。

（五）口腔科检查

常规检查口腔黏膜、牙齿、牙龈、颞颌关节、腮腺,全面了解口腔健康状况,及时发现口腔科常见疾病。

（六）妇科检查

妇检是妇科医生对已婚妇女进行的内外生殖器的检查,包括:

（1）外阴检查:有无皮肤病,色素减退,尿道口有无充血,巴氏腺囊肿,尖锐湿疣,阴道膨出,子宫脱垂等。

（2）阴道窥器检查:暴露宫颈及阴道壁,观察白带性状,宫颈有无囊肿、糜烂、宫颈息肉、宫颈癌等。

（3）双合诊检查或三合诊检查:子宫和附件大小、位置、质地、表面光滑与否,以及有无肿块、增厚和压痛。

（4）妇科医生认为必要时,可以行白带常规、宫颈病理涂片、HPV（人乳头状瘤病毒）-DNA检测、电子阴道镜等特殊检查。

四、实验室检查

检验医学是以为诊断、预防、治疗人体疾病或评估人体健康提供信息为目的,对来自人体的材料进行血液检查、血清学检查、各种体液的显微镜检查、生化检查、免疫学检查、微生物学检查、细胞学检查、各种组织及器官的病理学检查,并提供其检查范围内的咨询性服务,包括结果解释和为进一步适当检查提供建议的一门医学学科。实验室检查属于检验医学,包括常规检查、生化检查、细胞学检查三个部分。常规检查包括血常规、尿常规、粪便常规+潜血;生化检查包括血糖、尿酸、肝功能、肾功能、血脂等;细胞学检查,包括宫颈刮片细胞学检查,是女性宫颈癌的早期初筛项目。

（一）常规检验

1. **血常规**（blood routine examination）　是基本的体检项目,其通过仪器自动分析血细胞的

数量变化及形态分布,通常包括红细胞系统、白细胞系统和血小板系统三大系统中的红细胞(red blood cell,RBC)计数、血红蛋白(haemoglobin,Hb)、白细胞(white blood cell,WBC)、白细胞分类计数及血小板(platelet,PLT)等20种具体指标,可以发现许多全身性疾病的早期迹象,诊断是否贫血,是否有血液系统疾病,也可以反映骨髓的造血功能等。此外,还是观察治疗效果、用药或停药、继续治疗或停止治疗、疾病复发或痊愈的常用指标。

2. **尿常规** 是临床上三大常规检验中的一项,作为排泄物检查,尿液反映了机体的代谢状况,是很多疾病诊断的重要指标,不少肾脏病变早期就可以出现蛋白尿或者尿沉渣中出现有形成分。尿常规异常经常是肾脏或尿路疾病的征兆。

3. **便常规** 粪便的四分之三是水分,其余大多是蛋白质、无机物、脂肪、未消化的食物纤维、脱了水的消化液残余以及从肠道脱落的细胞和死掉的细菌,还有维生素 K、维生素 B。粪便常规化验检查是临床常规化验检查项目之一,可直观地了解消化道有无细菌、病毒及寄生虫感染,及早发现胃肠炎、肝病,也可作为消化道肿瘤的诊断筛查,间接地判断消化道、胰腺、肝胆的功能状况。

(二)生化检验

生化检验是健康体检的主要项目之一,是指对组成机体的生理成分、代谢功能、重要脏器的生化功能等的临床生物化学检验,包括糖、脂肪、蛋白质及其代谢产物和衍生物的检验,血液和体液中电解质和微量元素的检验,血气分析和酸碱平衡的检验,临床酶学检验,激素和内分泌功能的检验等。老年健康体检中生化检验项目主要有血糖、血脂、血尿酸、肝肾功能、电解质等项目。

1. **糖代谢指标** 临床上所称的血糖专指血液中的葡萄糖。每个个体全天血糖含量随进食、活动等情况会有波动,血糖浓度受神经系统和激素的调节而保持相对稳定,一般在空腹时血糖水平为恒定。当这些调节失去原有的相对平衡时,则出现高血糖或低血糖。临床采用葡萄糖氧化酶的方法可以特异地测出真实的血糖浓度。

2. **脂代谢指标** 包括血脂、载脂蛋白、脂蛋白。血脂是血浆中的胆固醇、甘油三酯(triglyceride,TG)和类脂的总称。载脂蛋白(apolipoprotein,Apo)是血浆脂蛋白中的蛋白质,其基本功能是运载脂类,常见的有 ApoB48 和 ApoB100。ApoB48 是乳糜微粒(chylomicron,CM)的载脂蛋白之一;ApoB100 是极低密度脂蛋白(very low density lipoprotein,VLDL)和低密度脂蛋白(low density lipoprotein,LDL)的载脂蛋白之一。脂蛋白(lipoprotein)为血液中不溶性脂类与蛋白质结合在一起形成的脂质-蛋白质复合物。脂蛋白中的脂质组分主要为饮食摄入以及肝脏合成的胆固醇和甘油三酯,根据密度大小可分为:乳糜微粒、极低密度脂蛋白、中间密度脂蛋白、低密度脂蛋白和高密度脂蛋白。

3. **血尿酸** 尿酸是人体嘌呤代谢的产物。高尿酸血症常与传统的代谢性心血管危险因素如高血压、高脂血症、2 型糖尿病、肥胖、胰岛素抵抗等伴发。近 20 年来十多个前瞻性大规模临床研究采用多因素回归分析证实高尿酸血症是心血管疾病的独立危险因素。降尿酸治疗有望成为一种心血管疾病防治的新途径。国际上将高尿酸血症(hyperuricemia,HUA)的诊断标准定义为:正常嘌呤饮食状态下,非同日 2 次空腹血尿酸水平男>420μmol/L(7mg/dl)或女>357μmol/L(6mg/dl),没有发作痛风称为无症状 HUA。

4. **血液同型半胱氨酸(homocysteine,Hcy)** 为蛋氨酸和半胱氨酸代谢过程中产生的重要中间产物,其代谢发生障碍,在体内堆积,血浆浓度超过正常范围上限为高同型半胱氨酸血症。无症状成年体检人群在评估心血管病危险时,建议检测血浆 Hcy 水平。血液同型半胱氨酸显著增强低密度脂蛋白胆固醇(LDL-C)的致动脉硬化作用。高同型半胱氨酸血症是心血管疾病的独立危险因素,其危害仅次于高血压,高于高胆固醇、高血糖和高尿酸。伴有高同型半胱氨酸血症

的高血压为 H 型高血压,我国 75% 高血压病人为 H 型高血压,是我国脑卒中的主要危险因素。降低血液同型半胱氨酸值,使其小于 6μmol/L 能大幅降低心血管等慢性疾病的风险。

5. **肝功能**   肝脏是人体最大的实质性器官,担负着合成、解毒等重要生理功能。肝功能检查是通过各种生化试验方法检测与肝脏功能代谢有关的各项指标,以反映肝脏功能基本状况的检查。肝功能检查方法可以帮助病人早期发现和诊断某些疾病,是否患有急、慢性肝炎、酒精肝、药物性肝炎、脂肪肝、肝硬化及肝胆系统疾病等。因肝脏功能多样,所以肝功能检查方法很多。目前,肝功能在临床开展的试验种类包括反映肝细胞损伤的项目、反映肝脏分泌和排泄功能的项目、反映肝脏合成贮备功能的项目、反映肝脏纤维化和肝硬化的项目等。

6. **乙型肝炎病毒检测**   乙型肝炎是我国常见病,也是导致肝硬化和肝癌的主要原因。乙型肝炎病毒检测是健康体检中重要的项目之一。"乙肝两对半"是指乙型肝炎 5 项检测指标中有两对"抗原-抗体"和一个抗体指标。"两对"是指乙肝表面抗原(HBsAg)和表面抗体(HBsAb),乙肝 e 抗原(HBeAg)和 e 抗体(HBeAb),"半对"是指乙肝核心抗体(HBcAb)。这是因为乙肝核心抗原(HBcAg)分子量大,被包裹在病毒颗粒内部,现有化验手段不能检测到它,因此在化验单上没有 HBcAg 这个指标。

7. **肾功能**   肾属于泌尿系统的一部分,负责过滤血液中的杂质、维持体液和电解质的平衡,最后产生尿液经尿道排出体外。同时也具备内分泌的功能以调节血压。变态反应、感染、肾血管病变、代谢异常、先天性疾病、全身循环和代谢性疾病、药物、毒素对肾脏的损害均可影响肾功能,主要表现为肾功能检查指标的异常,在临床诊断和治疗上具有重要的意义。临床常用于检查肾功能的指标是血清尿素、血肌酐、血 β2-微球蛋白、尿酸,以及尿蛋白等。

8. **电解质**   围绕人体细胞周围的组织间液包括血液、淋巴和组织液等,其中的电解质起着捍卫细胞内外渗透压、水分和酸碱平衡,维持细胞内环境稳定的作用。这种平衡状态一旦被打破,人体就会发生电解质紊乱,出现病症。血液电解质检查一般包括:钠(Na)、钾(K)、氯(Cl)、钙(Ca)、磷(P),有的医院还包括二氧化碳结合力,以方便对酸碱中毒的分析与判断。

9. **甲状腺功能与自身抗体**   甲状腺是人体最大的内分泌器官,摄取无机碘、合成分泌甲状腺激素,对机体代谢起着重要的调节作用。甲状腺疾病多种多样,甲状腺功能检测是甲状腺疾病早期筛查和确诊最常见的检测项目,包括甲状腺功能和甲状腺自身抗体检查。甲状腺五项有总三碘甲状腺原氨酸(T_3)、总甲状腺素(T_4)、游离三碘甲状腺原氨酸(FT_3)、游离甲状腺素(FT_4)、促甲状腺素(TSH)。甲状腺自身抗体有抗甲状腺球蛋白抗体(ATG)、抗甲状腺过氧化物酶抗体(ATPO)、促甲状腺激素受体抗体(TRAb)。

10. **血液肿瘤标志物**   肿瘤是严重危害人类健康的疾病,晚期治疗效果不佳。因此,通过肿瘤筛查以期早发现、早诊断、早治疗是征服肿瘤的关键。肿瘤标志物(tumor marker,TM)是指在肿瘤的发生和增殖过程中,由肿瘤细胞分泌物和肿瘤细胞表达物,或者是由机体对肿瘤细胞反应而产生的,能反映肿瘤存在和生长的化学、生物物质。它们的存在或量变可以提示肿瘤的性质,借以了解肿瘤的组织发生、细胞分化、细胞功能,以帮助肿瘤的诊断、分类、预后判断以及治疗指导。

11. **碳-13 呼气试验**   幽门螺杆菌(简称 Hp)是一种在胃黏膜上皮细胞表面生长的螺旋形弯曲的细菌,能产生多种致病因子,对胃黏膜屏障具有破坏作用。早期检测、诊断、治疗幽门螺杆菌感染是预防和治疗慢性胃炎、消化道溃疡和胃癌的关键。幽门螺杆菌尿素呼气试验是用核素标记的尿素做呼气试验检测幽门螺杆菌感染的方法。呼气采样检测灵敏度高,检出率和符合率也很高,不需做胃镜、不需要取得胃活检组织,安全、准确、方便、无痛苦、无创伤、无交叉感染,是目前最为先进、也最受病人欢迎的检测幽门螺杆菌的方法之一。

(三)细胞学检查(女性)

人乳头瘤病毒(human papilloma virus,HPV)属于乳头瘤病毒科,是一种无包膜的双链闭合环状 DNA 病毒,在人和动物中广泛分布,对人体特异部位的上皮细胞具有亲和力。直接的皮肤-皮肤接触是 HPV 感染最有效的途径,主要感染黏膜以及相邻的生殖器皮肤,病毒不通过血液或体液传播(例如精液)。不到 10% 的极少数的女性,感染致癌能力较强的 HPV(我国 52 和 58 型是常见的高危型 HPV)而不能被清除,持续感染,HPV 便与 DNA 整合,改变宫颈表面鳞状细胞的性质,慢慢侵蚀正常的宫颈,直到最终进展到癌前病变(CIN,宫颈上皮内瘤变)或者癌症。高危型 HPV 持续感染不仅诱发宫颈癌,还会诱导肛管癌、口腔癌、喉癌、鼻腔内癌、扁桃体癌、食管癌、外阴癌、阴茎癌、前列腺癌和膀胱癌等。

五、仪器检查

常规仪器检查包括心电图检查、放射性检查、超声检查三个部分,随着医学技术的发展,健康基本项目和可选项目已经不能满足形势发展的需要,很多体检机构为进一步深度筛查和诊断常见慢性病及其危险因素,逐步引进和开展功能医学检查、动态指标检查以及特殊项目等仪器检查。

(一)心电图检查

1. 常规心电图检查 心电图(electrocardiogram,ECG)指的是心脏在每个心动周期中,由起搏点、心房、心室相继兴奋,通过心电描记器从体表引出多种形式的电活动变化的曲线图形。十二导联同步心电图检查是常规体检中一个必检项目,用于对各种心律失常、心肌梗死、心肌缺血、房室肥大的诊断分析。

2. 动态心电图检查 动态心电图(dynamic electrocardiography,DCG)可获得受检者日常生活状态下连续 24 小时甚至更长时间的心电图资料,并借助计算机进行分析处理,以发现在常规心电图检查时不易发现的心律失常和心肌缺血等,为临床诊断、治疗及判断疗效提供重要的客观依据。目前已成为临床心血管领域中非创伤性检查的重要诊断方法之一。普通心电图检查正常,但怀疑有冠心病、心律失常的人群,适合进行动态心电图监测。

(二)放射性检查

1. 胸部 X 线片 X 线检查机制是基于 X 线对人体组织的穿透性,以及不同组织由于厚度、密度差异,对 X 线吸收衰减不同而形成图像。高密度、高厚度组织在 X 线片呈白色,低密度、低厚度组织则呈黑色。目前,都采用数字 X 线摄影(digital radiography,DR)技术将普通 X 线摄影装置或透视装置同电子计算机相结合,使 X 线信息由模拟信息转换为数字信息,而得到数字图像。与传统的 X 线摄影相比,具有放射剂量低、成像清晰、速度快等优点。

2. 肺部低剂量螺旋 CT CT 可直接显示普通 X 线检查无法显示的器官和病变,解剖关系明确,病变显示好。扫描范围越小,矩阵数越多,层厚越薄,其分辨率越高。低剂量螺旋 CT 扫描检查(low-dose computed tomography,LDCT)是用 X 线束对人体进行扫描,薄层扫描层厚为 1mm,又称为高分辨率 CT(high resolution CT,HRCT),可清晰显示肺内细微结构,可筛查出早期肺癌(直径小于 1cm 的微小肺癌)。

3. 冠状动脉 CT 血管成像检查 冠状动脉 CT 血管成像(coronary computed tomographic angiography,CCTA)是一种非创伤性介入血管成像技术,显影剂被注入血管里,通过显影剂在 X 线下所显示的影像来诊断冠状动脉血管病变,适用于进行冠状动脉造影(coronary arteriography,CAG)检查前的筛选检查。

4. 骨密度检查 骨密度全称骨骼矿物质密度(bone mineral density,BMD),是骨骼强度的一个重要指标,以 g/cm³ 表示,是一个绝对值。人体骨矿物质含量与骨骼强度和内环境稳定密切相关,因而是评价人类健康状况的重要指标。骨密度测量是国际公认的方法,用于骨质疏松的风险

预测、临床诊断以及疗效评估。

5. 乳腺钼靶X线检查 乳腺钼靶X线摄片又称乳腺钼靶（mammary gland molybdenum target），是一种低剂量乳腺X线拍摄乳房的技术，具有成像清晰、检查操作方便快捷、辐射量小等特点，能清晰显示乳腺各层组织，准确发现乳腺增生、病变、包块、钙化的形状、大小、密度、性质等，可观察到小于0.1mm的微小钙化点及钙化簇，是早期发现、诊断乳腺癌的最有效和可靠的方式。

（二）超声检查

超声波（ultrasonic，US）是指振动频率在20 000次/s（Hz）以上，超过人耳听觉阈值上限的声波。超声检查是利用超声波照射到身体上，将组织的反射波（echo）进行图像化处理的影像学诊断技术，是健康体检中普遍应用的器官影像学检查项目。超声检查也被用于与其他检查方法的联合应用中。在超声检查的监视下，为组织进行活检，以及与内镜联合进行检查，在许多方面已得到应用。常用的超声检查方法主要有A型法、B型超声诊断法（二维法）、M型超声诊断法（声光点扫描法）、扇型法以及D型超声诊断法。

1. 肝脏超声检查 超声诊断法是肝脏疾病的首选影像学诊断方法。二维实时超声显像主要用于检查肝脏形态的变化，二维彩色多普勒血流显像则用于肝脏血管病变与血流动力学检查。肝脏超声检查的目的主要在于：①确定肝内占位性病变并提示定性、定位诊断；②对某些弥漫性肝脏疾病或肝脏弥漫性疾病的某种阶段作出明确诊断；③鉴别细胞性黄疸和阻塞性黄疸。

2. 胆道超声检查 胆道系统分为胆囊和胆管两大部分，胆道以肝门为界，分为肝内胆管和肝外胆管。胆道超声波检查即采用B超检查病人的胆囊，常用于诊断胆囊及胆道系的疾患，如胆囊结石，肝外胆管结石，肝内胆管结石，急、慢性胆囊炎，胆囊息肉，胆囊癌；也可用于在B超引导下进行胆囊穿刺引流不能进行腹部手术的急性胆囊炎。

3. 胰腺超声检查 实时B型超声、CT、MRI是无创显示胰腺的影像学检查，其中以超声法最为经济简便，是目前常规检查方法。胰腺超声检查主要用于确定胰腺内占位病变，并提供定性、定位诊断；同时了解胰腺内部结构及胰腺周围有无积液，帮助临床诊断胰腺炎及判断胰腺炎治疗效果。

4. 脾脏超声检查 脾脏与肝左叶及左肾相邻，由结缔组织构成支架，是由淋巴组织、血管、淋巴管等组成的一个贮存血液、产生部分抗体、控制血细胞成熟及自骨髓释放入血功能的器官，具有重要生理功能。脾脏超声检查对判断脾外伤、脾大、脾囊肿、脾肿瘤等具有重要价值。

5. 肾脏及肾上腺超声检查 肾属于泌尿系统的一部分，负责过滤血液中的杂质、维持体液和电解质的平衡，最后产生尿液经尿道排出体外；同时也具备内分泌的功能以调节血压。肾脏超声检查诊断主要包括肾结石、囊肿、肾脏的各种肿瘤。肾上腺是人体相当重要的内分泌器官，由于位于两侧肾脏的上方，故名肾上腺。通常的报告提示中，超声只需作出双侧肾上腺区有无明显占位性病变即可。

6. 膀胱及前列腺超声检查 膀胱是储存尿液的肌性囊状器官，其形状、大小、位置和壁的厚度随尿液充盈程度而异。通常成人的膀胱容量平均为350~500ml，超声检查可以了解膀胱壁是否光滑、有无残余尿，主要用于膀胱结石、肿瘤、异物、憩室等诊断。前列腺为包绕在男性前列腺部尿道的生殖腺体。前列腺超声检查可以了解前列腺形态、大小、内部回声，主要用于前列腺增生症、结石、囊肿、炎症、肿瘤等诊断。

7. 甲状腺超声检查 健康体检需要根据查体和超声检查的甲状腺大小、甲状腺结节特征、甲状腺功能状况以及甲状腺自身抗体水平等信息，综合评估和诊断甲状腺疾病，包括单纯性、结节性和弥漫性甲状腺肿（甲亢）；甲状腺炎、甲状腺肿瘤（腺瘤、囊肿、甲状腺癌）；甲状旁腺增生、囊

肿、腺瘤以及甲状旁腺癌等疾病的超声诊断。

8. 子宫及其附件超声检查（女性）　子宫及其附件（输卵管、卵巢等）超声检查诊断包括子宫肌瘤、子宫腺肌症、子宫内膜增生症、子宫内膜癌、子宫内膜异位症、畸胎瘤以及卵巢浆液性或黏液性囊腺瘤（癌）。

9. 乳腺超声检查（女性）　乳腺超声检查具有无创、快捷、重复性强等优点，能清楚地显示乳腺各层软组织及其中肿块的形态、内部结构及相邻组织的改变，是乳腺炎、乳房小叶囊性增生病、乳腺囊肿、乳腺纤维腺瘤以及乳腺癌首选的检查方法。

10. 超声心动图检查　超声心动图是诊断心脏疾病极其有价值的一项检查，可观察心脏结构及心室壁的运动及血流情况，确诊或排除多种器质性心脏病（先天性心血管病、风湿性心脏病、心肌病）、冠心病心绞痛、急性心肌梗死，陈旧性心肌梗死有明确的室壁运动异常。

11. 颈动脉超声检查　颈动脉内中膜厚度（carotid intima-media thickness，IMT）受诸多因素影响，其危害有二：一是大的斑块会致动脉狭窄，引起、头晕等脑供血不足症状；二是狭窄处血液涡流会形成微血栓，不稳定的软斑块易破裂、脱落。微血栓或斑块碎片随血流入脑，堵塞脑血管，会引发脑血栓、脑栓塞、脑梗死，后期可形成软化灶、脑萎缩，可出现神经系统和运动系统功能障碍以及痴呆等。对心血管健康与心血管疾病风险的评估与预测也具有重要意义。

12. 经颅多普勒超声　经颅多普勒（transcranial Doppler，TCD）是用超声多普勒效应，采用连续实时式的彩色显像和定量分析技术，测定8～10cm颅内脑底主要动脉的血流动力学及血流生理参数的一项无创性的检测方法，用以检测脑梗死（缺血性）、蛛网膜下腔出血和脑血管痉挛、脑动脉瘤以及脑动静脉畸形等疾病。

（四）血管功能医学检查

动脉硬化导致的动脉僵硬度已被认为是心血管疾病的独立危险因素，与左室肥厚、脑卒中、老年痴呆等相关，可以独立预测高血压、冠心病、糖尿病、自然人群的心血管病及全因病死率和死亡率。动脉弹性的改变早于结构改变。早期发现和干预亚临床期血管病变、血管弹性下降有利于延缓和控制心血管疾病的发生。检查包括脉搏波传导速度检查、中心动脉压力（central arterial pressure，CAP）及其增强指数（augmentation index，AI）检查和踝臂指数（ankle-brachial index，ABI）。

（五）肺功能检查

肺功能检查是呼吸系统疾病的必要检查之一。主要用于检测呼吸道的通畅程度、肺容量的大小，对于早期检出肺、气道病变，评估疾病的病情严重程度及预后，评定药物或其他治疗方法的疗效，鉴别呼吸困难的原因，诊断病变部位、评估肺功能对手术的耐受力或劳动强度耐受力及对危重病人的监护等方面有重要的临床价值。

（六）无痛胃肠镜检查

电子胃肠镜是通过一根直径只有1cm的纤维管，把冷光送进消化道。胃肠镜前端携带有微型摄像机，同步敏锐地摄录下管腔内图像，是诊断各种消化道疾病的金标准。内镜下还能进行肿物电切、止血治疗、微癌治疗等。无痛胃肠镜，医学上叫静脉麻醉消化道内镜检查，通过静脉麻醉药物引起中枢抑制，使病人在安静、遗忘、松弛的状态下接受检查与治疗操作，具有无痛苦、诊断率高、安全性高和耗时短（5～10min）等优点。

（七）人体成分分析

人体成分分析仪（body composition monitor，BCM）采用多频率生物电阻抗测试法，能在1～2分钟内测得体重、肥胖度、基础代谢量、肌肉量、体脂百分数、腰臀脂肪比率、内脏脂肪水平、细胞内水分、细胞外水分、蛋白质、无机盐等诸多人体成分数据，具有人体成分分析，肌肉脂肪分析，肥

Note

胖分析,健康评估的功效,准确诊断超重和肥胖的类型,有效指示身体健康状况和指导营养减肥,被称为"优秀的营养健康顾问"。

(武 强)

思考题

1. 如何理解健康管理服务"由单纯体检向健康管理转变"?
2. 如何理解健康管理机构"由单纯经营型向学科建设型转变"?
3. 如何理解健康体检模式"由套餐式体检向个性化体检转变"?
4. 健康体检的定义是什么?
5. 老年人健康体检项目设置遵循哪些原则?

Note

第四章 老年人健康评估

1. **掌握** 老年人常见慢性病的风险评估方法及模型;老年人生活能力评估分类及意义。
2. **熟悉** 老年人常见重大疾病早期筛查方法;老年人生活能力常用评估工具;熟悉常用评估工具。
3. **了解** 老年综合征的定义及风险评估方法;老年人生活能力各类评估标准。

第一节 老年人身体状况的评估

一、老年人主要慢性病的风险评估

慢性病的定义:慢性非传染性疾病(chronic non-communicable diseases,CNCDS)的简称,是一组一旦发病即病情迁延不愈的非传染性疾病的概括性总称。

慢性病已经成为全世界成人最主要的死亡原因。吸烟、膳食不合理和缺少运动是造成多种慢性病的三大行为危险因素。通过恰当的预防性体检发现疾病的前期状态或危险因素,实施科学的健康和慢性病管理,可以提供有效的预防、治疗和治愈疾病的机会,从而改善健康状况,延长健康寿命。根据老年流行病学调查的研究显示,老年人的慢性病患病率为76%~89%,明显高于中青年(23.7%)。我国老年人常见的慢性病包括高血压、糖尿病、心血管病、慢性阻塞性肺疾病、老年痴呆、帕金森病等。

(一)高血压的风险评估

高血压是一种以动脉血压持续升高为特征的进行性心血管损害性疾病,是全球人类最常见的慢性病,是冠心病、脑血管病、肾病发生和死亡的最主要危险因素。患者年龄≥65岁,可定义为老年高血压。若收缩压≥140mmHg,且舒张压<90mmHg,则为老年单纯收缩期高血压(isolated systolic hypertension,ISH)。人群高血压患病率随年龄增加而显著增高,2012年我国≥60岁人群高血压患病率城市为60.6%,农村为57.0%;高血压知晓率、治疗率和控制率分别为53.7%、48.8%和16.1%。老年高血压的临床特点:收缩压增高,脉压增大,血压波动大,血压昼夜节律异常的发生率高,白大衣高血压和假性高血压增多,常与多种疾病如冠心病、心力衰竭、脑血管疾病、肾功能不全、糖尿病等并存,使治疗难度增加。高血压的确切病因尚不完全清楚,但一般认为高血压是遗传和环境因素长期相互作用的结果,常见的危险因素如下:

1. **高钠、低钾膳食** 是我国人群重要的高血压发病危险因素。
2. **超重和肥胖** 中国成年人超重和肥胖与高血压发病关系的随访研究结果发现,随着体重指数(BMI)的增加,超重组和肥胖组的高血压发病风险是体重正常组的1.16~1.28倍。

3. **过量饮酒**　包括危险饮酒(男性 41~60g,女性 21~40g)和有害饮酒(男性 60g 以上,女性 40g 以上)。

4. **长期精神紧张**　是高血压患病的危险因素,精神紧张可激活交感神经从而使血压升高。

5. **其他危险因素**　包括年龄、高血压家族史、缺乏体力活动,以及糖尿病、血脂异常等。近年来大气污染也备受关注。

高血压的致病危险因素众多,且各因素间关系复杂,给高血压的预防工作带来困难。目前尚无权威性、规范化的高血压风险评估模型,亟需医务人员共同努力,构建适合中国人的高血压风险评估模型,对个体高血压发病危险度进行评估,更好地识别高危人群,为有针对性地进行一级预防提供指导。

(二)糖尿病的风险评估

糖尿病是由多种病因引起的代谢紊乱,其特点是慢性高血糖,伴有胰岛素分泌不足和/或作用障碍,导致碳水化合物、脂肪、蛋白质代谢紊乱,造成多种器官的慢性损伤、功能障碍甚至衰竭。随着我国人口老龄化与生活方式的变化,我国成人糖尿病患病率逐年增加,糖尿病及其并发症已经严重危害我国居民的身心健康,给家庭和社会带来沉重的经济负担。由于中国老龄化进程不断加快,我国 60 岁以上老年人的比例逐年增加,2008 年、2013 年的调查中 60 岁以上的老年人糖尿病患病率均在 20% 以上,因此早期诊断和识别高危人群并给予有效干预措施对改善老年人生活质量和降低社会医疗成本尤为重要。老年人糖尿病的主要危险因素包括:

1. **糖尿病阳性家族史**　是老年 2 型糖尿病的独立危险因素。

2. **年龄增长**　是 2 型糖尿病的独立危险因素。

3. **肥胖**　胰岛素抵抗是糖尿病或糖耐量异常的主要发病机制之一,目前已经确认超重或肥胖是胰岛素抵抗的标志。

4. **高能量摄入(富含简单碳水化合物和蛋白质)**　有研究显示其可能是老年 2 型糖尿病的易患因素,谷米类的精细化加工可能与糖尿病发生有关。

5. **体力活动因素**　运动是老年 2 型糖尿病的保护性因素。运动可以提高对胰岛素的敏感性,改善葡萄糖耐量,并可以控制超重和肥胖而降低糖尿病的风险。

6. **高血压**　是 2 型糖尿病的独立预测因素。

7. **女性多次妊娠**　是糖尿病的易患因素。

糖尿病风险评估工具以问卷或计算公式的形式来评估普通人罹患糖尿病的风险,是一种操作简单、经济、无创、可靠、灵敏的糖尿病筛查方法。现有的糖尿病风险评估工具很多,比如芬兰糖尿病风险评分、阿曼糖尿病风险评分方法、丹麦糖尿病风险评分法,但由于种族特异性,不同国家、地区的文化背景、生活习惯、饮食、糖尿病危险因素的多样性,不同糖尿病风险评估工具的适用人群也大不相同。最新发布的《中国 2 型糖尿病防治指南》(2017 年版)中提出了适合中国人群的中国糖尿病风险评分表(表 4-1),可指导临床医师识别糖尿病前期及未确诊的 2 型糖尿病患者并对其进行确诊检测,使更多老年患者从糖尿病预防工作中获益。

(三)心血管病的风险评估

心血管病是涉及循环系统、神经系统损害为主的一组疾病,主要包括冠心病、脑卒中和周围血管病,由于其病变基础部位均在血管,故具有共同的危险因素。心血管病是全世界范围内流行最广、危害最大和后果最严重的慢性病之一,也是导致人类死亡的主要原因。由于人口老龄化、社会城市化及生活方式变化,该病的发病率及死亡率在不断上升,尤其是老年人。相关研究显示,心血管病的主要危险因素包括:吸烟、饮酒、不合理膳食、缺乏体力活动及心理社会压力;高血压、血脂异常、糖尿病、超重或肥胖代谢综合征是心血管病的主要危险因素,多个危险因素并存的个体发病危险成倍增加。因此,心血管病防治应综合控制其多重危险。心血管病是多个危险因

表4-1　中国人群的糖尿病风险评分表

评分标准	分值	评分标准	分值
年龄/岁		体质指数/(kg·m^{-2})	
20~24	0	<22.0	0
25~34	4	22.0~23.9	1
35~39	8	24.0~29.9	3
40~44	11	≥30.0	5
45~49	12	腰围/cm	
50~54	13	男性<75.0,女性<70.0	0
55~59	15	男性75.0~79.9,女性70.0~74.9	3
60~64	16	男性80.0~84.9,女性75.0~79.9	5
65~74	18	男性85.0~89.9,女性80.0~84.9	7
收缩压/mmHg		男性90.0~94.9,女性85.0~89.9	8
<110	0	男性≥95.0,女性≥90.0	10
110~119	1	糖尿病家族史(父母、同胞、子女)	
120~129	3	无	0
130~139	6	有	6
140~149	7	性别	
150~159	8	女性	0
≥160	10	男性	2

注:1mmHg=0.133kPa;判断糖尿病的最佳切点为25分,总分≥25分者应进行口服葡萄糖耐量试验检查

素共同作用的结果,个体发生心血管病的风险不仅取决于某一个危险因素的水平,还取决于个体同时具有的危险因素数目。多个危险因素之间的相互作用可导致某一因素对心血管系统的危害因其他因素的存在而显著增加。因此,心血管病防治实践中孤立地控制单个危险因素是不够的,还应重视对心血管病总体风险的综合评估。

《中国心血管病预防指南(2017)》提出心血管病总体风险的评估是指根据心血管病多种危险因素的水平高低和组合来判断或预测一个人或一群人未来(5年、10年或余生)发生心血管病急性事件(急性心肌梗死、冠心病猝死和其他冠心病死亡以及急性卒中)的概率。该指南主要强调了对动脉粥样硬化性心血管病(atheroselerotie cardiovascular diseases,ASCVD)的总体风险评估,即对以动脉粥样硬化为主要病理基础的急性缺血性心血管病事件(急性心肌梗死、冠心病猝死和其他冠心病死亡、急性缺血性卒中)未来发生风险的判断或预测。

目前国际上应用的心血管病风险评估方案多基于美国Framingham心脏研究或欧洲SCORE研究建立的预测模型。2003年我国国家"十五"攻关"冠心病、脑卒中综合危险度评估及干预方案的研究"课题组开发了适合我国人群疾病特点且方便临床使用的心血管病发病风险评估方法,即国人缺血性心血管病(ischemic cardiovascular disease,ICVD)10年发病风险评估表(表4-2、表4-3)。

我国是少数拥有ASCVD长期队列研究的国家。2016年,我国学者利用中国动脉粥样硬化性心血管疾病风险预测(prediction for ASCVD risk in China,China-PAR)研究建立了用于心血管病10年风险和终生风险评估的China-PAR模型,并提出了适合国人的风险分层标准。利用网站评

表 4-2 国人男性缺血性心血管病（ICVD）10 年发病风险评估表

第一步:评分

年龄/岁	得分	收缩压/mmHg	得分
35~39	0	<120	−2
40~44	1	120~129	0
45~49	2	130~139	1
50~54	3	140~159	2
55~59	4	160~179	5
≥60 岁(每增加 5 岁得分加 1 分)		≥180	8

体重指数/(kg·m⁻²)	得分	总胆固醇/(mmol·L⁻¹)	得分
<24	0	<5.2	0
24~27.9	1	≥5.2	1
≥28	2		

吸烟	得分	糖尿病	得分
否	0	否	0
是	2	是	1

第二步:计算总得分

第三步:查绝对危险

总分	10 年 ICVD 绝对危险/%	总分	10 年 ICVD 绝对危险/%
≤−1	0.3	9	7.3
0	0.5	10	9.7
1	0.6	11	12.8
2	0.8	12	16.8
3	1.1	13	21.7
4	1.5	14	27.7
5	2.1	15	35.3
6	2.9	16	44.3
7	3.9	≥17	≥52.6
8	5.4		

第四步:与参考标准比较,求得相对危险

10 年 ICVD 绝对危险(%)参考标准

年龄/岁	平均危险/%	最低危险/%
35~39	1	0.3
40~44	1.4	0.4
45~49	1.9	0.5
50~54	2.6	0.7
55~59	3.6	1

表 4-3　国人女性缺血性心血管病（ICVD）10 年发病风险评估表

第一步：评分			
年龄/岁	**得分**	**收缩压/mmHg**	**得分**
35~39	0	<120	−2
40~44	1	120~129	0
45~49	2	130~139	1
50~54	3	140~159	2
55~59	4	160~179	3
≥60 岁（每增加 5 岁得分加 1 分）		≥180	4
体重指数/(kg·m⁻²)	**得分**	**总胆固醇/(mmol·L⁻¹)**	**得分**
<24	0	<5.2	0
24~27.9	1	≥5.2	1
≥28	2		
吸烟	**得分**	**糖尿病**	**得分**
否	0	否	0
是	1	是	2

第二步：计算总得分			
第三步：查绝对危险			
总分	**10 年 ICVD 绝对危险/%**	**总分**	**10 年 ICVD 绝对危险/%**
−2	0.1	6	2.9
−1	0.2	7	3.9
0	0.2	8	5.4
1	0.2	9	7.3
2	0.3	10	9.7
3	0.5	11	12.8
4	1.5	12	16.8
5	2.1	≥13	21.7

第四步：与参考标准比较，求得相对危险		
10 年 ICVD 绝对危险（%）参考标准		
年龄/岁	**平均危险/%**	**最低危险/%**
35~39	0.3	0.1
40~44	0.4	0.1
45~49	0.6	0.2
50~54	0.9	0.3
55~59	1.4	0.5

估工具"心脑血管病风险评估"（http://www.cvdrisk.com.cn）或"心脑血管风险"手机 App 评估工具，使用者可以通过输入个人信息和检查结果，包括：性别、年龄、现居住地（城市或农村）、地域（北方或南方）、腰围、总胆固醇、高密度脂蛋白胆固醇、当前血压水平、是否服用降压药、是否患有糖尿病、现在是否吸烟、是否有心血管病家族史，进行自身心血管病风险评估。心血管病 10 年风

险分层:应用 China-PAR 模型,评估心血管病 10 年风险≥10.0%为高危,10 年风险在 5.0% ~ 9.9%为中危,10 年风险<5.0%为低危。心血管病终生风险分层:应用 China-PAR 模型,评估心血管病终生风险≥32.8%为高危,<32.8%为低危。根据风险分层,个体将获得针对性的生活方式和管理治疗建议。

(四)恶性肿瘤的风险评估

恶性肿瘤是影响老年人生命健康最重要的因素之一。60%以上的肿瘤患者为 65 岁以上的老年人,老年人罹患肿瘤的危险是中青年人的 11 倍。少数癌症的发生主要和遗传及先天性因素有关,但大多数癌症主要和后天环境及个人生活方式因素有关。

我国诱发癌症的主要风险因素可分为行为及生活方式、环境理化因素、病毒因素、职业因素、社会心理因素等。

1. 行为及生活方式

(1) 吸烟:可提高肺癌死亡率 10 倍以上,且吸烟年龄愈早,吸烟量愈大,发生肺癌的危险性也愈大。除肺癌外,吸烟还可引起口腔、咽、喉、食管、胰腺、膀胱等多种癌症。

(2) 饮酒:与口腔癌、咽癌、喉癌、直肠癌有关。长期饮酒可导致肝硬化,继而可能与肝癌有联系。

(3) 食品安全:由于食物污染、变质而产生或人工添加的化学物质,如亚硝胺、黄曲霉素、苯并芘等与食管癌、肝癌等多种癌症的发生有关。

(4) 膳食营养:热量摄入过多和身体活动不足引起的肥胖和多种癌症,如和大肠癌、子宫内膜癌、绝经后乳腺癌等的发生有关。而在贫困地区,一些营养素的缺乏也与某些癌症的高发密切有关,如硒的缺乏与食管癌的发生。

2. 环境理化因素

(1) 城市大气污染物苯并芘与肺癌有密切关系,约有 10%的肺癌病例由大气污染(包括与吸烟的联合作用)所引起。

(2) 电离辐射可引起人类多种癌症,如急性和慢性粒细胞白血病、多发性骨髓瘤、恶性淋巴瘤、肺癌、甲状腺癌、乳腺癌、胃癌、肝癌等。

(3) 紫外线照射则是皮肤癌明确的病因。

3. 病毒因素　目前认为与人类肿瘤可能有密切关系的是乙型肝炎病毒(原发性肝癌)、EB 病毒(淋巴瘤、鼻咽癌)和人乳头状瘤病毒(宫颈癌)。

4. 职业因素　与职业有关的危险因素有物理因素如电离辐射、紫外线,以及接触多种化学致癌物。我国已将石棉所致肺癌、间皮瘤,苯所致白血病,砷所致肺癌、皮肤癌等明确为职业性恶性肿瘤。

5. 社会心理因素　独特的感情生活史可导致癌症的发生,家庭的不幸事件、工作学习过度紧张、不协调的人际关系都是导致癌症的重要社会心理因素。个体的性格特征与恶性肿瘤也有一定关系。

(五)慢性阻塞性肺疾病的风险评估

慢性阻塞性肺疾病(chronic obstructive pulmonary disease,COPD),简称慢阻肺,是一种常见的以持续气流受限为特征的可以预防和治疗的疾病,气流受限进行性发展,与气道和肺脏对有毒颗粒或气体的慢性炎性反应增强有关,可进一步发展为肺心病和呼吸衰竭。慢阻肺常伴有气促、咳痰、喘息并反复加重,不仅损伤气道、肺泡和肺血管,同时还损伤肺外组织,如骨骼、骨骼肌、心脏以及其他器官,是一个全身性疾病,致残率和病死率很高。

最新研究显示,我国 20 岁及以上成人的慢阻肺患病率为 8.6%,40 岁以上则达 13.7%,60 岁以上人群患病率已超过27%,年龄越高,慢阻肺患病率越高。男性患者数为女性的2.2倍。全国总患病人数为9 990万,即约1亿人。慢阻肺已经成为与高血压、糖尿病"等量齐观"的最常见慢性疾病,构成我国重大疾病负担。

COPD的主要危险因素:包括吸烟、职业接触粉尘和烟雾、空气污染、童年期频发呼吸系统感染、年龄、先天对哮喘易感、α-抗胰蛋白酶缺乏等,其中吸烟是慢阻肺最主要的危险因素,吸烟者慢阻肺患病风险显著高于不吸烟者,60岁以上吸烟人群患病率超40%,且吸烟时间越长、吸烟量越大,慢阻肺患病风险越高。此外,低教育程度、高PM2.5浓度、幼年期慢性咳嗽、低体重、呼吸疾病家族史与慢阻肺患病率相关。在不吸烟者中,高PM2.5浓度与慢阻肺发病相关性更为显著。吸烟与高PM2.5浓度两因素叠加更会增高患病风险。可以预期,由于我国较严重的老龄化、吸烟和空气污染问题,未来慢阻肺发病形势将更趋严峻。目前常用的慢阻肺筛查评估策略包括肺功能和问卷两种。国际上现有的筛查问卷包括国际基层呼吸联盟(IPCRG)基于症状的慢阻肺筛查问卷、自评式人群筛查问卷、肺功能问卷等。肺功能检查是慢阻肺诊断的金标准,但是对于慢阻肺进行广泛的人群肺功能普查仍存在争议。

(六)老年痴呆的风险评估

痴呆(dementia)是一种由大脑病变引起的综合征,临床特征为记忆、理解、判断、推理、计算和抽象思维等多种认知功能减退。可伴有幻觉、妄想、行为紊乱和人格改变。老年前期(通常指65岁以前)或老年期痴呆(65岁以后)泛指发生于这个年龄阶段的各种痴呆,而老年性或早老性痴呆则特指阿尔茨海默病(Alzheimer's disease,AD)。老年痴呆包括阿尔茨海默病、脑血管性痴呆(vascular dementia,VaD)和二者并存的混合型痴呆(mixed dementia,MD)等多种类型。其中阿尔茨海默病是老年痴呆的一种最常见的类型。患者约占痴呆总人数的55%。尽管AD和血管性痴呆在传统意义上被认为是不同的病症,但现在普遍认为这两者很少单独发生。这两种类型的痴呆症有很多共同的血管危险因素和动脉粥样硬化病理特征。老年痴呆的危险因素有些因素是无法改变的(如年龄、性别和基因型)。有些是可以改变的,包括血管性危险因素,如高血压、吸烟、糖尿病、心房颤动、肥胖等。生活方式方面,重度吸烟、大量饮酒、缺乏运动和社交贫乏可增加老年痴呆的风险,而坚持地中海饮食可防止认知功能减退,预防老年痴呆。其他的危险因素还包括低受教育水平、抑郁症、创伤性脑损伤、单纯性疱疹病毒、铝摄入增加、维生素B_1缺乏等。

基于神经心理测试、社会人口学、生活方式等因素,国际上已经开发了多个老年痴呆(全型)风险评估模型。最早的一个评分系统是2006年Kivipelto等基于芬兰的心血管危险因素与老年痴呆症因果关系研究(cardiovascular risk factors,aging and dementia study,CAIDE)并建立了首个老年痴呆症风险评估模型CAIDE。由于该评分系统主要以中年人群为研究对象,因此在不同年龄层人群中可能存在特异性,研究显示可能不适用于老年人群进行痴呆风险评估。同年随后Mitnitski等建立了以心血管危险因素为主的老年痴呆疾病风险评估模型,该模型适合用于老年人群疾病风险预测,但由于该研究样本人群较小,筛选出的危险因素人群代表性较弱,且模型纳入的危险因素主要为心血管因素并需要专业的检查,限制了其在更多人群中广泛应用。随后又有研究者陆续建立了基于心血管健康认知研究(cardiovascular health-cognitionstudy,CHS)的老年人群痴呆风险评分系统、针对2型糖尿病人群未来10年老年痴呆发病风险的评分系统和以930 395名60~95岁的英国人为动态队列人群,按年龄60~79岁,80~95岁分层的2个适用于英国基层医疗环境的未来5年老年痴呆症风险评估模型等。上述模型均基于大样本的队列研究构建,在因果关系方面论证强度较强,但在适用人群、涉及指标的易获取性和纳入危险因素的可干预性等方面各自也都存在一定的限制。需要指出的是,建立这些评分系统的主要目的是帮助医生和研究人员寻找痴呆的高发人群并实施早期干预,而不能基于评分的结果就断定评估对象一定有痴呆

发病的高度风险。国内也存在少数针对 AD 型痴呆评估模型,但广义的老年痴呆症尚无风险评估模型。2017 年苏志诚等通过文献回顾与数学加权法构建了一个老年痴呆症发病风险评估量表。用以≥60 岁的老年人使用,相较之前建立的 AD 风险评估模型,该模型纳入的因素包含家族史、血管危险疾病和生活方式,较为全面。然而因素的选择、赋值、风险水平评定方面主观判断成分较高,影响模型的精准性。

综上所述,关于老年痴呆症的风险评估,目前国内外先后发布了多个评估模型,在构建方法、预测指标、适用人群等多方面各有其特点。现有模型筛选危险因素及赋值方法上有待进一步改善。

(七)帕金森病风险评估

帕金森病(Parkinson's disease,PD)是一种常见的神经系统慢性退行性疾病,好发于中老年人。我国 65 岁以上人群的患病率为 1 700/10 万,随年龄增长其患病率逐渐升高。帕金森病呈进行性发展,目前尚无根治方法,且晚期可因严重肌强直和全身僵硬致患者卧床不起,给家庭和社会带来了沉重的负担。帕金森病的发病原因尚未明确,但可能与以下因素有关:

1. **年龄**　帕金森病好发人群主要为中老年人,其风险随年龄增长而升高。

2. **基因和遗传因素**　帕金森病呈一定遗传性,*Parkin* 和 *LRRK2* 突变是帕金森病的极高危因子。

3. **性别**　男性的发病率高于女性。

4. **环境毒素暴露**　长期接触除草剂、杀虫剂等农药或环境毒素可增加帕金森病的患病风险。

帕金森病起病隐匿,不易察觉,其运动性症状常由患者家人或朋友提醒才发现,但大多数帕金森患者在诊断前皆存在不同程度的嗅觉减退、昼间嗜睡过度、快速动眼睡眠障碍、便秘和抑郁等非运动性症状,这对帕金森病的早期评估具有重要意义。随着对帕金森病研究的不断深入,基因检测等精准医学技术将在该疾病的风险评估上发挥作用。此外,对于老年帕金森病患者,生活质量的评估也尤为重要。

二、老年人重大疾病的早期筛查

(一)恶性肿瘤的早期筛查

癌症的早期发现、早期诊断及早期治疗是降低死亡率及提高生存率的主要策略之一,肺癌、胃癌、结直肠癌、乳腺癌、子宫颈癌和前列腺癌等恶性肿瘤可通过早期筛查降低疾病致死率。我国的癌症病种具有本国特色,发病前五位的癌症依次是乳腺癌、非小细胞肺癌、结直肠癌、胃/贲门癌、食管癌,而肺癌、肝癌、胃癌、食管癌等肿瘤致死率高。目前我国尚无统一筛查方案,需结合国情,借鉴发达国家的筛查经验和循证医学证据。

1. **肺癌**　高危人群:40 岁以上,有肺癌家族史、有长期吸烟史者。

筛查方法:建议每年做一次低剂量 CT 筛查肺癌,如果 CT 发现肺部有阴影或结节,特别是磨玻璃样的阴影或结节,最好到正规大医院找有经验的医生看看,如果必要的话可以做个病理活检。

2. **胃癌**　高危人群:40 岁以上、胃部家族史、幽门螺杆菌检测阳性、有慢性胃病史、长期吃腌制食品、长期吸烟史、长期大量饮酒者。

筛查方法:一旦出现上腹部不适、心窝隐痛、食后饱胀感、食欲不振、消瘦、乏力、经常呕吐隔夜宿食和不含胆汁的胃液或有大便呈黑色柏油样等症状者,应及时做胃镜排查。对于没有出现任何胃部不适的年轻人,但三代以内直系亲属中有 60 岁以下死于胃癌者,最好每年做一次胃镜检查。没有高危因素的人,建议 40 岁以上每 1 至 2 年做一次胃镜检查。

3. **结直肠癌**　高危人群:有肠癌家族史,有大肠息肉病、大肠腺瘤、溃疡性结肠炎、克罗恩病等病史,高脂饮食,有长期吸烟史,长期大量饮酒者。

筛查方法:45至75岁人群,从以下6种筛查方法中任选1种:粪便免疫化学试验(每年1次)、高敏感性粪便隐血试验(每年1次)、多靶点粪便DNA检测(每3年1次)、结肠镜检查(每10年1次)、CT结肠镜检查(每5年1次)、柔性乙状结肠镜检查(每5年1次)。所有非结肠镜检查的阳性结果都应及时进行结肠镜检查。预期寿命大于10年的健康成年人应继续筛查至75岁。85岁以上的人群不建议进行结直肠癌筛查。

4. **食管癌**　我国是全球食管癌发病率和死亡率最高的国家。

高危人群:符合第①条和②至⑥条中任一条者:①年龄超过40岁;②来自食管癌高发区;③有上消化道症状;④有食管癌家族史;⑤患有食管癌前疾病或癌前病变者;⑥具有食管癌的其他高危因素(吸烟、重饮酒、头颈部或呼吸道鳞癌等)。

筛查方法:内镜及病理活检是目前诊断早期食管癌的金标准。内镜下食管黏膜碘染色加指示性活检的组合操作技术已成为我国现阶段最实用、有效的筛查方法。电子染色内镜等内镜新技术在早期食管癌筛查中的应用价值尚处于评估阶段,既往使用的食管拉网细胞学检查和上消化道钡餐等筛查方法因诊断效能及接受度等问题,已基本被淘汰,不做推荐。

5. **乳腺癌**　高危人群:40岁以上女性,一级亲属内患有乳腺癌,已知或可能携带乳腺癌突变基因,曾接受胸部放射治疗。

筛查方法:40岁以上女性应每年进行年度乳房X线检查,55岁以上女性可过渡至2年一次的筛查或1年一次。

6. **子宫颈癌**　筛查人群:21至65岁女性。

筛查方法:21至29岁,每3年进行1次巴氏涂片检测;30至65岁,每5年进行一次HPV(人乳头状瘤病毒)检测+巴氏涂片检测(首选方案),或每3年进行1次巴氏涂片检查(备选方案)。

不建议筛查人群:①全子宫切除术后的女性;②超过65岁,如果过去10年内3次巴氏涂片检测呈阴性,或连续2次HPV及巴氏涂片检测呈阴性,并且最近1次测试是在5年内的。有上述任意一种情况,应停止筛查。

7. **前列腺癌**　筛查人群:50岁(含)以上男性。

筛查方法:单纯前列腺特异性抗原检测(以下称PSA),或同时加上直肠指诊。PSA<2.5ng/ml,每2年筛查1次;PSA≥2.5ng/ml,每年筛查1次;PSA≥4.0ng/ml的人,推荐行进一步评估或前列腺的穿刺活检。对于预期寿命不足10年的无症状者,不建议进行筛查。

8. **肝癌**　35至40岁以上的HBV或HCV感染者、中老年男性中HBV载量高者、HCV感染者、HBV和HCV重叠感染者、嗜酒者、合并糖尿病或肥胖者以及有直系亲属肝癌家族史者,均为肝癌的高危人群,应该严密监测,每6个月行血清AFP及肝脏超声检查1次。

(二)心血管病的早期筛查

心血管病是严重危害人民健康和生命的疾病,具有高死亡率和高致残率。1990年以来我国人群心血管病(主要是冠心病、脑卒中和周围血管病)死亡率、发病率和患病率总体呈上升趋势,且发病年龄提前,给我国带来了沉重的社会及经济负担。相关研究表明,对心血管病高危人群进行早期筛查,从而对其危险因素采取有效的干预措施,可以显著减低心血管病的发病率、致残率和死亡率。因此心血管病的早期筛查显得尤为重要。

早期筛查需结合相关危险因素,定期监测血压、血糖、糖化血红蛋白、血脂水平。血同型半胱氨酸(homocysteine,Hcy)水平升高是心脑血管疾病独立的危险因素。所以对于风险评估提示高危人群需同时监测血同型半胱氨酸,以及颈动脉超声、心脏超声等影像学检查。心血管病的一级

预防是针对尚未发生心血管疾病的人群采取的干预措施。这些干预措施通常指改变不健康的生活习惯，例如戒烟、减少钠盐摄入量、限制有害使用酒精、增加体力活动和控制体重及合理膳食等，同时配合药物控制代谢性危险因素（血压、血脂及血糖异常）的水平，目的是预防心血管疾病的发生。

（三）慢性肾脏病的早期筛查

慢性肾脏病（chronic kidney disease，CKD）是一种严重危害人类健康的慢性非传染性疾病之一。由各种原因引起的肾脏结构和功能障碍时间超过 3 个月，包括各种病理损伤、血液和尿液成分异常、影像学检查异常、不明原因的肾小球滤过率下降。CKD 病种繁多、病程迁延，具有高发病率、高死亡率和知晓率低的特点，且长期以来未被充分认识和重视。由于大多数 CKD 患者早期无症状或症状较轻，而一旦患者得到诊断，往往错过了最佳的治疗时机，因此，早期筛查、定期检查、提高筛查的质量尤为重要。CKD 筛查内容主要包括 CKD 肾损害表现与诊断、CKD 病情程度（包括肾功能）、CKD 发病和进展的危险因素、CKD 的并发症（尤其是心血管疾病）等。筛查 CKD 时，除了解病史、体征（包括血压）外，应当做必要的实验室检查。常用检测项目包括尿常规、肾功能（主要是肾小球滤过功能）、血糖、血尿酸、血脂等。此外，还有尿红细胞形态（相差显微镜检查）、尿微量白蛋白/肌酐、24h 尿蛋白定量、肾脏影像学检查（如 B 超）等。

原发性肾小球肾炎、糖尿病肾病和高血压肾小动脉硬化是发展中国家 CKD 的主要病因，双侧肾动脉狭窄或闭塞所引起的"缺血性肾病"在老年 CKD 的病因中占有较重要的地位，因此，这些患者应定期检查，早期筛查，早期干预，有可能阻止或延缓 CKD 的发生。

（四）老年痴呆的早期筛查

老年痴呆特别是阿尔茨海默病发病隐匿，早期症状常被忽视，一旦痴呆症状明显，病情已不可逆转。在缺乏有效治疗手段的今天，通过早期筛查评估，发现具有最佳干预时机的个体，对控制延缓病情、提高老人晚年的生活质量有着积极的意义。因此，适宜筛查评估工具的选择至关重要。老年痴呆的筛查和评估涉及病史、体格检查（尤其某些特殊检测如视野缺陷和嗅觉减退等）以及必要的辅助检查或生物标记检测。其中，早期筛查主要采用各种筛查量表，一般实施两阶段法，即初筛和诊断复查。初筛使用简易智能精神状态检查量表（MMSE）、日常生活活动能力量表（ADL）、长谷川痴呆量表（HDS）等筛查量表；诊断复查则通过一系列神经心理测验缩小可疑人群的范围，涉及量表包括 Fuld 物体记忆测验、快速词汇测验、积木测验、数字广度测验等。由于各种量表的适用对象和用途不同，加上这些量表的最佳分界值受语言、教育、年龄和环境的影响，选择何种测试和分界值用于痴呆筛查国内外并无定论。MMSE 是目前国内外应用最广的认知筛查量表，内容覆盖定向力、记忆力、注意力、计算力、语言能力和视空间能力。MMSE 区别正常老人和痴呆的敏感度和特异度均达到 80% 以上，对筛查痴呆有较好的价值。但 MMSE 最佳分界值受语言和教育水平的影响，对文化水平高的可能出假阴性，低教育程度者出假阳性。MMSE 总分 30 分，国内识别痴呆较常用的的划界分值为上海精神卫生中心制定的标准：文盲组≤17 分、小学组≤20 分、中学组≤24 分。对于有条件者推荐 MMSE 联合其他量表使用，充分发挥优势，弥补不足，有助于更好地实现筛查的目标。

（五）帕金森病的早期筛查

帕金森病筛查是应用快速的试验、检查或其他方法从表面上无症状的人群中查出帕金森病可疑患者。其主要目的是早期发现，以便进一步确诊和早期治疗。目前，帕金森病的筛查主要利用量表进行，如世界卫生组织公布的用于神经系统疾病综合性筛查量表、Tanner 等报道的帕金森病专用筛查量表等。国内使用较广泛的简单自我筛查包括如下九个问题：

1. 从椅子上站起困难吗？

2. 发现写的字比以前小了吗?

3. 是否有人说您说话声音嘶哑含糊不清?

4. 您走路不稳经常向一侧偏吗?

5. 您走路迈步困难好像被地面粘住吗?

6. 您的面部表情不是那么丰富,经常呆板吗?

7. 您的手和腿在紧张时常有抖动吗?

8. 您的手系扣子或系鞋带感到笨拙不灵活吗?

9. 您会走路起步困难,迈小碎步甚至向前冲吗?

当出现三条以上症状时,应进行进一步检查。此外,识别前驱期非运动性症状,如嗅觉障碍、便秘、抑郁及自主神经功能改变等,通过借助影像学(PET、SPET、MRI 等)、病理学(结肠或皮肤活检)、生物化学(脑脊液、血液等)和基因检查等技术组合检测的方式,也可提高筛查效能。

三、老年综合征的风险评估

老年综合征(geriatric syndrome,GS)一般是指老年人由多种疾病或多种原因造成的同一种临床表现或问题的综合征。近年来,相关研究表明 GS 对老年人身心健康的严重影响,造成了巨额医疗费用,消耗了巨大医疗资源,是影响老年人日常生活质量和健康老龄化的主要医学问题。因此,在医院、护理院、社区及家庭中,开展 GS 的风险评估及管理具有必要性。根据目前国内外研究进展,常见老年综合征包括跌倒、尿失禁、痴呆、晕厥、肌少症、谵妄、抑郁症、慢性疼痛、失眠、多重用药和帕金森病等十几种。虽然不同的老年综合征表现各不相同,但是它们都有共同的特点:①在老年人(特别是虚弱的老年人)发生率高;②老年综合征由多种病因或疾病引起,涉及多个器官,引起不同老年综合征的病因常相互重叠;③最明显的主诉常与涉及的系统无关;④很少有典型的表现及发展过程;⑤常导致持续的功能障碍并严重影响老年人的生活质量。

1. **跌倒**　老年人突发的、不自主地跌倒,是一种机体功能下降和机体老化过程的反应。据统计,65 岁以上老年人每年大约有 30% 发生跌倒,15% 发生 2 次以上,是老年人意外伤害和致残致死的主要原因。跌倒的发病原因主要包括:①生理因素:衰老引起的肌力和平衡能力的降低等是老年人跌倒的主要原因;②心理因素:跌倒恐惧症、精神状态差等;③环境因素:老年人对环境的适应能力差,对环境的整洁度、照明度、路面平整度等有更高的要求;④行为因素:日常生活能力下降、身体活动过少和过度、鞋子不适合等都会诱发跌倒;⑤其他因素:老年人的体力衰竭,平衡能力、视听能力、认知水平均下降,慢性疾病和急性疾病发作,药物因素等。跌倒评估工具主要有:跌倒评估工具、Tinetti 步态测评表、Berg 平衡量表等。

2. **痴呆**　发病率和患病率随着年龄增大而增高,65 岁以上老年人发病率和患病率为 2%~7%,每增加 5 岁患病率增加 1 倍,85 岁以上可达到 40% 以上。老年痴呆的发病原因,包括变性病和非变性病,变性病包括阿尔茨海默病、帕金森病合并老年痴呆等,非变性病包括血管性痴呆、脑外伤性痴呆等。阿尔茨海默病是最常见病因,血管性痴呆占第二位。老年痴呆常见表现为认知功能障碍(记忆障碍、言语障碍等)、生活能力下降(逐渐失去生活能力,长期卧床)、精神行为异常。可使用简易认知能力测试(mini-cognitive assessment,Mini-cog)等对其进行风险评估。

3. **尿失禁**　由于膀胱括约肌损伤或神经功能障碍而丧失排尿自控能力。65 岁以上老年人发生率为男性约 20%、女性约 40%。常见老年尿失禁有神经性尿失禁(动脉硬化、卒中等);损伤性尿失禁(各种原因导致的膀胱括约肌损伤);充盈性尿失禁(前列腺增生、肥大)。评估方法可使用国际尿失禁咨询委员会尿失禁问卷简表(incontinence questionnaire short form,ICI-QSF)评估尿失禁的发生率和尿失禁对患者的影响程度。

4. 晕厥　由于大脑一过性缺血、缺氧引起的突发的、短暂的意识丧失，持续数秒或数分钟后恢复，不留后遗症，可分为血管性、心源性、脑源性及血液成分异常。常见发病原因有体位性晕厥、低血糖性晕厥、血管迷走性晕厥、排尿性晕厥等。

5. 肌少症　是指进行性骨骼肌质量和力量丧失的综合征。严重肌少症导致肌肉质量、肌肉力量和躯体功能均有下降。肌少症与老年人的不良预后有关，躯体活动能力降低、生活质量下降、致残率和死亡率增加。西方国家的研究数据提示，60~70 岁的老年人中肌少症的发生率约 5%~13%，在 80 岁以上的人群中发生率达 11%~50%。日本 65 岁以上老年人中男性和女性肌少症的发生率分别为 11.3% 和 10.7%。目前在中国内地尚无相关数据。肌少症的发生是机体骨骼肌合成代谢和分解代谢失衡的结果，与年龄相关的性激素水平、细胞凋亡、慢性疾病、运动减少以及营养不良等多种因素有关。肌力的评估可以应用：1 次最大重复力量（1 repetition maximum，1RM）测试、徒手肌力测试（manual muscle testing，MMT）等方法；肌肉功能的评估方法主要有：计时起立-行走试验（time up and go test，TUGT）、单腿站立试验（one-leg balance test，OLS）、功能性伸展测试（function reach test，FRT）等。

6. 谵妄　是一种急性意识模糊状态，常见于高龄老年人、术后老年患者、脑部损伤患者。查明原因、及时处理后，绝大多数患者在数天或数周后可恢复。美国精神病协会指南建议采用意识障碍评估法（confusion assessment method，CAM），该方法简洁、有效，诊断的敏感度和特异度均较高。

7. 抑郁症　分为原发性抑郁症和继发性抑郁症。原发性抑郁症病因不明，具有高复发性，女性多见，65 岁以上发生率为 9.7%~10%；继发性抑郁症有明确的器质性脑病。老年抑郁量表（geriatric depression scale-15，GDS-15）是专为老年人设计的抑郁自评筛查表。

8. 慢性疼痛　65 岁以上老年人 80%~85% 存在一种或多种疾病，并伴发疼痛症状。国外资料显示，疗养院的老年人疼痛发病率为 70%~80%，其中 45% 为慢性疼痛。引起疼痛的主要原因是直接刺激、炎症、缺血、出血和代谢性原因等，如糖尿病性末梢神经炎、神经血管性头痛、骨性关节病等，还有与疼痛相关的疾病，如：冠心病、消化系统疾病、各种恶性肿瘤。评估方法包括视觉模拟法（visual analogue scale，VAS）和数字评定量表（numerical rating scale，NRS）。

9. 失眠　指老年人因各种原因导致睡眠时间和/或睡眠质量不足并影响白天社会功能的一种主观体验。老年人受失眠困扰的比例高达 50% 左右。发病原因主要有，老年人松果体素分泌减少，对睡眠的调节能力减弱，入睡时间延长，深睡时间减少；还有心理压力、身体疾病影响、精神心理疾病、药物滥用、环境影响及睡眠卫生不良等因素。评估方法主要包括临床评估、量表评估等。临床评估包括具体的失眠表现形式、作息规律、与睡眠相关的症状和失眠对日间功能的影响、用药史及可能存在的物质依赖情况，进行体格检查和精神心理状态评估等。量表评估推荐匹兹堡睡眠质量指数量表（Pittsburgh sleep quality index，PSQI）。

10. 多重用药　老年人平均用药量是青年人的 5 倍以上。50% 以上老年患者同时使用 3 种以上药物，25% 以上使用 4~6 种药物。老年人药物不良反应的发生率比年轻人高 2~7 倍，60 岁者为 16.6%，80 岁者为 25%。可根据 2015 年美国老年医学会颁布的老年人不恰当用药 Beers 标准和我国老年人不恰当用药目录，评估老年人潜在不恰当用药。

11. 帕金森综合征　帕金森病为原发性震颤麻痹，帕金森综合征为继发性震颤麻痹。患病后果包括运动障碍、震颤、强直等。世界卫生组织公布的用于神经系统疾病综合性筛查量表、Tanner 等报道的帕金森专用筛查量表等可用于风险评估。

目前针对单个 GS 的评估量表较多，但系统、全面地评估多种 GS 的量表较少。老年综合评估（comprehensive geriatric assessment，CGA）采用多学科方法评估老年人的躯体、功能、心理和社会

状况,制订和启动以保护老年人健康和功能状态为目的的治疗计划,最大限度地提高老年人的生活质量。《老年综合评估技术应用中国专家共识》(2017)中指出,对于 CGA 评估结果提示躯体活动能力良好、无焦虑和抑郁、营养状况良好、认知功能正常、非衰弱、无肌少症的老年人,可进入传统的老年慢性疾病管理模式或单科会诊模式。对于评估结果提示合并跌倒风险、躯体活动能力明显下降、焦虑、抑郁、谵妄、营养不良、认知功能减退、尿便失禁、衰弱或肌少症的老年综合征高危人群,建议启动多学科团队管理模式。另对于评估结果提示高危人群,但考虑由于某种急性疾病引起老年综合征加剧,建议进一步专科治疗解决急性病问题。

（张　群）

第二节　老年人生活方式的评估

一、老年人膳食习惯的评估

随着医学的发展,人们已经越来越深刻地认识到营养状态的保持已经不只是传统的饮食摄入量和摄入结构的问题,膳食习惯直接影响不同种类的营养物质摄入是否均衡,也是高血压、糖尿病、高尿酸血症等慢性病的预防和治疗的基石,在病程转归方面也发挥着重要的作用。了解膳食习惯是做好健康管理的重要环节。膳食习惯的评估包括基本膳食习惯的评估,如每日进餐数量、种类等。此外,老年人的生活习惯、基本健康状况、社会支持等因素都将影响老年人膳食习惯,只有全面综合评估,才能真正获得老年人膳食习惯养成的深层次原因,从而制订有针对性的管理方案。

(一)基本膳食习惯的评估

包括性别、年龄、每日进餐次数、进餐数量、是否定时吃饭、是否吃早餐、每周在外进餐次数、进食各种营养物质(如碳水化合物、蛋白质、脂肪)的食物种类。评估每日进食奶制品(牛奶、酸奶、其他奶制品)、鸡蛋、肉类、盐、饮酒、饮水、油、蔬菜、水果的数量。评估这些基本膳食习惯是制订饮食管理处方的基础。例如,控制体重需要了解脂肪摄入是否超标;饮水不足或过多都会对人体健康带来不利影响。一日三餐应定时、定量,早、午、晚三餐提供的能量应分别占全天总能量的25%～30%、30%～40%、30%～40%。

(二)生活习惯的评估

中国地域广大,民族众多,历史悠久,不同地区因为历史、人文、环境、气候的不同,形成了自己独特的饮食习惯和饮食文化。了解饮食口味,一般南方饮食习惯偏甜、北方吃咸、东部嗜辣、西部喜酸;东部、南方和东北以大米为主,西北和华北以面食为主;北方饮食以主食为主,南方以蔬菜为主。另一方面,经济发展的不均衡也造成了城市和农村生活习惯的不同。生活习惯影响膳食结构,膳食结构又会通过影响营养的摄取对健康造成直接的影响。在健康管理过程中,需要充分考虑患者自身的生活习惯,有针对性地进行患者健康宣教和个性化的营养方案设计,才能够把营养管理切实落地。

(三)健康状况的评估

基本健康状况,包括身体基础代谢能力、消化能力、认知水平、吞咽能力、躯体功能、心理以及合并慢性病或处于疾病的不同时期,也将影响膳食习惯,需要进行动态评估。包括以下方面:

1. 基础代谢能力与合并慢性病情况　随着年龄的增长,身体各个器官的功能均呈一定程度的下降,基础代谢是其中之一。老年人个体健康状况不同,基础代谢能力会有差异。但年龄越大,基础代谢越低。基础代谢能力下降体现在合成代谢下降、分解代谢增高。当蛋白质合成的分

解代谢高于合成代谢,由于体内细胞衰亡和体内各种代谢造成的蛋白质流失,老年人增龄性肌少症的发生率增加,需要增加乳清蛋白的摄入量;当糖代谢能力下降,食糖后血糖浓度会明显升高且血糖浓度恢复缓慢,体内从不饱和脂肪酸形成的脂质过氧化物容易累积,血总胆固醇含量相对增高,导致老年人肥胖、心血管疾病、痛风、营养不良和糖尿病的发生风险增加。基础代谢能力差会导致老年人膳食习惯与成年人有所不同,在调整饮食处方时也要考虑到老年人基础代谢能力下降对饮食管理方案的个性化改变。

此外,老年人罹患慢性病,如高血压,需要长期保持低盐饮食;合并高尿酸血症,需要保持低嘌呤饮食。在住院急性期或疾病慢性期,对营养的摄入量和需求不同。在进行膳食习惯的评估时也需要全面考虑。

2. **消化功能的评估**   老化也会带来消化功能的下降。唾液中淀粉酶减少,直接影响食物中淀粉的消化;因口腔牙周病、牙齿咬合能力的下降,牙本质过敏导致对冷、热、酸、甜、咸、苦、辣等食物刺激更加敏感,影响老年人对食物种类的选择;老年人食管平滑肌纤维萎缩,蠕动减慢,排空延迟,容易发生胃内容物反流至食管;胃黏膜变薄,腺体萎缩,分泌胃酸和胃蛋白酶的功能变弱,导致消化功能减弱。胃肠蠕动变慢,食物与消化酶不能充分混合,容易引起消化不良,影响老年人的食欲和进食量。老年人便秘在65岁以上老年人中约占30%左右,也会影响老年人的膳食习惯。因此消化功能下降导致老年人的膳食习惯与成年相比更不容易改变。消化道功能的评估包括口腔问题、吞咽功能(如洼田饮水试验)、24h食管pH监测、胃镜、肠镜、便潜血、腹部超声、腹部CT或磁共振等。

3. **认知水平的评估**   认知水平与膳食习惯可以相互影响。认知障碍的老人因为短期记忆能力的下降,常常不记得自己是否已经进膳,会导致膳食习惯发生较大的变化。而不合理的膳食习惯也会影响认知功能。中国疾病预防控制中心营养与健康所赵文华研究员等领衔开展了两项研究经济发展水平不同地区社区的60岁以上的老年人有两种膳食模式:蔬菜水果模式和肉类大豆制品模式。结果表明:蔬菜水果膳食模式评分较高(蔬菜水果摄入较多)的人比该模式评分较低的人患有认知受损的危险会下降40%,反映蔬菜水果摄入越多认知危险越低;肉类摄入在《中国居民膳食指南》推荐范围内的老人认知功能显著较好。

对于认知功能的早期筛查可以采用记忆障碍自评量表(AD8)、画钟试验(clock drawing test,CDT)、简易精神状态检查表(MMSE)、蒙特利尔认知评估(Montreal cognitive assessment,MoCA)量表等。

4. **精神心理和社会支持的评估**   抑郁、焦虑、孤独等心理问题在老年人营养问题中是十分重要的因素。老年人社交减少,部分丧偶老年人生活平淡,进食心态受到影响,对膳食不讲究,对营养造成一定影响。焦虑量表、汉密尔顿抑郁量表、老年抑郁评定量表(GDS)可用来进行老年抑郁的筛查。

老年人的收入普遍低于年轻人,因此社会支持对老年人膳食的影响远远大于其他年龄段的人,营养不良的比例也远大于年轻人。而且城市居民和农村居民的营养状况存在很大差异,农村老年人营养状况不良的情况远大于城市老年人,特别是偏远地区的老年人,交通、经济和食物种类都远远落后于其他发达地区。社会支持的评估常用的有社会支持评定量表(SSRS)。

二、老年人运动习惯的评估

老年人保持良好的运动习惯,对防止和治疗骨质疏松、推迟心血管系统的老化过程、降低血脂、改善肺脏的通气和换气功能、改善认知功能和睡眠、加强消化系统的功能均有益处。常见的运动类型包括有氧运动、无氧运动、抗阻运动、柔韧性运动、家务活动、娱乐活动等。评估运动习

惯,对于选择合适的运动类型和制订运动处方非常重要。

尽管不同形式的体力活动对机体都有益,但随着年龄增长,老年人自身身体功能会逐渐下降,同时还会合并多种疾病,不恰当的活动可能会对机体造成损伤,甚至加重心血管病的风险。理想的运动管理方案目标是增强日常活动能力、减少身体残疾、预防疾病和防止受伤。在进行运动管理前需要评估老年人的身体功能、体力活动史;同时也要评估活动的总体风险。

1. **身体功能的评估**　包括身高、体重、机体的柔韧性、力量、耐力和平衡。柔韧性评估包括坐位前伸、双手后背上下交叉;肌力和耐力评估常用坐位起立试验;平衡功能评估常用单腿站立、直线站立平衡。对老年人,有研究表明步速检测是预测老年人身体功能下降的独立危险因素,在临床中检测步速、起立行走试验简便易行,有助于鉴别出需要进一步评估身体功能的老年人。进行身体功能评估可以为制订运动管理方案建立基本参数,并为调整新的运动方案提供依据。

2. **体力活动史的评估**　包括平时喜欢的活动类型、活动频率、活动强度、活动时间和活动持续时间。活动类型包括既往经常进行的有氧运动、抗阻运动、肌肉力量练习、平衡训练和柔软度训练的情况。活动频率主要需了解每周活动的次数,规律性的活动次数越多对机体越有利,可以增加机体的耐力、柔韧性训练的效果和保持运动依从性。活动强度对老年人的完成运动训练目标和规避运动风险均非常重要,评价的指标包括心率、伯格自觉吃力程度量表、代谢当量和说话测试。对大多数慢性病患者和老年人,低、中强度的有氧活动较为合适。需要了解老年人习惯的活动时间和每次习惯的活动持续时间,通过了解老年人的体力活动史,可以制订个性化的运动管理方案,维持老年人的活动兴趣,提高依从性,防止运动伤害。

3. **运动耐量的评估**　运动耐量是指身体所能达到/承受的最大运动。一般都是指有氧运动。运动耐量由心脏泵血能力、骨骼肌运动能力、肺通换气能力构成。心肺运动试验是测定运动耐量的金标准。多采用平板运动方式。受检者采用适当的运动试验方案进行,连续进行气体采样和分析以及心电图监护,在每阶段记录结果。根据受检者的峰值耗氧量,计算出代谢当量METs值。测定老年人运动强度对设计老年人运动计划非常重要,因为老年人有更高的运动危险(表4-4、表4-5)。

表4-4　按运动时代谢当量划分的运动强度级别/男

运动强度	代谢当量(METs)	kJ/min	L/min	ml/(min·kg)
轻	1.6~3.9	8.4~20.0	0.4~0.99	6.1~15.2
中等	4.0~5.9	21~31	1.0~1.49	15.3~22.9
重	6.0~7.9	31.4~41.4	1.5~1.99	23.0~20.6
很重	8.0~9.9	42~52	2.0~2.49	30.7~38.3
过重	10.0~	52.3~	2.5~	38.4~

表4-5　按运动时代谢当量划分的运动强度级别/女

运动强度	代谢当量/METs	kJ/min	L/min	ml/(min·kg)
轻	1.2~2.7	6.3~14.5	0.3~0.69	5.4~12.5
中等	2.8~4.3	14.7~22.6	0.7~1.09	12.6~19.8
重	4.4~5.9	23~31	1.1~1.49	19.9~27.1
很重	6.0~7.5	31.4~39.4	1.5~1.89	27.2~34.4
过重	7.6~	40~	1.9~	34.5~

4. 运动风险的筛查和社会史评估　评估运动习惯还需要进一步了解既往病史、症状、近期患病、用药、工作史、社会心理史,尤其需注意运动风险的筛查以便制订防范方案。包括:①是否有冠心病史、高血压(血压的控制情况)、心脏手术、脑卒中、支气管哮喘、肺气肿、糖尿病(血糖控制情况)、静脉炎、外周动脉疾病、妊娠、神经肌肉和关节疾病、骨质疏松病史;②是否有头晕、胸痛、胸闷、心悸、气短,尤其是在运动中或运动后;③站立或行走是否有跌倒史、需要使用辅助用具,是否有关节或肌肉疼痛、僵硬;④使用降压药、降糖药、镇静药、抗过敏药物的情况,防止因头晕、乏力、困倦等药物的副作用增加运动风险;⑤工作的时间或预期恢复工作的时间,当前体力、脑力消耗的情况;⑥社会心理及支持,如家庭生活条件、交通需要、焦虑和抑郁等精神心理疾病。

三、老年人睡眠习惯的评估

睡眠障碍是老年人常见问题。睡眠不仅是生理行为,还是一种主体的心理行为。老年人情绪焦虑、紧张、长期处于强烈压迫感之下,出现睡眠问题的危险增高。如果不能及时调节,很可能会造成更多心理疾病。长期睡眠障碍者免疫力、抵抗力以及身体自我的修复能力都会衰退;间断性睡眠与认知障碍也存在关联。睡眠评估常用匹兹堡睡眠评估量表。

四、老年人居住习惯的评估

传统的养老模式发生很大的变化。一方面,"一孩政策"的影响,未来将有更多的老年人处于少子和空巢的状态。另一方面,社会变迁、城市化、市场化使得老年人在居住安排上发生变化。已有很多研究证明日常居住环境与健康状况之间存在着密切联系。其中,居住安排对老年人健康状况的影响体现在躯体、心理、行为等诸多方面。了解独居、跟子女一同居住、住养老机构、旅居(不同季节住不同地方)等情况有助于制订合理可行的生活方式指导方案。

五、老年人生活环境的评估

无论是室内环境还是周边环境,对老年人的安全、情绪、活动能力、生活习惯等都有影响,进而影响到老年人的身心健康。不良的居住环境会对老人产生负面影响,缺少适老化改造等生活环境会导致老年跌倒风险增高。而安全舒适的居室环境,不但可以使老年人少得病,还可以使老年人过得愉快,有利心身健康。

六、老年人社交习惯的评估

英国科学家的研究证实,与人交往可延长生命。科学家对 424 名退休老人的身体状况进行了长达 6 年的跟踪调查。调查结果显示,若退休老人的社交活动越积极,其早死的危险就越小。对于退休老人而言,社交活动与体育运动均利于老年人健康。了解社交习惯有助于制订有效的社会支持方案。

七、老年人消费习惯的评估

消费购物会让老年人产生愉悦感、满足感和尊重,但是不恰当的消费习惯也会造成资金的浪费,对保健品、营养制品不恰当的消费习惯还可能对老年人健康产生危害。消费习惯的评估需要了解老年人的消费结构、消费品类别、消费观念、消费决策、消费心理和购物方式等。

Note

八、老年人工作习惯的评估

老有所为是老年人本能的要求和愿望。老年人退休后继续发挥余热,可以避免退休后的悲观心理和失落情绪;而产生经济收入,也会让老年人有更好的经济基础和社会地位。在工作中锻炼自己的脑力、体力和与人交往的能力,在心理和生理上延缓衰老。

九、老年人理财习惯的评估

投资理财本身具有一定的危险性。有些投资方式,如股票,让老年人长期处于紧张的气氛之中,很容易紧张、恐惧以及焦虑不安,会导致诸多身心健康问题。所以,了解老年的投资理财方式、种类,选择安全合理的投资理财方式,对老年人的健康非常重要。

十、老年人学习习惯的评估

大脑不经常使用就会萎缩,直接影响到全身各器官功能的衰退。老年人的大脑是用进废退。老年人学习有助于提高记忆力,防止认知障碍。学习也能产生乐观的情绪,有助于身心健康。

（胡亦新）

第三节　老年人生活能力的评估

当今人口老龄化日趋严重,老年人随着功能的退化,其身体状况、运动功能、精神状况、生活能力都逐步下降,相当一部分老年人还被慢性疾病困扰,不仅严重影响老年人身体健康和生活质量,而且给家庭和社会带来沉重的经济负担。通过对老年人生活能力评估,可对影响老年人生活的高危因素及时识别,帮助社会老年人照护部门、养老机构及家庭科学地评估老年人体质,掌握老年人生活健康状况,对提高老年人生活质量和健康水平提供科学帮助。

老年人生活能力的评估通常包括以下几个方面:老年人日常生活活动、精神状态、感知觉与沟通能力、社会参与能力等。我们将分别利用常用的评估问卷及量表对老年人进行生活自理能力评估、活动与安全评估、生活质量评估。每种评估方式旨在了解老年人的基本状况,由于个体差异、客观环境等诸多因素存在,评估需要定期进行,结合每个个体实际情况做出客观判断,同时评估之前征求被评估者知情同意,使其积极配合完成评估。

一、老年人生活自理能力评估

随着健康水平提高,我国老年人寿命有所提高,根据世界卫生组织(World Health Organization,WHO)发布的最新的 2018 年版的 *World Health Statisitcs*,2018 年世界人均预期寿命中国为 76.4 岁,排名 52 位,上海、北京人均寿命超过 80 岁。据 2018 年中国老龄科学研究中心与社会科学文献出版社共同发布的《老龄蓝皮书:中国城乡老年人生活状况调查报告(2018)》调查显示,当前高龄老人三千多万,失能老人四千多万,随着空巢、高龄、失能老年人的增多,由于计划生育使家庭单位小型化,老年人的生活自理能力直接影响着亿万个家庭的养老和照料,因此,了解老年人的生活自理能力是认识中国老年照料问题的前提,对社会化为老服务的发展提出了新的要求。

Note

（一）评估指标

2013年民政部发布行业标准《老年人能力评估》，为老年人能力评估提供了统一、规范和可操作的评估工具，科学划分老年人能力等级，作为政府制定养老政策，以及为老年人提供适宜养老服务的依据。老年人能力评估指标包括：

1. **日常生活活动**　即个体为独立生活而每天必须反复进行的、最基本的、具有共同性的身体动作群，包括完成进食、洗澡、修饰、穿衣、大小便控制、如厕、床椅转移、行走、上下楼梯等日常活动的能力。

2. **精神状态**　即个体在认知功能、行为、情绪等方面的表现。

3. **感知觉与沟通**　即个体在意识水平、视力、听力、沟通交流等方面的能力。

4. **社会参与**　即个体与周围人群和环境的联系与交流的能力，包括生活能力、工作能力、时间/空间定向、人物定向、社会交往能力。

一级指标、二级指标详见表4-6，各种能力评估量表见表4-7～表4-10。

表4-6　老年人能力评估指标

一级指标	二级指标
日常生活活动	进食、洗澡、修饰、穿衣、大便控制、小便控制、如厕、床椅转移、平地行走、上下楼梯
精神状态	认知功能、攻击行为、抑郁症状
感知觉与沟通	意识水平、视力、听力、沟通交流
社会参与	生活能力、工作能力、时间/空间定向、人物定向、社会交往能力

表4-7　日常生活活动评估表

1. 进食：指用餐具将食物由容器送到口中、咀嚼、吞咽等过程	□分	10分，可独立进食（在合理的时间内独立进食准备好的食物）
		5分，需部分帮助（进食过程中需要一定帮助，如协助把持餐具）
		0分，需极大帮助或完全依赖他人，或有留置营养管
2. 洗澡	□分	5分，准备好洗澡水后，可自己独立完成洗澡过程
		0分，在洗澡过程中需他人帮助
3. 修饰：指洗脸、刷牙、梳头、刮脸等	□分	5分，可自己独立完成
		0分，需他人帮助
4. 穿衣：指穿脱衣服、系扣子、拉拉链、穿脱鞋袜、系鞋带	□分	10分，可独立完成
		5分，需部分帮助（能自己穿脱，但需他人帮助整理衣物、系扣子/鞋带、拉拉链）
		0分，需极大帮助或完全依赖他人
5. 大便控制	□分	10分，可控制大便
		5分，偶尔失控（每周<1次），或需要他人提示
		0分，完全失控
6. 小便控制	□分	5分，偶尔失控（每天<1次，但每周>1次），或需要他人提示
		0分，完全失控，或留置导尿管
7. 如厕：包括去厕所、解开衣裤、擦净、整理衣裤、冲水	□分	10分，可独立完成
		5分，需部分帮助（需他人搀扶去厕所，需他人帮忙冲水或整理衣裤等）
		0分，需极大帮助或完全依赖他人

续表

8. 床椅转移	□分	15分,可独立完成
		10分,需部分帮助(需他人搀扶或使用拐杖)
		5分,需极大帮助(较大程度上依赖他人搀扶和帮助)
		0分,完全依赖他人
9. 平地行走	□分	15分,可独立在平地上行走45m
		10分,需部分帮助(因肢体残疾、平衡能力差、过度衰弱、视力等问题,在一定程度上需他人搀扶或使用拐杖、助行器等辅助用具)
		5分,需极大帮助(因肢体残疾、平衡能力差、过度衰弱、视力等问题,在较大程度上依赖他人搀扶,或坐在轮椅上自行移动)
		0分,完全依赖他人
10. 上下楼梯	□分	10分,可独立上下楼梯(连续上下10~15个台阶)
		5分,需部分帮助(需他人搀扶,或扶着楼梯、使用拐杖等)
		0分,需极大帮助或完全依赖他人
11. 日常生活 活动总分	□分	上述10个项目得分之和
日常生活活动分级	□分	0 能力完好:总分100分 1 轻度受损:总分65~95分 2 中度受损:总分45~60分 3 重度受损:总分≤40分

表4-8　精神状态评估表

1. 认知功能	测试	"我说三样东西,请重复一遍,并记住,一会儿会问您":苹果、手表、国旗
		(1) 画钟测验:"请您在这儿画一个圆形的时钟,在时钟上标出10点45分。"
		(2) 回忆词语:"现在请您告诉我,刚才我要您记住的三样东西是什么?" 答:_____、_____、_____(不必按顺序)
	评分 □分	0分,画钟正确(画出一个闭锁圆,指针位置准确),且能回忆出2~3个词
		1分,画钟错误(画的圆不闭锁,或指针位置不准确),或只回忆出0~1个词
		2分,已确诊为认知障碍,如老年痴呆
2. 攻击行为	□分	0分,无身体攻击行为(如打/踢/推/咬/抓/摔东西)和语言攻击行为(如骂人、语言威胁、尖叫)
		1分,每月有几次身体攻击行为,或每周有几次语言攻击行为
		2分,每周有几次身体攻击行为,或每日有语言攻击行为
3. 抑郁症状	□分	0分,无
		1分,情绪低落、不爱说话、不爱梳洗、不爱活动
		2分,有自杀念头或自杀行为
4. 精神状态总分	□分	上述3个项目得分之和
5. 精神状态分级	□级	0 能力完好:总分为0分 1 轻度受损:总分为1分 2 中度受损:总分2~3分 3 重度受损:总分4~6分

Note

表4-9   感知觉与沟通评估表

1. 意识水平	□分	0分,神志清醒,对周围环境警觉
		1分,嗜睡,表现为睡眠状态过度延长。当呼唤或推动其肢体时可唤醒,并能进行正确的交谈或执行指令,停止刺激后又继续入睡
		2分,昏睡,一般的外界刺激不能使其觉醒,给予较强烈的刺激时可有短时的意识清醒,醒后可简短回答提问,当刺激减弱后又很快进入睡眠状态
		3分,昏迷,处于浅昏迷时对疼痛刺激有回避和痛苦表情;处于深昏迷时对刺激无反应(若评定为昏迷,直接评定为重度失能,可不进行以下项目的评估)
2. 视力:若平日戴老花镜或近视镜,应在佩戴眼镜的情况下评估	□分	0分,能看清书报上的标准字体
		1分,能看清楚大字体,但看不清书报上的标准字体
		2分,视力有限,看不清报纸大标题,但能辨认物体
		3分,辨认物体有困难,但眼睛能跟随物体移动,只能看到光、颜色和形状
		4分,没有视力,眼睛不能跟随物体移动
3. 听力:若平时佩戴助听器,应在佩戴助听器的情况下评估	□分	0分,可正常交谈,能听到电视、电话、门铃的声音
		1分,在轻声说话或说话距离超过2m时听不清
		2分,正常交流有些困难,需在安静的环境或大声说话才能听到
		3分,讲话者大声说话或说话很慢,才能部分听见
		4分,完全听不见
4. 沟通交流:包括非语言沟通	□分	0分,无困难,能与他人正常沟通和交流
		1分,能够表达自己的需要及理解别人的话,但需要增加时间或给予帮助
		2分,表达需要或理解有困难,需频繁重复或简化口头表达
		3分,不能表达需要或理解他人的话
5. 感知觉与沟通分级	□分级	0 能力完好:意识清醒,且视力和听力评为0或1,沟通评为0
		1 轻度受损:意识清醒,但视力或听力中至少一项评为2,或沟通评为1
		2 中度受损:意识清醒,但视力或听力中至少一项评为3,或沟通评为2;或嗜睡,视力或听力评定为3及以下,沟通评定为2及以下
		3 重度受损:意识清醒或嗜睡,但视力或听力中至少一项评为4,或沟通评为3;或昏睡/昏迷

表4-10   社会参与评估表

1. 生活能力	□分	0分,除个人生活自理外(如饮食、洗漱、穿戴、二便),能料理家务(如做饭、洗衣)或当家管理事务
		1分,除个人生活自理外,能做家务,但欠好,家庭事务安排欠条理
		2分,个人生活能自理;只有在他人帮助下才能做些家务,但质量不好
		3分,个人基本生活事务能自理(如饮食、二便),在督促下可洗漱
		4分,个人基本生活事务(如饮食、二便)需要部分帮助或完全依赖他人帮助
2. 工作能力	□分	0分,原来熟练的脑力工作或体力技巧性工作可照常进行
		1分,原来熟练的脑力工作或体力技巧性工作能力有所下降
		2分,原来熟练的脑力工作或体力技巧性工作明显不如以往,部分遗忘
		3分,对熟练工作只有一些片段保留,技能全部遗忘
		4分,对以往的知识或技能全部磨灭

续表

3. 时间/空间定向	□分	0分,时间观念(年、月、日、时)清楚;可单独出远门,能很快掌握新环境的方位
		1分,时间观念有些下降,年、月、日清楚,但有时相差几天;可单独来往于近街,知道现住地的名称和方位,但不知回家路线
		2分,时间观念较差,年、月、日不清楚,可知上半年或下半年;只能单独在家附近行动,对现住地只知名称,不知道方位
		3分,时间观念很差,年、月、日不清楚,可知上午或下午;只能在左邻右舍间串门,对现住地不知名称和方位
		4分,无时间观念;不能单独外出
4. 人物定向	□分	0分,知道周围人们的关系,知道祖孙、叔伯、姑姨、侄子侄女等称谓的意义;可分辨陌生人的大致年龄和身份,可用适当称呼
		1分,只知家中亲密近亲的关系,不会分辨陌生人的大致年龄,不能称呼陌生人
		2分,只能称呼家中人,或只能照样称呼,不知其关系,不辨辈分
		3分,只认识常同住的亲人,可称呼子女或孙子女,可辨熟人和生人
		4分,只认识保护人,不辨熟人和生人
5. 社会交往能力	□分	1分,能适应单纯环境,主动接触人,初见面时难让人发现智力问题,不能理解隐喻语
		2分,脱离社会,可被动接触,不会主动待人,谈话中很多不适词句,容易上当受骗
		3分,勉强可与人交往,谈吐内容不清楚,表情不恰当
		4分,难以与人接触
6. 社会参与总分	□分	上述5个项目得分之和
7. 社会参与分级	□级	0 能力完好:总分0~2分 1 轻度受损:总分3~7分 2 中度受损:总分8~13分 3 重度受损:总分14~20分

（二）一级指标分级

评估需要通过专业培训的评估员来进行,动态对老年人进行观察评估,可以半年定期评估一次,以动态掌握老年人生活自理能力变化。分别将二级指标评定分值相加得出评估结果。

（三）老年人能力等级划分

综合日常生活活动、精神状态、感知觉与沟通、社会参与这4个一级指标的分级,将老年人能力划分为4个等级,能力等级划分标准见表4-11。

表4-11　老年人能力等级划分

能力等级	等级名称	等 级 标 准
0	能力完好	日常生活活动、精神状态、感知觉与沟通的分级均为0,社会参与的分级为0或1
1	轻度失能	日常生活活动的分级为0,但精神状态、感知觉与沟通中至少一项的分级为1及以上,或社会参与的分级为2;或日常生活活动的分级为1,精神状态、感知觉与沟通、社会参与中至少有一项的分级为0或1
2	中度失能	日常生活活动的分级为1,但精神状态、感知觉与沟通、社会参与的分级均为2,或有一项的分级为3;或日常生活活动的分级为2,且精神状态、感知觉与沟通、社会参与中有1、2项的分级为1或2
3	重度失能	日常生活活动的分级为3;或日常生活活动、精神状态、感知觉与沟通、社会参与的分级均为2;或日常生活活动的分级为2,且精神状态、感知觉与沟通、社会参与中至少有一项的分级为3

注:1. 处于昏迷状态者,直接评定为重度失能。若意识转为清醒,需重新进行评估
2. 有以下情况之一者,在原有能力级别上提高一个级别:①确诊为认知障碍/痴呆;②确诊为精神疾病;③近30d内发生过2次及以上意外事件(如跌倒、噎食、自杀、走失)

Note

根据以上评估指标及评分可评估老年人生活自理能力,为老年人照护提供依据和指导,根据各级自理能力给予恰当照护和关怀。评估应当客观并进行持续性动态评估,以达到真实可信的目的。

二、老年人活动与安全评估

(一)老年人活动能力的概念

老年人身体活动能力主要包括生活自理能力、日常生活活动能力等。日常生活活动(activities of daily living,ADL)是指人们为了独立生活而每天必须反复进行的、最基本的、具有共性的一系列活动。它包括衣、食、住、行,个人卫生、独立的社区活动等方面内容。这些活动虽然十分基本,但对维持每天的正常生活却必不可少。缺少这些正常的日常生活活动能力,不仅给老年人的日常生活带来很多不便,还可能会损害老年人的自尊心和自信心,严重影响老年人的生活质量。

日常生活活动可以分为基础性或躯体性日常生活活动和工具性日常生活活动。基础性或躯体性日常生活活动(basic or physical ADL,BADL or PADL)是指人们为了维持基本的生存、生活需要而每天必须反复进行的基本活动,包括进食、更衣、个人卫生等自理活动和转移、行走、上下楼梯等身体活动。工具性日常生活活动(instrumental ADL,IADL)是指人们为了维持独立的社会生活所需的较高级的活动,包括购物、炊事、洗衣、交通工具的使用、处理个人事务、休闲活动等,大多需借助工具进行。IADL 是在 BADL(PADL)的基础上发展起来的体现人的社会属性的一系列活动,它的实现是以 BADL(PADL)为基础的。

老年人活动能力决定了他们的生活自理能力、日常活动范围,直接影响着他们的精神文化生活是否丰富,同时间接影响着老龄人群及其家庭的生活质量,建立科学有效的社区老年人活动能力评价体系,对如何更有针对性、更准确高效地为老年人群提供服务,日益凸显出其重要意义。

(二)老年人活动行为习惯

由于老年人群特殊的生理和心理特征,相较于年轻人来说,老年人拥有特殊的活动行为习惯。因此了解老年人的活动偏好和习惯,有助于对老年人活动能力与安全进行评估。

1. 活动模式相对固定　由于老年人生活规律较强,除恶劣天气影响或者特殊情况外,每日进行户外活动的时间基本上都是相同的。同时,对于活动类型、地点、同伴的选择等也不会轻易作出变化,这主要是由于老年人谨慎的心理特征及程式化的生活习惯所致。

2. 活动强度普遍不高　即使健康情况良好的老年人,也会出现体能下降的自然衰老现象。因此,老年人在进行户外活动时,往往选择运动难度系数低的运动。这也是由于老年人相较于年轻人更加注重身体维护、尽力避免意外伤害的原因。同时,对于一些身体状态不佳的老年人来说,他们既希望进行适当的户外活动,又无法负担长时间的体力消耗,因此抄近路、走捷径及活动过程中需要短暂休息也是老年人的重要活动习惯之一。

3. 倾向边界空间　边界空间是指不同空间介质相交时的边缘地带。调查发现,老年人往往偏爱在建筑外墙附近、边角空间及一侧有植物遮挡的柱廊等场所活动。从心理学角度看,老年人内心的恐惧感使得其不愿意将自身的活动情况暴露于他人面前,而孤独感又使得他们想随时随地观察他人活动,仿佛自己也参与其中,即所谓的"人看人"行为。因此能够提供良好视角同时又提供庇护的临界空间是老年人休闲的首选之地。

4. 地域性　环境心理学中曾经阐述地域心理学的概念,即在相对稳定的场所发生的规律性习惯行为。调查研究发现,老年人会经常占据公共空间中一些特定的地点,或者形成某种特定的场所行为,经过一段时间,这种行为模式被逐渐认可,因而承载这种行为模式的场所也被赋予一定的功能性。一些建筑师的研究表明,老年人不一定愿意在专门为其设计的场所活动,相反,一些被认为是不适宜或者需要改善的场所却得到了老年人的青睐。因为当他们接纳、熟悉了一个空间之后,就不愿去再重新了解另一个空间,即使这个空间是专门为他们设计的。随着人们步入老年,他们自我调节能力和对环境的适应能力会逐渐降低,他们的行为习惯和思维模式同样会发生改变,因此,在设计时,应该努力营造适应老年人需求的空间,降低他们心理的不适感,使空间具有领域感。

(三)老年人活动能力的评估方法

日常生活活动能力对每个人来说有着十分重要的意义,要最大程度地保障和改善老年人的日常生活活动能力,就必须先对其进行科学、客观地评估,日常生活活动能力的评估是老年人健康综合评定中不可缺少的一个重要方面。

客观、全面地评估老年人活动能力要根据以下方面:

1. 了解老年人肢体感觉和运动情况及现存的活动能力。

2. 给予基本的身体检查,包括心血管系统、骨骼系统、神经系统,特别是老年人的协调情况及步态。

3. 了解老年人的病史,评估其活动耐受力。

4. 评估老年人目前的用药情况,作为活动后用药的参考。

5. 了解老年人平时的活动种类、兴趣、活动量、活动时间、频率和间隔时间,作为活动设计的基础。

6. 评估并与老年人一起制订活动目标,如恢复自我照顾能力或是增强对活动的耐受性。

7. 了解老人活动前后情况,如活动前是否做热身运动、活动后是否缓慢停止等。

8. 每次给予新的活动内容时,均应评估老年人对于这一项活动的耐受性,是否出现间歇性跛行、不正常的心率加快、疲倦不堪、呼吸急促等情况。

9. 评估老年人的适应力,活动计划要有个体差异。

10. 评估老年人活动的环境是否便利、安全。

目前国际上大多以 Barthel 指数为基础,通过多个指标来分析老年人日常生活活动能力。Barthel 指数是最常用的 ADL 评定方法。此方法简单,可信度高,灵敏度高,使用最广泛(表4-12)。

表 4-12　Barthel 指数量表

ADL 项目	自理	较小帮助	较大帮助	完全依赖
进食	10	5	0	0
洗澡	5	0	0	0
修饰(洗脸、梳头、刷牙、刮脸)	5	0	0	0
穿衣(包括系鞋带等)	10	5(偶能控制)	0	0
控制大便	10	5	0	0
控制小便	10	5	0	0
用厕所(包括擦、穿衣、冲洗)	10	5	0	0
床椅转移	15	10	5	0
平地走 45m	15	10	5(用轮椅)	0
上下楼梯	10	5	0	0

Note

10 个项目中,每个项目均有不同程度的分值,其中 6 个项目有 3 个程度分级得分(0~10 分),2 个项目有 2 个程度分级得分(0~5 分),2 个项目有 4 个程度分级得分(0~15 分),量表总分 100 分,得分越高,独立性越好,依赖性越小。此量表的主要目标为记录患者独立程度,所以只给必要且少量的协助,若需要监督则为不独立,但允许使用辅助用具。评分的时间间隔主要为记录过去 24~48h 的表现。

三、老年人生活质量的评估

(一)老年人生活质量的概念

世界卫生组织(WHO)一直试图对"生活质量"的概念进行定义。1993 年,世界卫生组织生活质量研究中心的专家在总结各国(二十多个国家)生活质量研究的基础上,对生活质量的定义是:生活在不同文化和价值体系中的个体,对与其生活目标、期望、标准和所关心的事情有关的生存状况的主观体验。这是一个涵盖面广泛的概念,与个体的生理健康、心理状态、独立程度、社会关系、个人信仰和周围环境中的显著特征有着复杂的相关关系。生活质量既与生活的客观物质条件有关,也与对生活的主观满意程度有关。

老年人群体与其他群体相比,既存在共性,又有其自身的特殊性,这种特殊性又决定了客观、准确地定义老年人生活质量至关重要。生活质量的指标包括两个方面:主观生活质量指标和客观生活质量指标。主观生活质量指标有主观幸福感和生活满意度等因素;客观生活质量指标包含客观的居住条件、经济收入、资源的获得情况等。

近年来,与老年人生活质量相关的研究呈现快速增长的趋势,由此可见对老年人生活质量的关注程度。查阅文献发现,我国对很多城市、乡村的老年人目前的生活质量状况进行了调查研究,分析了影响老年人生活质量的因素,基本上包含以下几个方面:

(1)人口社会学因素:包括性别、年龄、民族、文化程度和居住状况等。

(2)身体健康状况:包括医生诊断的疾病(主要是慢性病)、自评健康状况、半年内生活因健康问题所受的影响、身心疾病状况、医疗保健的利用状况。

(3)日常生活能力及养老方式的意愿:日常生活能力包括使用公共车辆、行走、做饭菜、做家务、吃药、吃饭、穿衣等基本生活能力,养老方式包括居家养老、社区养老、机构养老。

(4)心理健康状态:包括内心孤独感、被社会忽视感、抑郁情绪以及对死亡的恐惧等。

(5)家庭结构与经济状况:包括婚姻状况、家人支持状况、经济来源、日常生活费用支出、住房情况等。

(6)社会生活状况:包括社区生活状况(所在社区能否提供适当的活动机会)、社会工作状况(老年人为社会贡献余热的工作机会、老年人对继续工作的态度)、老年人权益保障状况、社会支持状况等。

(7)最关心和最忧虑的问题:包括住房问题、医疗保障和健康问题、退休待遇问题、对第三代和家人的照顾等。

(8)生活的满意度:包括对个人一生成就的满意度、对目前身体状况的满意度、对经济情况的满意度、对家庭的满意度、对社会医疗与保健的满意度、对老年人权益保障的满意度等。

(二)老年人生活质量的评估

随着老龄化社会进程的加剧,老年人群体的生存质量愈来愈受到各方面的关注,具有多维度评估的、与健康相关的生存质量的研究被广泛地应用于临床。西方老年人生活质量的评价带有明显的医学学科特征。生活质量量表分为一般意义上的总体评价量表和针对某种特殊疾病而言的量表两大类。

Note

老年人作为社会的弱势群体,对其生活质量的测量和评估有一定的难度,这主要是因为老年人的生理和心理状态有其特殊性,影响他们生活质量的因素比较复杂,需要根据老年人的特点对其测量指标进行全面筛选,并对测量工具的可靠性和敏感性进行评估。

目前,测量老年人生活质量的专用工具比较缺乏,使用较多的是世界卫生组织的生存质量量表(WHO quality of live,WHOQOL)、世界卫生组织的生存质量-老年人量表(WHOQOL-OLD)、医疗效果研究36项条目短表(SF-36)。WHOQOL-OLD量表含33个条目,涉及6个领域:过去、现在和将来行为领域(past,present and future activities field,SP)、自主领域(autonomy field,A)、死亡观领域(death & dying field,DD)、亲密关系领域(intimacy field,I)、社会参与领域(social participation field,SP)、感觉能力领域(sensory abilities field,SA),每个领域有4、5个问题条目。该量表采用4级评分,得分范围1~5分,得分越高代表生存质量越好。该量表是评估老年人生存质量的专用工具,具有较强的针对性。中文版SF-36量表被广泛应用于人群健康状况监测、疗效评价、慢性病患者的健康监测、疾病相对负担的评估。包含36个条目,涉及8个方面的生活质量因素,具体包括:生理功能(physical function,PF)、生理职能(role-physical,RP)、躯体疼痛(bodily pain,BP)、总体健康(general health,GH)、活力(vitality,VT)、社会功能(social function,SF)、情感职能(role-emotional,RE)、精神健康(mental-health,MH),内容丰富,以主观题为主,尤其在心理方面的测定定位比较准确。当某一问卷用于不同地区、不同人群时,必须对其信度和效度进行考核、评价,这样才能保证测量结果的可靠性。可信度是指测量工具的稳定性,代表反复测量结果的接近程度,分为重测信度、折半信度及内部一致性信度等;效度是指测量结果与试图达到的目标之间的接近程度,评价的是偏倚和系统误差问题,分为表面效度、内容效度、结构效度、准则效度等。

(三)老年人生活质量评估的应用

老年人生活质量评估最初主要在临床工作中使用,用以评价疾病的治疗效果及患者的恢复情况。目前,老年人生活质量测量与评估已广泛应用于老年医学各个领域。

1. **评估老年人群的健康状况** 对某一地区老年人群健康状况进行综合评价,并比较不同地区、不同职业老年人群健康状况及生活质量的差异,分析影响老年人身心健康的相关因素,可作为制订老年保健政策的依据。

2. **评估老年病的治疗效果** 由于老年人在生理及心理上均存在特殊性,一些心脑血管疾病、癌症及老年人慢性病的患病率较高。通过对上述疾病治疗后老年人生活质量的测量,有利于评价临床治疗措施的效果,以指导临床工作者改进治疗方案,为老年病防治和康复提供参考。

3. **评估预防保健措施的效果** 随着人口老龄化程度的加深,老年人群成为预防保健服务的重点对象。老年人生活质量的优劣可用于评价保健措施效果的好坏,并为进一步制订和完善健康促进对策提供科学依据。

4. **评估长寿老人生活质量** 随着人类期望寿命的不断延长,老年人口中高龄老人所占的比例越来越大,长寿老人也越来越多。寿命延长,而又具有较高的生活质量,是老年人生活质量的最高标准,也是医学的最终目标。评价长寿老人的生活质量,找出影响健康的因素,并发现其长寿的原因,可作为提高全人类身体素质的借鉴。

(孙 晶)

思考题

1. 患者 65 岁,男性,定居苏州城区。血压 150/90mmHg,体重指数 28kg/m^2,腰围 89cm,血清总胆固醇 5.8mmol/L,高密度脂蛋白胆固醇 1.2mmol/L,吸烟,无高血压、糖尿病病史,无相关家族史,请对该老年男性心血管病 10 年发病风险进行评估,并简述相关筛查内容。

解题思路:结合 China-PAR 模型进行发病风险评估。

2. 我国诱发癌症的主要风险因素有哪些? 请分别举例说明。

3. 运动风险具体从哪几方面做筛查?

4. 举例说明老年人认知能力评估方法及意义。

5. 老年人骨质疏松的危险因素有哪些?

第五章 老年人健康指导

本章要点

1. **掌握** 主检结论解读应遵循的原则;健康风险危险因素预防的三级策略。
2. **熟悉** 健康体检异常指标的解读与指导;老年常见慢性病危险因素预防指导。
3. **了解** 主检报告解读注意事项;健康危险因素。

第一节 健康体检报告的解读

一、健康体检报告的内容

体检的结果一般以健康体检报告的形式反馈给受检者。体检报告分为个人体检报告和团检分析报告。如无特殊说明,本章所指的体检报告均指个人体检报告。健康体检报告,也称总检报告、主检报告和终检报告等,根据 2009 年国家原卫生部制定的《健康体检管理暂行规定》和 2016年《健康体检质量控制指南》的要求,应统一称为"主检报告"。

主检报告是对当次体检结果的梳理与归纳,是对受检者健康状况的整体评估,能够客观、全面而又重点突出地反映受检者身体状况。同时,主检报告也是建立健康档案、进行健康管理的基础和关键步骤,是健康管理的重要依据。

一份合格的主检报告应包括:体检结论、健康评估与健康建议 3 个部分。本节主要介绍体检结论部分的解读。

二、主检报告的解读在健康体检中的重要作用

主检报告的解读,是主检医师或其他从事健康服务与管理的人员,就主检报告内容和相关事项,与受检者(或其授权的家属)进行面对面的解释和沟通的过程。在健康体检中,主检报告的解读具有重要的作用:

1. 通过解读,可以将深奥难懂的医学专业术语转变为通俗易懂的医学科普,是传播医疗信息、提高健康管理素养的平台,让受检者真正全面地了解和掌握自己的健康状况。

2. 解读过程也是主检报告质量控制的重要环节,是对主检报告再次细致阅览的过程。解读者在解读过程中,一方面可以发现体检流程和主检报告的疏漏。另一方面,由于体检项目设置的局限性以及主检医师不能与受检者面对面交流的缺憾,有时会造成主检报告的偏差。解读者可以通过与受检者进一步地面对面交流,充分收集有价值的健康资料,对受检者的健康状况有更加全面的了解,给予受检者更恰当的健康指导。

3. 解读过程是面对面的健康教育,也是开展健康管理的最好时机。体检过程是受检者对自己的健康状况最关注、对健康建议最容易接纳的时间,充分利用解读时机,给予受检者个体化的

健康教育和健康建议,更容易增加受检者的依从性,从而避免"只检不管"的尴尬现状,实现从"健康体检"到"健康管理"的转变,真正体现体检的意义,让受检者真正从体检受益。

主检报告的解读应抓住两条线:主检结论(主要疾病)和异常指标。主检结论,也称体检结论、体检诊断,是主检报告的重要组成部分,是主检医师运用其临床医学知识和经验将受检者当次体检过程中产生的各类数据和结果进行系统、全面地分析和梳理,找出彼此之间的关联性,尽可能地按照《疾病和有关健康问题的国际统计分类》(ICD10)的要求,给出诊断。但由于健康体检项目的设置具有一定的局限性,可能会出现阳性结果间有一定的联系,但不足以作出明确诊断的情况,则应该针对异常指标或阳性结果进行解读。

三、主检结论解读与指导

(一)主检结论解读应遵循的原则

主检结论是主检报告的重要组成部分,是确定受检者健康状况(包括现存的和潜在的健康问题)和产生该状况的有关因素的一种临床判断。主检医师按照一定的原则书写主检结论,在解读主检结论时也应该遵循的原则有:

1. **轻重缓急原则**   老年受检者完成健康体检后,会发现较多的疾病和健康问题,解读时应该按照"轻重缓急"的原则,优先解读比较危急和严重的疾病,一方面可以避免延误诊治造成严重后果,另一方面也可以引起受检者充分的重视,提高受检者的依从性,配合下一步的诊疗建议和健康管理计划。

2. **"一元化"原则**   把受检者作为一个整体,从一元化的临床思路进行综合的和科学地解读,给予相关的就诊建议或健康指导,避免各项检查结果的简单罗列和照本宣科。

3. **循证原则**   主检结论的解读必须以循证医学为依据,保证预防措施、处理方法科学规范,能够使受检者获得较好的效益/成本比率。依据主要是新版经典教科书、权威专著、各种诊疗指南、专家共识、专家建议等。因此,解读者应该及时地了解和掌握健康体检常见疾病的诊疗进展,为受检者提供最优化的健康指导。

4. **个性化原则**   合格的主检报告应该是根据受检者具体情况量身定制的。主检报告的解读也要个性化,除了对运动、饮食、血压和血糖等某些指标的控制要针对老年人的具体情况适当调整外,还应结合大多数老年人的听力下降、反应慢、接受程度差、文化水平偏低和健康问题多等特点,解读者更要有耐心,主次分明、适当增加音高、放慢语速,便于与受检者交流,必要时邀请受检者子女等家属共同参与解读过程。

5. **动态化原则**   对于在同一体检机构有 2 次及 2 次以上体检经历的受检者,应利用健康体检相关软件系统对已确诊疾病相关的指标进行比对分析和/或绘制趋势图,为受检者提供更加直观的视觉效果。在解读时应该向受检者详细说明其改善或恶化趋势,给予相应的鼓励或警示,并据此进行必要的健康指导。

(二)老年健康体检主检结论的解读和指导

主检结论的内容包括受检者既往已明确诊断的疾病、本次体检新确诊和/或高度疑诊的疾病。解读时没有固定的模式,一般认为应按照轻重缓急从"急、重"到"缓、轻"的顺序进行。也有专家认为应该按照"一元化"思路,将同一系统或同一器官的病变共同解读。根据对生命、生活质量影响的轻重缓急,对当次健康体检结论按照以下 5 个层级进行依次解读,以方便受检者更加直观地了解自身健康状况。具体如下:

1. **需要立即救治的危及生命的疾病**   一般来讲,健康体检者极少有严重症状,但有时在体检时会发现急性无痛性心肌梗死和严重的心律失常、临床检验危急值等,甚至在体检过程中会突发脑卒中等疾病,均需要就地抢救或转运至急诊室救治。在解读时,病情虽已稳定,但仍要警示受检者,询问救治结果和预后,建议相关专科定期复查,进行健康教育,避免危急情况的再次发生。

2. 急需就诊的疾病、疑似和/或新发现高危结果　健康体检有时会发现肿瘤等重大疾病,如严重的心肌缺血、血压过高、物理检查或影像学检查高度疑诊的恶性肿瘤,如肺部占位、肿瘤标志物异常增高等,需要立即或及时到相关科室就诊。一般情况下已在第一时间通知受检者或其家人。解读时应再次确认,追踪诊治经过和结果。

3. 择期就诊的疾病　健康体检新发现的异常,如较大的囊肿、结节和结石等,虽然较稳定,解读时仍应建议受检者择期到相关专科就诊,以免发生病情变化延误治疗。

4. 已确诊的慢性疾病　如果受检者既往已确诊的慢性疾病如高血压、糖尿病、血脂异常、心脑血管病等病情稳定,控制良好,本次体检未发现明显的病情变化,解读时可进行生活方式指导,建议到相关专科定期复查。

5. 其他诊断明确的良性病变　本次体检首次发现的诊断明确的良性病变,如脂肪肝、退行性病变等;或与既往体检结果比较无明显变化的胆囊息肉、较小的肝、肾囊肿和肝脏血管瘤等,解读时需告知受检者,进行必要的健康指导,建议定期复查动态监测。

同时,在上述 5 个层级的相同层级内,有专家建议按照内科(心血管、消化、呼吸、内分泌、血液、神经)、外科、妇科、五官科等专业科室顺序对体检结论进行解读;也有专家建议首先解读心脑血管病及其危险因素(心血管、神经、内分泌等),再解读与肿瘤相关的疾病,最后解读其他系统疾病(消化、呼吸、血液等),目的都是让受检者对自己的健康状况有重点且全面的了解。

四、异常指标的解读与指导

健康体检是对身体健康的初步筛查。但是,有些指标容易受各种因素的影响,所以,不能只根据单一或几个异常指标诊断疾病。当体检结果中的异常指标不能或不足以归于某种疾病的诊断时,解读时应该针对该异常指标进行解读。

(一)异常指标解读应遵循的原则

1. 轻重缓急原则　严重异常的指标,如临床检验危急值、明显的肝肾功能异常、明显升高的肿瘤标志物等,按照对身体健康影响的危急程度进行解读;轻度异常的指标可按需要复查的时间间隔,由近及远进行解读,便于受检者按时间顺序依次复查。

2. "一元化"原则　同一系统、可能为同一器官病变导致的异常指标,如血糖、尿糖和糖化血红蛋白等,建议一起进行联合解读,便于受检者复查或到专业科室进一步诊治。

3. 对比原则　异常指标的解读,除了与其相关指标的联合解读外,还要注意纵向对比。对于连续多年在同一体检机构进行健康体检的受检者,异常指标的解读应对比既往资料,结合趋势图等,明确指出指标的好转或恶化趋势,提高受检者的主动性以及对健康建议和健康指导的依从性。

4. 重在预防原则　高于和/或低于正常值范围的指标称为异常指标。解读时不能只关注异常指标,还要注意接近正常值高限或低限的临界指标的解读,尤其是多年的资料提示逐渐恶化的指标,提出警示,给予健康指导,定期监测,适当干预,防止进一步发展为疾病。

(二)健康体检异常指标的解读与指导

健康体检报告中的异常指标,可分以下三种情况进行解读:

1. 应进行进一步检查的重大异常指标

(1)实验室检测指标异常,建议增加进一步的影像学检查:如肿瘤标志物检测如 CEA 和 CA199 显著升高,高度怀疑消化道肿瘤,可建议腹部 CT、胃肠镜等进一步明确诊断。

(2)常规影像检查发现新的异常,建议应用分辨率更高的影像学检查方法甚至穿刺活检进一步检查:如常规胸部 X 线检查发现的肺部阴影,常规超声检查发现的肝脏、胆囊、肾脏、乳腺、甲状腺等脏器的结节,不能确诊时,建议可行 CT、MRI 等,甚至建议行穿刺活检病理检查,进一步明确病变性质。

Note

2. **需要定期随访观察的异常指标**　有些异常指标,结合既往体检和就诊资料,发现在近期均有异常,且已进行了进一步检查,既排除各种干扰因素影响,又不足以诊断或完全排除某种疾病,如持续的轻中度的肿瘤指标的异常和肝功异常、尿潜血阳性、随访无明显变化的肺部结节等,解读时应进行健康教育和指导,既要减轻受检者由此造成的心理压力,又要避免置之不理,建议受检者定期随访,观察异常指标的变化趋势,必要时采取干预措施。

3. **体检首次发现的轻度异常指标,建议近期复查**　一些体检指标,如血压、血常规、尿常规和血生化等,容易受到饮食、运动、劳累、药物等各种干扰因素的影响而出现一过性的轻度异常。解读时应向受检者了解体检时有无干扰因素的存在,并建议去除可能的干扰因素,近期复查。如复查正常,则保持良好的生活方式;如复查仍有异常,甚至有加重趋势,则需要进一步检查。

五、主检报告解读注意事项

（一）主检报告解读不是照本宣科

主检报告的解读不仅是简单的阅读,还需要全科知识的积累和对老年常见疾病的基础知识和进展的掌握,更要有逻辑思考综合分析的能力和良好的语言表达及沟通的能力。

（二）一次阳性结果不轻易下诊断

健康体检是针对多数人群的初筛,有些指标敏感性高,检测到的数值只代表当时的水平,很可能受其他因素的影响。所以要结合受检者当时的具体情况,而不能仅凭报告单中的某几个数据或阳性体征就直接下诊断,有时需要复查、结合其他检测指标或进一步的检查才能确诊。

（三）重视边缘指标,重在预防

健康体检的意义不仅在早发现早治疗,而且还要注意那些正常但已经接近正常值边缘的指标,如果结合既往的检查发现呈逐渐恶化的趋势,则更应该在解读的时候警示受检者,给予相应的健康指导,达到延缓或预防发病的目的,真正且充分体现体检的价值。

（四）尽量回避具体治疗方案

主检报告的解读应以健康教育和饮食运动等生活方式的管理为主,应尽量回避具体治疗方案。如有必要,建议到相应的专科就诊。此外,如果在门诊等公开场合进行解读,还应该注意保护受检者隐私权,同时注意规避医疗风险。

（褚　熙）

第二节　健康危险因素方面指导

一、健康危险因素指导

（一）健康危险因素

1. **健康危险因素**　是指增加疾病或死亡发生的可能性的因素,是指疾病的发生与该因素有一定的因果关系,但是尚无可靠的证据能够证明该因素的致病效应,但是当消除该因素时,疾病的发生概率也随之下降。在病因学研究中,将这类与疾病发生有关的因素称为危险因素。

2. **危险因素的分类**　危险因素主要包括:①环境风险因素:包括自然环境因素和社会环境因素,如细菌、病毒、寄生虫、噪声、振动、电离辐射、化学毒物、粉尘、农药及汽车尾气等自然环境因素;经济状况、居住条件、营养状况、教育、就业条件、家庭等社会环境因素。②行为危险因素:如吸烟、酗酒、滥用药物、不良饮食习惯、缺乏体力活动、特殊嗜好及不洁性行为等。③生物遗传风险因素:如遗传特征、家族发病倾向、个体的成熟与老化和个体敏感差异等。④医疗卫生服务中的风险因素:如医疗质量低、诊断手段不先进、误诊漏诊等。

危险因素也可以按是否可以干预从而发生改变分为不可干预因素和可干预因素。不可干预因素包括年龄、性别、种族和家族遗传性等，可干预因素包括肥胖、吸烟、酗酒、血脂异常等因素。

（二）健康危险因素的预防

健康问题的出现，是从接触健康危险因素、机体内从生理代偿到病理变化，且病理变化由小变大，最终导致临床疾病发生和发展的过程。根据疾病发生发展过程以及决定健康因素的特点，把预防策略按等级分类，称为三级预防策略。

1. 一级预防　又称病因预防，一级预防是最积极最有效的根本性预防措施，目的是控制和消除疾病的危险因素，防止疾病的发生，提高健康水平。

一级预防主要包括：①培养和建立健康、科学和文明的生活和行为方式；②合理营养和平衡膳食；③进行适当的体育运动；④保持积极乐观的情绪和良好的社会心理状态；⑤接受健康教育和健康自我管理；⑥改善老年人的生活环境等。

2. 二级预防　又称临床前期预防。二级预防是在疾病的临床前期进行筛查或体检，做到早期发现、早期诊断、早期治疗的"三早"预防工作，以控制疾病的发展和恶化。对于某些有可能逆转、停止或延缓发展的疾病，"三早"预防策略的措施就显得极为重要。

二级预防主要包括：①疾病的筛检试验；②定期的健康检查；③疾病早期的及时治疗；④疾病早期的心理疏导；⑤规范和合理用药等。

3. 三级预防　又称临床期预防和临床后期预防。三级预防是对疾病后期阶段的预防措施，此时机体对疾病已失去调节代偿能力，将出现伤残或死亡的结局。应该及时采取有效的治疗措施，防止病情进一步恶化，预防疾病的并发症和伤残出现；对已经丧失劳动能力或残疾者，通过家庭和社区的护理、康复、训练、社会的关爱、亲朋好友的关心以促进生理功能和心理的康复，做到病而不残，残而不废，延长寿命和提高患者的生存质量。

三级预防主要包括：①疾病的临床规范治疗和管理；②患者遵医行为的管理；③康复治疗、康复训练和康复咨询等；④假肢、矫正器、轮椅等应用；⑤支持性医疗和护理；⑥并发症的抢救和处理；⑦临终患者的照顾等。

二、常见慢性病危险因素指导

（一）慢性病及危险因素

慢性病是慢性非传染性疾病（NCDs）的简称，是一组一旦发病即病情迁延不愈的非传染性疾病的概括性总称。常见慢性病包括心脑血管病、慢性呼吸系统疾病等。

随着我国工业化、城镇化、人口老龄化进程的加快和不健康生活方式的影响，慢性病已成为我国居民的主要死亡原因。高血压、糖尿病、血脂异常等重要慢性病患病率呈上升趋势，吸烟、过量饮酒、身体活动不足和不健康饮食等慢性病行为危险因素呈高水平流行，慢性病导致的疾病负担不断加重。实施科学的健康和慢性病管理，可以提供有效地预防慢性病和疾病的进展，从而改善健康状况，延长健康寿命。

（二）慢性病危险因素的预防

慢性病的预防与管理需要疾控机构、基层医疗卫生机构、医院和专业防治机构的密切协作，需要卫生系统外其他部门或单位的支持，需要社会和民众的积极参与。危险因素控制是重点关注的环节之一。注重运用健康促进和健康管理手段，重视高风险人群管理，控制社会和个人危险因素，推广有效防治模式，努力减少疾病负担。包括以下内容：

1. 健康生活方式行动　全社会应该倡导和积极推动健康生活方式行动。营造有利于健康的生活环境和工作环境。根据不同人群特点，充分利用电视、广播、报纸、期刊及网络等群众喜闻乐见和易于接受的方式，普及健康生活方式的有关知识。积极动员社区、工作单位和学校等开展健康教育行动。开发和推广简便易行的适用于个人、家庭和集体单位的支持工具和有关技术服务。

2. **烟草控制**   加强政策倡导,促进出台室内公共场所和工作场所禁止吸烟法律、法规和制度,禁止烟草广告、促销和赞助制度等。开展系统的烟草危害宣传与健康教育,提高人群烟草危害知识水平。开展吸烟人群戒烟指导和干预,重点加强医生培训,促进医生对病人的戒烟教育。加强对青少年、妇女、公务员、医务人员等重点人群的健康教育和管理,重点预防青少年吸第一支烟、医务人员和妇女吸烟。

3. **合理膳食**   建设有利于合理膳食的支持环境。引导食品生产企业开发和生产低盐、低脂食品;餐饮行业研制健康食谱;多途径宣传合理膳食的知识和技能,推广合理膳食支持工具。

4. **身体活动促进**   开展身体活动健康教育活动,在单位、学校、社区等不同场所,开展形式多样、参与性强的大众健身活动。

三、老年常见慢性病危险因素指导

(一)老年常见慢性病

老年人由于组织器官发生老化、生理功能下降,成人期所患的慢性病带入老年期,而且老年期还会发生各种老年病、出现多种老年问题。根据老年流行病学调查的研究显示,老年人的慢性病患病率为76%~89%,明显高于中青年(23.7%)。老年人慢性病常见的有心脑血管疾病(高血压、冠心病、脑卒中等)、糖尿病、慢性阻塞性肺疾病、骨质疏松、老年痴呆、黄斑变性、白内障、帕金森病、良性前列腺增生等。老年人的主要死亡因素是缺血性心脏病、脑血管病(脑卒中)、恶性肿瘤和慢性阻塞性肺疾病。老年人慢性病具有病程长,病因复杂,功能损害和社会危害严重等特点。其危害主要是造成脑、心、肾等重要脏器的损害,易造成伤残,从而影响劳动能力和生活质量,且医疗费用极其昂贵,增加了社会和家庭的经济负担。

(二)老年常见慢性病危险因素

1. **增龄**   衰老会对人体各系统、器官结构和功能造成影响。老年人年龄本身就是显著的疾病危险因素。根据美国肿瘤协会调查,77%的肿瘤患者都是在55岁以上诊断的。超过90%的老人患有慢性病,半数老人患有2种及以上慢性病。

2. **生活方式因素**   肥胖、缺乏体力活动、不健康饮食、长期吸烟、酗酒是常见的慢性病危险因素。成人期养成的不良生活方式会带入老年,并且随着年龄增长,体力下降或者疾病因素,许多老年人在日常生活中更是缺少体力活动,或者运动强度不足、形式单一,都会造成诸如肥胖、糖尿病、高血压、肌肉减少症等疾病。

3. **疾病和药物因素**   由于老年人常常患有2种或2种以上慢性病,所以疾病之间也相互影响,产生协同作用。比如冠心病的危险因素就包括高血压、糖尿病、高脂血症等;脑卒中的危险因素就包括高血压;白内障的危险因素之一就是糖尿病。由于老年人多病共存,还会导致多重用药,再加上老年人由于个体差异性的增加,造成药动学的显著变化,因此,老年人的药物不良反应发生率要高于年轻人,可能会引起便秘、直立性低血压、耳毒性、药源性肾脏疾病、药物性肝病等问题。因此,老年人的疾病诊断治疗都应该特别谨慎。

4. **社会和心理因素**   老年人是否可以获得社会和亲友的支持;是否经常与亲友会面或联系;是否工作并取得收入;是否照看孙辈;是否参与社区志愿者等都反映了老年人的社会参与度。老年人常常面对孤独、寂寞、无助之感,一旦遭遇家庭变故或生活事件,又得不到来自社会和家庭的支持就会产生抑郁、焦虑等情绪。长久持续,还会造成失眠、体重下降、兴趣爱好丧失甚至产生自杀的念头。

5. **健康素养因素**   老年人经常存在一些健康认知误区。比如在饮食营养方面,受"有钱难买老来瘦""少吃长寿"观念的影响,习惯于少吃,一味地追求瘦。有些患有2型糖尿病、高脂血症等慢性疾病的老年人由于得不到专业指导,不科学地长期节食甚至导致营养不良。还有很多老人养生过度,认为多吃粗粮健康就顿顿吃粗粮,或者喜欢什么口味就长时间吃"老三样",这都会导致营养不均衡。

（三）老年人慢性病危险因素预防指导

1. 健康生活方式　不良生活方式会造成多种慢性病,比如缺乏体力活动、高脂高热量饮食会引起肥胖症、糖尿病、动脉硬化、高血压,同时也与痴呆、骨关节病的发病密切相关,所以建立健康生活方式是预防慢性病的基础。

2. 积极治疗慢性病　老年人所罹患的多种慢性病之间都有互相关联,许多慢性病均与慢性炎症、氧化应激有关。比如,糖尿病、高血压、肥胖症相互关联,引起的动脉硬化会带来多个脏器的损害,造成脑卒中、冠心病、心肌梗死等;慢性炎症反应可以使血管内皮破坏、加速血管硬化,也会造成肌少症和骨质疏松。因此要积极治疗慢性病,以保护靶器官的功能、预防并发症。

3. 规范和合理用药　合理的药物一级或二级预防对于慢性病及危险因素的预防也是非常重要的。比如降脂药,可以降低低密度脂蛋白胆固醇水平,对于预防冠心病、糖尿病、脑卒中等,都是非常必要的。但要注意到,传统的专科诊疗模式下,老年患者需要去不同科室就诊,在用药上可能存在重复用药或者用药矛盾。因此应该定期评估老年人用药的目的、治疗的效果和持续治疗的必要性,尽量用最少的药物达到最好的治疗效果,减少药物伤害。

4. 定期体检　建议老年人进行年度体检,除了疾病筛查之外,还要评估视力、抑郁等老年综合征以及功能状况,对于慢性病能早期发现、早期诊断、早期治疗。及早发现并纠正风险因素,可以降低老年病的发病率,延缓慢性病发展,维持老年人良好功能状态。

5. 改善老年人生活环境　老年人的居住场所应避免通风不良、灯光昏暗或刺眼、地面湿滑或坑洼不平、不合适的家具高度和摆放位置等。

6. 提升健康素养　要提高老年人健康素养水平、同样的社会环境、同样的年龄,有些人的健康保持得好,有些人疾病缠身、痛苦不堪,其中很大区别就是健康素养。根据世界卫生组织的总结,生活方式与行为对健康和寿命的影响占60%,提高人们的健康素养是保证老年人健康的最经济、最高效、最根本的手段。

7. 关爱老年人　鼓励子女与老年人同住,安排老年人互相之间的交往与集体活动,改善和协调好包括家庭成员在内的人际关系,争取社会、亲友、邻里对他们的支持和关怀。鼓励老年人参加一定限度的力所能及的劳作,培养多种爱好等,以减少老年人的孤独及与社会隔绝感,增强其自我价值观念,保持积极乐观的情绪和良好的社会心理状态。

（四）老年重大疾病预防指导

重大疾病一般包括:恶性肿瘤、严重心脑血管疾病、需要进行重大器官移植的手术、有可能造成终身残疾的伤病、晚期慢性病、深度昏迷、永久性瘫痪、严重脑损伤、严重帕金森病和严重精神病等。重大疾病不仅会给患者带来病痛,而且会给患者家庭带来沉重的经济负担、照护负担和心理负担,因此应尽早开始预防和控制各类重大疾病的发生与发展,早期干预胜于终末期治疗。

定期的健康筛查与评估、维护健康的宣教与实施,是疾病预防的重要组成部分。对于重大疾病应该从以治疗为本转向以预防为重点,将治疗疾病为主转向呵护生命、提高生活质量为主。特别是对于老年人,预防疾病的目的不仅是为了使老年人保持身体健康、延年益寿,同时也是为了最大限度地提高老年人的生活质量,防止病残。因此重大疾病的预防内容涉及流行病学、营养学、运动医学、养生学、保健医学、心理卫生、健康教育等多个学科专业。应该了解老年人重大疾病的病因、危险因素和保护因素,采取有效的预防措施,加强卫生宣传,提高老年人的自我保健意识,推进合理的生活方式和饮食营养,加强体力和脑力锻炼、讲求劳动卫生,防止重大疾病的发生和发展。

（褚　熙）

第三节　老年人自我健康管理指导

老年人自我健康管理包括落实慢性病的自我管理和监测,保证充足的睡眠与休息;养成规律的生活起居、坚持运动;摄入营养丰富、合理的饮食,保证老年人能量的需求。还需要保持良好的卫生习惯,注意皮肤和口腔的卫生;保持排泄通畅。还要评估老年人现存和潜在的安全问题,如跌倒等。应注意预防和控制不安全因素的发生和发展。如:出门要在身上写上家属的名字、电话,需要服用什么药物,遇到问题的急救电话:"120""110"等。其中慢性病、睡眠、运动、营养等自我健康管理最为重要。

一、老年人慢性病的自我健康管理

(一)让老年人积极参与自我健康管理

帮助老年人进行慢性病自我管理有益于提高临床的治疗效果,提高老年人的生活品质。有效的慢性病自我健康管理要以老年人为中心,不把老年人当做被动的接受教育者。患者了解自己病情,就能主动配合专业的医护人员,转变为愿意了解自己病情的积极参与者,才能改变不良的生活方式,降低慢性病的危险因素。这对帮助老年人提高自我管理的能力极为重要。

慢性病自我管理方案的主要内容是指导健康的生活方式和落实用药方案、观察药物不良反应、记录血压、血糖等常见慢性病的危险因素指标、按医生要求随访。优秀的专业医护人员帮助老年人设定慢性病自我管理目标和内容后,还应该不断了解老年人在慢性病自我管理的目标和实施中的有关问题,及时调整、帮助老年人落实慢性病的自我管理方案,让老年人真正从慢性病自我管理中获益。

(二)帮助老年人进行慢性病自我健康管理前的准备

帮助老年人进行慢性病自我管理前应充分认识到慢性病自我管理和与老年人沟通的复杂性。需要充分了解老年人的生活方式、慢性病发生的危险因素、疾病发生的早期征兆、治疗方法以及如何与老年人进行有效沟通。有研究发现与老年人进行积极主动的沟通,获得老年人的反馈和互动,可以帮助老年人更好地控制高血压。慢性病自我管理目标的设定需要以老年人包括根据疾病发生、发展过程、可能的并发症、治疗的目标和所用药物副作用,来确定如何自我观察病情、选择健康食物、制订运动计划、如何随访。

1. 明确老年人在参与进行慢性病自我管理前是否已经了解慢性病的有关知识,老年人自己实施过哪些措施,是否已经具有进行慢性病自我管理的工具,如血压计、快速血糖测定仪、体温计、体重计、记录本、管理软件。

2. 不要直接照抄照搬基于成年人慢性病管理指南的目标,需要了解该领域在老年人、尤其是高龄老年人的新观念、管理的特殊性、老年人的治疗目标和大致可以接受的治疗目标的范围。例如,对于衰弱老年人的血压、血糖的正常范围,在老年、高龄老年人的管理目标都不同于成年人。

3. 了解老年人在落实慢性病自我管理目标时可能会遇到的困难和挑战。了解改变哪些行为习惯困难最大,哪些行为患者容易接受,哪些正确的行为、习惯老年人最容易达到。帮助老人从简至难逐步实现管理计划,让老年人在慢性病自我管理的过程中获得成就感。

4. 制订慢性病自我管理目标的衡量标准可以用"SMART"来概括:"S"(specific)代表目标应该是具体;"M"(measurement)代表目标是可衡量的;"A"(achievement)代表目标是可以达到的;"R"(relative)代表目标是相关联的;"T"(timing)代表实现目标应该有时间限制。

5. 制订具体的自我管理实施方案时需要了解老年人能实现目标所需要的人力、物力,老年人可以获得哪些资源来落实具体方案以及在实施过程中遇到的困难,根据这些问题调整慢性病自我管理方案。

6. 使用现代信息技术来提高慢性病自我管理方案的效果。例如给老年人打电话,找视频材料,利用电子病历和慢性病管理软件,还可以询问老年人居住社区医养结合机构是否可以给老年人提供慢性病防治方面的支持。随着科学技术的进步,还可利用可移动、可穿戴设备等现代电子健康技术自动监测、采集老年人慢性病管理所需数据,或能够给予老年人自动提醒也有助于帮助老年人实现慢性病自我管理计划。

7. 制订明确、清晰、简洁的随访计划,根据随访中发现的问题及时调整慢性病自我管理计划。

(三)帮助老年人实施自我健康管理过程的要点

1. 与老年人建立共同、持续的伙伴关系。老年人改变既往生活方式时可能面临困难,需要鼓励、帮助老年人实现慢性病自我管理计划。

2. 了解老年人在用药过程中可能会出现的心理特点和问题,寻找老年人不能坚持慢性病自我管理的真实原因,有的放矢地更改自我健康管理计划。例如,老年人在慢性病自我管理中服药的依从性不好是常见问题。这并非都来源于老年人不听从医嘱,需要了解老年人对用药及药物副作用风险的顾虑较青年人更大,对药物治疗方案疑虑更多。老年人患慢性病时如果症状不明显,往往不容易重视病情和治疗方案,不容易坚持服药。老年人记忆力下降,也是忘记服药的重要原因。针对这些因素进行评估并妥善解决,才能帮助老年人真正落实健康自我管理方案。

3. 老年人更难改变一些积习已久的老观念,在帮助其实施自我健康管理时对科学的新知识可能需要反复地讲解。

4. 实施健康自我管理过程中需要注意与老年人有效沟通的技巧:①所制订的慢性病自我管理计划应简单易行、管理步骤清晰,关键点明确,对老年人提出的健康管理建议要直接而且具体,对慢性病管理计划中的要点和关键步骤可以反复重复以加深老年人的认知,多使用图片讲解要点;②要积极、正面地告知老年人管理慢性病的策略和方案,让老年人有主动选择感;③多给老年人列举现实中成功地实现了慢性病自我管理、并从中获益的真实例子,多使用被老年人或社会广泛认可的权威专家的科学的观点和意见,帮助老年人改变观念。

二、老年人睡眠的自我健康管理

对于睡眠正常的老年人来说,保持良好的睡眠时间、睡眠质量、作息规律,养成良好的睡眠习惯非常重要。

睡眠时间:老年人睡觉时间一般要比成年人长一些。60至70岁的老人,大概每天要睡8h左右;70至90岁的老人每天可能要睡9h左右;90岁以上的老年人每天睡10~12h比较好。女性一般比男性要睡得时间长一些。

睡眠姿势:研究证实,睡觉还是以右侧卧位比较好,双腿稍微弯曲,脊柱略微前弯。在一整夜中,睡觉的姿势不可能是不变的,所以不用过分强调注意姿势。睡觉应以快速入睡和睡得自然、放松、舒适为准。

睡眠环境:睡觉应该以宁静清爽、光线较暗、通风较好的环境为好,避免嘈杂喧闹、灯火通明的环境。对需要医疗照护的老年人,应避免在有限的睡眠时间内实施影响睡眠的治疗及护理操作,例如,输液量多的患者日间可尽早给予输液;需夜间执行的护理操作,应穿插于患者觉醒时进行。

作息规律:尽量准时上床,准时起床,午睡尽量不要超过1h。中午过后就不要吃含有咖啡因的东西;上床睡觉前避免喝酒或大吃大喝;尽量避免晚上工作,以维持睡醒周期的稳定;尽量避免在床上看电视。

规律运动:适当强度、有规律的运动习惯有助于睡眠状况,运动最好在下午5点前完成,尤其避免睡前2~3h进行中、大强度活动。

当出现睡眠障碍时,也需要在建立良好睡眠卫生习惯的基础上,解决老年人睡眠的外部和内部因素,再开展其他治疗手段,才能获得最好的睡眠。需要由患者本人或家人协助完成为期 2 周的睡眠日记用于临床医生进行评估。睡眠日记应记录每日上床时间,估计睡眠潜伏期,记录夜间觉醒次数以及每次觉醒的时间,记录从上床开始到起床之间的总卧床时间,根据早晨觉醒时间估计实际睡眠时间,计算睡眠效率〔(实际睡眠时间/卧床时间)×100%〕,记录夜间异常症状(异常呼吸、行为和运动等),记录日间精力与社会功能受影响程度的自我体验,记录午休情况、日间用药和饮料品种。

对失眠老年人,帮助其建立失眠自我管理模式,纠正老年人对失眠的错误观念和认识,有步骤地指导老年失眠患者建立"自我管理模式",减少镇静药物的滥用。临床医师首先必须了解各种类型的睡眠障碍,进行适当的筛查,为每个患者进行睡眠评估(包括病史采集、睡眠日记、量表评估和客观评估等),提供个体化的治疗方案。许多睡眠障碍通常需要结合药物和非药物疗法,以及多学科的综合治疗方法来达到最大的治疗效果。

三、老年人运动的自我健康管理

对于老年人来说,运动计划应尽量符合他们的兴趣和要求,积极取得家人的支持,增加依从性。刚开始参加运动训练的老年人,应该从低强度的运动开始。运动前应对老年人进行全面的身体检查,重点是对心肺系统和运动系统的评估。

老年人可选择的运动形式有:

1. **快走**　动作简单,运动强度容易控制,个体间能量消耗差异小,适用于老年人有氧运动健身的初始阶段,特别适用于心肺耐力水平较低的老年人。快走还可以保持关节的灵活性,增强腰部肌肉和韧带的张力、弹性,从而有效防止肢体过早僵硬。

2. **慢跑**　可使肺活量增加,有效提高心肺功能、促进全身新陈代谢。可以作为高血压、糖尿病、冠心病等慢性病的重要辅助治疗手段。

3. **抗阻运动**　老年人随着增龄,出现肌少症、衰弱,跌倒风险增加。抗阻运动可有效提高肌肉力量,非常适合老年人。上肢肌肉力量练习包括举哑铃、牵拉弹力带等;躯干肌肉力量练习包括卷腹、曲臂支撑、仰卧举腿等;下肢肌肉力量练习包括靠墙蹲起、站立位侧抬腿。应根据老年人自身能力制订各个动作的次数和间歇时间。

4. **柔韧性练习**　可锻炼全身的协调性和柔韧性。肩部练习包括压肩等;腰部练习包括坐位体前屈和俯卧撑起等;下肢练习包括压腿等。另外瑜伽也是一种适合老年人的柔韧性训练。柔韧性训练要循序渐进,被牵拉的肌肉有轻微的不适感即可,不要太过用力,避免肌肉拉伤。

5. **我国传统的健身运动项目(太极拳、五禽戏、八段锦等)**　是非常适合老年人的一种锻炼项目,可保持和改善关节运动的灵活性,提高老年人的平衡能力。

6. **球类运动**　健身球可增强指力、掌力、腕力,对预防老年人手抖及指关节和腕关节僵直颇有好处;乒乓球运动可增强四肢、腰部、背部和胸部肌肉的力量,提高机体的耐受力;羽毛球运动可增强腰背、腹肌和四肢肌肉的力量,提高大脑皮质的兴奋性及小脑的灵活性和协调性。

7. **游泳**　不仅有助于心肺功能的提升,同时可锻炼核心肌肉群。对身体平衡能力随着年龄逐渐下降的老年人来说,游泳可以有效减低老年人跌倒的几率及运动引起的关节损伤。

老年人运动强度、频度、持续时间的自我管理需要在医生制订的运动处方基础上进行,首先要注意安全和运动风险的监测(具体可参考第六章第三节运动章节)。

四、老年人饮食的自我健康管理

1. **少量多餐**　不少老年人牙齿缺损,消化液分泌减少,胃肠蠕动减弱,容易出现食欲下降和早饱现象,以致造成食物摄入量不足和营养缺乏,可采用三餐两点制或三餐三点制;每次正餐提供的能量占全天总能量的 20%~25%，每次加餐的能量占 5%~10%，且宜定时定量用餐。

2. 制作细软食物

（1）将食物切小切碎，或延长烹调时间，坚果、粗杂粮等坚硬食物可碾碎成粉末或细小颗粒食用。

（2）肉类和鱼虾类可切成肉丝或肉片后烹饪，也可剁碎成肉糜制作成肉丸食用。

（3）多选嫩叶蔬菜，质地较硬的水果或蔬菜可粉碎榨汁食用。

（4）多采用炖、煮、蒸、烩、焖、烧等进行烹调，少煎炸、熏烤等方法制作食物。

（5）高龄和咀嚼吞咽障碍的老年人，饭菜应煮软烧烂，如制成软饭、稠粥、细软的面食，液体食物应适当增稠。

3. 预防老年人营养缺乏　　老年人常因生理功能减退以及食物摄入不足等缘故，出现某些矿物质和维生素的缺乏，如：钙和维生素 A、B、C、D 缺乏以及贫血、体重过低等问题，要注意发现机体的一些改变，积极发现营养素缺乏的问题，尽早通过合理营养加以纠正。

（1）出现贫血，钙和维生素 A、B、C、D 等营养缺乏的老年人，在营养师和医生的指导下，选择适合自己的营养强化食品或营养素补充剂。

（2）对于有吞咽障碍和 80 岁以上老人，可选择软食，进食过程中要细嚼慢咽、预防呛咳和误吸。

（3）少饮酒和浓茶，避免影响营养素的吸收。

（4）服用药物时，要注意相应营养素的补充。

（5）增加蛋白质摄入量，如白肉、鸡蛋、鱼类、乳类及大豆制品等，延缓肌肉衰减。

4. 主动足量饮水　　饮水不足可对老年人的健康造成明显影响，而老年人对缺水的耐受性下降，因此要主动足量饮水，养成定时和主动饮水的习惯。老年人每天的饮水量应不低于 1 200ml，以 1 500~1 700ml 为宜。饮水首选温热的白开水，根据个人情况，也可选择饮用矿泉水、淡茶水。正确的饮水方法是少量多次、主动饮水，每次 50~100ml，如在清晨一杯温开水，睡前 1~2h 喝一杯水，运动前后也需要喝点水，不应在感到口渴时才饮水。

5. 保持适宜体重　　老年人体重过高或过低都会影响健康，所以不应过度苛求减重。应经常监测体重变化，使体重保持在一个适宜的稳定水平。如果没有主动采取减重措施，体重在 30d 内降低 5%以上，或 6 个月内降低 10%以上，则应该引起高度注意，应到医院进行必要的体格检查。

老年人的 BMI 最好不低于 20.0kg/m²，最高不超过 26.9kg/m²。

6. 摄入充足的食物　　老年人每天应至少摄入 12 种食物（表 5-1）。采用多种方法增加食欲和进食量，吃好三餐。早餐宜有 1~2 种或以上主食、1 个鸡蛋、1 杯奶另有蔬菜或水果。中餐、晚餐宜有 2 种以上主食，1~2 个荤菜、1~2 种蔬菜、1 个豆制品。饭菜应少盐、少油、少糖、少辛辣，以食物自然味来调味，色香味美、温度适宜。

表 5-1　65 岁以上老年人每日食物推荐摄入量

食物类别	推荐摄入量/(g·d⁻¹)	食物类别	推荐摄入量/(g·d⁻¹)
谷类	200~250	坚果（/周）	50~70
全谷杂豆	50~150	畜禽肉	40~50
薯类	50~75	蛋类	40~50
蔬菜	300~450	水产品	40~50
水果	200~300	油	25~30
乳类	300	盐	<6
大豆（/周）	105		

Note

7. 积极交往,愉悦生活　老年人应积极主动参与家庭和社会活动、主动参与烹饪,常与家人一起进餐;独居老年人,可去集体用餐点或多与亲朋一起用餐和活动,以便摄入更多丰富的食物。对于生活自理有困难的老年人,家人应多陪伴,采用辅助用餐、送餐上门等方法,保障食物摄入和营养状况。社会和家人也应对老年人更加关心照顾,陪伴交流,注意老人的饮食和体重变化,及时发现和预防疾病的发生和发展。

五、老年人视力的自我健康管理

视力初步筛查的方法见表5-2。

表5-2　视力评估

筛　查　项　目	评分方法	总得分
1. 目前阅读、行走和看电视时,觉得吃力吗?	0＝是　　1＝否	
2. 目前看东西时觉得有东西遮挡或视物有缺损吗?	0＝是　　1＝否	
3. 目前看东西时事物变形、扭曲吗?	0＝是　　1＝否	

结果评价:≤1分,视力差;2分,视力较差;3分,视力良好

要保护和延缓视力下降,要做到:

1. 防止跌倒　高龄、衰弱的老人很容易跌倒,跌倒会导致眼睛外伤,导致视力下降。

2. 注意控制情绪,保持心情舒畅　情绪过于激动,过于忧伤、悲喜、惊恐,都可能造成精神紧张,导致身体受损。如老年人青光眼(闭角型青光眼),往往在情绪激动、生气着急的情况下发作,眼压可突然升高。所以,保持愉快的心情和轻松乐观的情绪,对老年人保护眼睛非常重要。

3. 预防传染性眼病及全身疾病　老年人免疫力下降,很多传统性眼病"偏爱"老年人,如结膜炎、沙眼等。因此在某些眼病流行的季节要注意隔离预防,一旦染病应及时彻底治疗。平时要注意锻炼身体,增强体质,预防感冒和病毒性角膜炎的发生。不管得了什么眼病,都要及时去医院检查治疗。有些全身疾病对眼睛有较大的影响,如糖尿病、高血压、肾病、结核病等,这些病都会侵犯眼睛,严重者会造成失明。绝不要以为这些病都不在眼睛上而疏忽,必须注意预防,定期进行眼底检查,及时治疗。

4. 注意眼睛的营养,养成良好的饮食习惯　在注意全身营养平衡的同时,还要注意眼睛的营养。食物中若缺乏某一种营养素,便容易得某种眼病。如食物中缺乏维生素A,便容易发生干眼症、夜盲症;缺乏维生素B,就可能发生球后视神经炎。这些眼病均可导致视力下降。同时要忌烟、酒,因过量吸烟、饮酒,可造成中毒性弱视。吸烟过多还可加重血管硬化,导致心血管疾病,同样会累及眼睛。

5. 积极防治三大致盲眼病　白内障、青光眼、老年性黄斑变性。

(1) 白内障是影响老年人视力最常见的原因,也是致盲率最高的眼病。首先应避免强光刺激,特别是阳光中的紫外线刺激。要多吃能降低胆固醇的食物,如豆类、豆制品、香菇、木耳、新鲜蔬菜、水果等。如果因白内障视力下降到影响生活质量的程度,则需要手术治疗。

(2) 青光眼是对老年人视力危害极大的眼病。急性青光眼起病急、眼痛剧烈、视力急剧下降,常伴有同侧头痛及恶心呕吐等症状;但慢性青光眼仅表现出轻微眼胀,视力却在不知不觉中逐步下降,容易延误诊治。因此需要定期在医院进行眼压和其他检查,老年人一旦患了青光眼,需要在医生指导下进行药物治疗或手术治疗。为预防青光眼的发生和发展,老年人生活要有规律,保持情绪稳定,不宜一次饮用大量咖啡和浓茶,要少吃或不吃刺激性食物。房角狭窄及有闭

角型青光眼的患者,应避免长期待在暗室内,如看电视、电影等,以免因在黑暗中瞳孔放大而诱发青光眼发作。

（3）老年性黄斑变性会使视力急剧下降,目前没有治疗黄斑变性的特效药物,年龄越大,患病几率越大,老年人可以多吃玉米等粗杂粮和胡萝卜等蔬菜和水果,注意用眼健康,定期进行眼病筛查。

六、老年人听力的自我健康管理

老年人听力筛查方法可以参考表5-3。

表5-3　听力评估

筛 查 项 目	评分方法		总得分
1. 是不是别人总抱怨您把电视机或收音机的声音开得太大?	0=是	1=否	
2. 是不是经常需要别人重复别人所说的话?	0=是	1=否	
3. 是不是感到听电话或手机有困难?	0=是	1=否	

评价结果:≤1分,听力差;2分,听力较差;3分,听力良好

为了延缓或减轻耳聋的发生,老年人可从以下几方面注意:

1. **避免噪音**　老年人若长时间接触机器轰鸣、车辆喧闹、人声喧哗等各种噪音,会使原本开始衰退的听觉更容易疲劳,导致内耳的微细血管常处于痉挛状态,内耳供血减少,听力急剧减退,甚至引发噪音性耳聋。因此,老年人应尽量少到喧闹的地方去,家用电器的音量不要开得过大,下雨天近距离打雷时要捂耳张嘴,住房应尽量远离交通线,以防车辆轰鸣声对耳鼓膜及听神经的刺激。

2. **经常按摩**　按摩耳垂前后的翳风(在耳垂与耳后高骨之间的凹陷中)和听会(在耳屏前下方,下颌关节突后缘之凹陷处),可以增加内耳的血液循环,有保护听力的作用。宜每日早晚各按摩1次,每次5~10min,长期坚持下去即可见效。

3. **慎重用药**　凡对听力有害的药物都须尽量避免使用。常见的有损听力的药物有链霉素、庆大霉素、新霉素、氯喹等,对于这些能损害听力的药物,应严格在医生指导下应用,避免长期使用,以免造成听力减退甚至耳聋。

4. **注意情绪调节**　老年人如经常处于急躁、恼怒的状态中,会导致体内自主神经失去正常的调节功能,使内耳器官发生缺血、水肿和听觉神经营养障碍,这样就可能出现听力锐减或突发性聋。所以,老年人应尽量使自己保持轻松愉快的良好心境。

5. **戒烟、戒酒**　香烟中的尼古丁和酒中的醇类对听神经都有损害,长期吸烟、饮酒会引起血管痉挛,减少听觉器官的血液供应,导致听力减退。

七、老年人安全用药的指导

老年人常同时患有多种慢性疾病。多病共存的老年人多重用药情况不可避免且非常普遍。这种多药联合治疗可能增加药物相互作用的机会,有些会导致严重的后果。不良的药物-药物相互作用(adverse drug interactions,ADI)是因为药物合用导致药物疗效和/或不良反应发生变化。其本质是因为药物代谢的抑制(使药物相对过量,导致不良反应或疗效显著增加)或药物代谢的诱导(使剂量相对不足,导致疗效显著降低)造成的。老年患者肝、肾功能减退以及体脂的变化显著改变药物分布、代谢和排泄,增加发生药物相互作用风险,甚至造成残疾死亡等严重临床后果。

ADI 通常是可以避免或控制的,忽视明确的 ADI 而导致的药源性损害是一种医疗差错。老年人群 ADI 发生率比年轻人群高,合用 5 种药物可使 ADI 风险增加 50%,8 种药物时达 100%。我国 40% 卧床老年人处于潜在 ADI 危险中,其中 27% 处于严重危险状态。

医生、患者及其家属均应提高对安全用药的认识,最大限度减少多药联合治疗的药源性损害。医生处方联合用药时应注意剂量个体化,用药要遵循从小剂量开始,逐渐达到适宜的个体最佳剂量;联合用药应"少而精",能单药治疗不联合用药;要充分告知患者处方药物的不良反应及发生 ADI 的可能性。

患者及家属方面:

1. 鼓励老年患者按时到门诊随访,了解自己健康状况,一旦出现药物治疗的不良反应,能及时发现就诊。有条件者设立个人的用药记录本,以记录用药情况及不良反应/事件。

2. 家属及照护者要协助患者提高用药依从性。老年人由于记忆力减退,容易漏服、多服、误服药物,以致难以获得疗效或加重病情。家属必须定时检查老年患者用药情况,做到按时、按规定剂量服药。

3. 教育老年人及其家属避免随意自我治疗。不宜凭自己经验随便联合用药,包括处方药、非处方药、中草药、食品添加剂和各类保健品。不轻信民间"偏方""秘方",以免造成 ADI。

(胡亦新)

第四节　对老年人亲属照护者的健康教育

随着社会、经济的快速发展,科技进步以及医疗卫生条件的改善,人口出生率的下降和平均期望寿命的提高,人口老龄化迅速发展,老年人口越来越多。为了实现"老有所养,老有所医,老有所教,老有所学,老有所为,老有所乐"的目标,对老年人陪护人员和家属开展健康教育具有非常重要的意义。

一、老年人家庭成员的健康教育

老年健康教育是老年教育系统中的一个重要组成部分,其目的是通过各种手段,有计划、有组织地使老年人接受和补充各种有益于身体健康的知识,预防和减少老年性疾病的发生,增进身心健康。在对老年人进行健康教育的同时,也需要对老年人的家庭成员同步开展健康教育,以更好地维护老年人的健康。

（一）健康教育的基本内容

1. 日常生活保健教育

（1）减少伤害,提高生活质量:老年期是人一生中对疾病抵抗力较弱的时期,也是最容易受到一些致病因素侵害的时期之一。一些对年轻人构不成危害因素的状况,对于老年人可能就会引发危险。所以,需要老年人的家庭成员普及和提高老年人健康的自我诊断和自我保健知识、易患疾病的基础知识,在家庭护理方面也需要补充针对老年人的相关知识:

1）个人卫生:老年人的穿着应宽松合体、柔软、轻便、保暖,要勤洗、勤换。鞋袜宜轻软适足、保暖、透气、防滑。保持皮肤和口腔清洁,洗澡时水温不宜过热或过冷,时间不宜过长,居室保持空气新鲜和合适的温度、湿度。

2）减少意外伤害:房间、盥洗室内增添防滑设施,楼梯增添扶手,转角有良好照明,不在老人起居处堆放杂物;将常用物品(如眼镜)放置在固定地点。

3）生活规律:按时作息,进餐、睡眠要有规律,睡眠要充足,饮食要节制,尽可能少饮酒,不吸烟,娱乐时间不宜过长。

（2）合理安排膳食：营养作为健康的支柱，已越来越引起人们的重视。饮食和营养是保证老年人精力充沛、身心健康、延年益寿的物质基础。由于老年人的体力活动相对减少，新陈代谢降低，因此，膳食结构应该是低热量、低脂肪、低胆固醇、少糖、少盐、高蛋白和维生素充足；饮食应清淡、易消化、营养丰富；要有规律，要定时定量，避免暴饮暴食；注意饮食的调节，多进食新鲜蔬菜、水果、淡水鱼、牛奶，避免晚间食用刺激性强的饮料如咖啡、茶、可乐，以免增加心脏负担。此外，要帮助老年人养成良好的饮食习惯，日常生活遵守定时、定量、不冷、不热、不过饱、不暴饮和不偏食的原则。

（3）老年人防病知识教育：老年人由于其组织结构老化，器官功能逐渐发生障碍，身体抵抗力减弱、活动能力下降以及机体协调能力丧失等特点，容易罹患疾病。老年人患病的特点是：病程长；症状不典型，不明显；常为多发病，有时难以用一种疾病来解释；易发生并发症；如用药过多或剂量不当，加上老年人本身对药物的反应，易发生药物毒性反应。针对这些特点，要对老年人和家庭成员大力开展防病教育。

（4）体力活动：适当的体力活动可增进机体的新陈代谢，改善血液循环，减轻肌肉萎缩，延缓组织器官衰老，并可减少高血压和冠心病的发生。根据个人的身体状况、喜好和实际条件帮助老人制订有氧运动计划，如选择散步、快走、慢跑、太极拳、健身操、跳舞等，每周锻炼 3~5 次，每次 50min 左右。如果持续运动有困难，可分多次进行，每次运动 10~15min，日内累计达 30~50min 亦佳，并坚持经常化。单纯的体力和家务劳动并不能代替健康合理的体育锻炼，体力活动要有节制，避免过量导致运动系统的急慢性损伤。

（5）卧病老人的护理和康复指导：对久病不起的老人的家庭成员，需要给他们提供具体的指导：①调整病床到适宜位置，床垫不宜过软，帮助老人保持合理卧姿；②每 2~3h 帮助翻身 1 次，每日清洁皮肤，经常更换床单内衣，防止褥疮发生；③注意观察大小便，必要时帮助导尿，用润肠剂缓解便秘，防止用力排便引起血压骤升；④对老人要耐心，经常给予精神慰藉；同时注意防止产生依赖心理，尽量让老人自己完成力所能及的事，同时给予监护。

对因脑卒中、心肌梗死而病残的老人，待病情稳定后家庭成员应尽早进行老年人康复训练的学习。如先帮助做被动关节活动，促进功能恢复，防止关节僵硬，然后逐步练习翻身、抬头、起坐、下床行走等动作，促进康复进程。同时要注意不能歧视病残者。

（6）注意区分对象、做到有的放矢：对曾患过较严重疾病的老人要侧重于对家庭成员进行康复指导教育；而对无严重病史的老人则主要侧重于对老人和家庭成员进行预防措施和保健知识教育，使其了解和掌握老年人常见病，如心脑血管病、恶性肿瘤、糖尿病等基本知识，并能运用这些知识对自身健康状况作出比较正确的判断，从而提高自身预防疾病的能力和自我诊断能力。

2. **心理健康教育**　心理学家的大量观察已经证实，精神情绪对健康长寿有明显的影响。生理学上的观察也表明，精神情绪对人的衰老起着重要作用。家庭成员尤其要了解老年人的心理状况及变化过程，以便能够更好地维护老年人的心理健康。

（1）老年人常见心理压力：主要可归结为 3 类：①对衰老的焦虑和恐慌：有的采用"自我防卫"，生怕别人说自己老，不承认别人对自己容颜变化的评价，也拒绝别人主动提供的照顾。另一些人走上另一极端，总怀疑自己有器质性病变或"不治之症"；精神状态不良，影响身体健康状况。②角色变更困难：刚退休者多见，表现为坐卧不安，生活失去规律，情绪失控，爱发脾气。过去身居领导岗位、事业心强、喜欢热闹的人往往症状较重。③难忍寂寞孤独：子女们纷纷成家另立门户，或在约定时节未能回来探亲，常引起极度的沮丧和空虚感。男性丧偶，生活中留下空缺，对日常生活感到无从下手，也易引起各种心理压力。

（2）老年人心理调适指导

1）宽容对人：指导家庭成员帮助老年人纠正爱唠叨、爱老生常谈、批评不讲究方式、方法等弱点，逐步学会凡事做出理智反应，自我调节情绪，不一味感情用事。

2）多施关怀：启发老年人家庭成员给老人尽量多的精神关怀和物质帮助；尽量多花时间与老人共聚天伦之乐。协助老人培养修身养性的爱好；为他们的重返社会提供方便和支持。

3）改善家庭环境：指导家庭成员消除老年人的孤独感，比如让老年人运用自身经验和智慧为下一代"出谋划策"；主动缩小代沟；与老人共同排解寂寞。

4）消除老人依赖心理：依赖心理是一种消极和缺乏自信心的表现。老年人由于机体各种功能减退，活动能力受到限制，应激反应减弱，容易出现依赖心理。家庭成员可以适度示弱，激发老年人摆脱强烈的依赖感，增强存在感，树立自强、自信、自尊、自立的思想。

5）鼓励老人走出家庭，继续保持密切的社会关系：多参加社会活动，组建新的交际圈，多参加能发挥自己才智的公益服务，以积极的方式延缓自身的衰老进程。

3. **合理用药教育**　老年人大多同时患有多种疾病，需要长期服药，药物需求量大且耐受性差，故必须注意合理用药，严格控制剂量，防止不良反应。有的老年人不遵医嘱，擅自增减、停药；有的迷信广告，自购新药；有的听人推荐，迷信单方。家庭成员针对这些情况应正确引导。

4. **临床关怀与死亡教育**　死亡是生命的终结，是一种人类乃至整个生物界不可避免的自然规律。但迄今为止生物医学对"生"的问题研究较多，对"死"则知之甚少，进而对"死亡"这一个字眼充满了神秘的恐惧。几乎所有的人特别是老年人对"死"都有一种过分的恐惧。而随着人类社会文明的进步，传统的忌讳谈论死亡、把死亡视为恐惧和悲剧的观念正逐渐被现代生死观所替代。随着对生活质量的日益重视，人们在创造各种有利和舒适的条件，逐步改善各阶段生命质量的同时，也开始关注人生的最后阶段。如何让老年人及家庭成员正确对待这个人生不可抗拒的自然规律，是老年人和家庭成员都需要学习的内容。

当病人处于疾病末期，在短期内不可避免地要发生死亡时即属临终阶段。对生命即将结束的临终者，为其提供生理、心理和社会全面支持和照顾，让其在有限的生命时刻能得到良好的抚慰、护理和照顾。相对于延长生存时间而言，它更着眼于如何提高老年人临终期间的生命质量。

（1）为临终老人创造尽量温馨的环境，组织亲友轮流探望，多与病人亲切交谈，帮助他们缓解病痛折磨，让这些老人觉得每一天都很充实，甚至经常忘却自己已在临终阶段。

（2）不回避老人有关死的话题，借机与其交换有关人生价值、世界观、生老病死客观规律的看法，帮助老人接受死亡现实，解除恐惧、孤独感，冷静、尊严而无憾地走向死亡。

（3）帮助老人完成一些未了的心愿，在合理和可能的情况下满足其要求。尊重老人应享有的一切权利。

（4）协助医生向患有绝症的老人讲解药物知识，鼓励老人自己对其作用时间和效能进行观察，减轻烦躁和痛苦。WHO推广的治疗癌痛三阶梯法已改变过去怕成瘾而不敢使用麻醉性药物的传统做法，尽最大努力让病人无痛苦地离去。如有家庭成员的积极抚慰，可使药物更有效地发挥作用。

（5）家庭临终关怀是指家庭成员特别是亲属对临终病人的关怀，这是一件很重要的事，涉及社会问题和伦理问题。临终者最需要的是家属的关怀，家属始终陪伴在身旁，会给予临终者莫大的支持，使临终者精神上得到宽慰，容易接受死亡的来临。在一个家庭中出现临终病人是十分不幸的，但必须正视现实，从临终关怀的角度发挥家庭及其成员的作用。家庭成员关怀的作用有时可能远远超过医护人员照料的作用。

（6）临终病人家属的心理健康教育：朝夕相处的亲人生命垂危，家属的心理十分复杂，通过适当的健康教育，使家庭成员在即将失去亲人的痛苦中保持健康心态，既是对死者的尊重，又是对其家属的最大安慰。

（二）健康教育的形式

1. **随时进行健康指导**　根据不同老年人的情况，可进行各种有针对性地指导。包括口头指导、电话指导、广播指导等。

2. **组织观看各类影像资料**　目前，有关中老年保健的媒体宣传和音像制品较多，帮助老年人家庭成员学会挑选科学、合适的内容，并且在宣教、观看以后对有关内容做出解释。

3. **定期开展老年保健讲座**　对老年人普遍存在的健康问题，可对家庭成员采用群体讲座的形式开展健康教育。

4. **组织相关交流**　邀请一些家有同类疾病老年人的家庭成员进行座谈和交流，介绍家庭照护的成功经验、体会和教训。

5. **现代媒体技术**　运用现代媒体技术，多方面传播老年人相关健康知识，并尽量科普化，使家庭成员能够容易获取和了解清楚。

二、老年人陪护人员的健康教育

（一）对老年陪护人员的要求

随着社会的变化，越来越多的陪护人员走入老年人的生活，承担着护理、照顾老年人的职责。他们不仅是传统意义上的照顾者，还承担着咨询者、健康教育者、协调者、管理者等多重身份。本部分内容所指的陪护者，有些由家庭成员来承担陪护角色，而有些是专业的陪护人员。不管是由谁来承担，都需要能够完成以下工作内容。

1. **日常生活陪护**　需要陪护人员的老年人，大多在生活方面有较大需求。因此，陪护人员首先要具备日常生活陪护的能力。

（1）生活照顾：满足老年人的基本生活需求，包括日常生活起居、协助翻身或下床、移位、如厕、梳洗和大小便等。

（2）生活服务：如购物、洗衣、理财、备餐、使用交通工具等方面的陪护。

（3）清洁服务：如为不能自理老人清洁头颈部、四肢躯干、排泄清洁、指甲修剪、衣服和被褥更换等。

2. **医学护理服务**　对患有慢性疾病或有需求的老年人，提供各种慢性病护理、常见留置管（如引流管、静脉通道、胃管、导尿管、造瘘管）的护理，以及常见的护理操作（如换药、服药、吸氧、吸痰、鼻饲、口腔护理、会阴护理、皮肤护理），还有常见老年综合征和老年照护问题的护理等。

3. **康复照护服务**　主要针对脑血管后遗症的老年人进行肢体、语言、心理等康复照护服务，提高老年人的生命质量。

4. **心理照护服务**　随着老年人年龄的增长和健康水平逐步降低，老年人易产生孤独、沮丧、愤怒、抑郁等情绪，老年人家属的内心也会承受着比较严重的压力。学习一些心理学知识，掌握沟通技巧，可以为老年人及家属提供心理照护和支持，创造健康、融洽的生活氛围。

5. **安宁疗护服务**　在老年人生命的最后时刻，给予最温情的照护。

（1）维护身体舒适：给予生活照护和心理支持，控制疼痛。

（2）维护老年人尊严：维护和支持老年人权利，保留其隐私，协助老年人参与照护方案的制订，并选择死亡方式。

（3）提高临终生活质量：帮助老年人积极面对，不要消极等待死亡，陪伴老人走好人生最后

一程。

（4）与老人共同面对死亡：死亡是一种自然的生命现象，指导老年人树立正确的死亡观，坦然面对，维护生命最后的价值。

（二）老年陪护人员健康教育的主要内容

1. **介绍要求**　向陪护人员介绍老年人居住的环境和各项要求，包括老人的相关疾病知识、注意事项、陪伴要求、物品摆放要求、遵医嘱要求、病情变化先兆等。

2. **工作范围**　陪护人员工作范围主要包括患者的生活护理和一些非技术操作，如清洁、饮食，协助患者大小便，翻身拍背、更换体位，不能自理的卧床患者的皮肤护理，长期留置造瘘管的患者护理，在医护人员的指导下进行肢体功能锻炼等。

3. **一般公共卫生知识**　不在室内吸烟喝酒，不乱扔果皮、纸屑、不随地吐痰等，保持房间安静整洁。

4. **饮食护理知识**　喂食要做到定时定量、少食多餐。应选择低盐、低动物脂肪、低胆固醇食物，多食水果、蔬菜等富含维生素及植物蛋白的食物，保持大便通畅；脑梗死患者喂食时注意避免呛咳；糖尿病患者应监督患者饮食，不吃糖果、点心、蛋糕等食物；不喝浓茶、咖啡等饮料以免加快心率。

5. **用药护理知识**　陪护人员要了解老年人常用药物的用法、剂量、不良反应，以及剂量不足或超量应用的危害，不可随意增减剂量，不可自行用药。

6. **安全教育**　对于丧失生活自理能力，活动不便，并有痴呆、意识、精神障碍等的老年人，陪护人员要特别注意防止跌倒、坠床、烫伤等意外事故发生。应反复对陪护人员讲明安全的重要性及各项安全防范措施：如保持病室地面清洁干燥，减少障碍物；活动时搀扶患者或陪伴，患者要穿防滑鞋；卧床及入睡期间，床边要加床档；洗澡时让患者坐在稳固的扶手椅内，水温不宜过高，时间不宜过长；改变体位时动作要缓慢，防止直立性低血压导致晕厥；陪护人员夜间睡觉应警醒，并紧挨病床；把便壶放在患者伸手可及的地方，尽量减少起夜等。

7. **陪护人员要了解有关疾病知识**　如对于急性心肌梗死患者，应向陪护人员讲解绝对卧床休息、保持情绪稳定及大便通畅的重要性；心衰患者要严格控制饮食及饮水量，不能随意调节患者吸氧流量及输液速度等。

8. **进行消毒隔离知识培训**　正确区分医疗垃圾及生活垃圾；为患者喂食喂水前先洗手；注意手卫生，加强自身防护意识，接触患者血液、大小便、痰液、分泌物等及时洗手或用快速消毒剂喷手；有呼吸道感染或其他传染病者暂不能做陪护工作。

9. 陪护人员与老年人朝夕相处，接触时间最多，关系最密切，彼此产生了依赖和感情，他们也承受着常年照顾老年患者的心理压力。对此，要对陪护人员予以同情与理解，忌用简单、冰冷、生硬的语言沟通，以免引起陪护人员的反感。对陪护人员要一视同仁，切忌因社会分工不同而轻视陪护人员，避免造成陪护人员心理上的不愉快，对他们的过激言行要能容忍和谅解，注意服务态度，使用亲切的语言、温和的态度关心他们。

（三）老年陪护人员健康教育的方式

1. **口头讲解**　将陪护人员所需了解的健康教育的内容进行理解、掌握后，再转化为陪护人员能接受的语言，对其进行宣教，尽量口语化，避免生僻的医学术语。

2. **书面、影像材料**　将需要掌握的内容形成书面材料，以供陪护人员参考和平时翻阅；对一些陪护人员不能理解及完全掌握的内容，结合图片及录像资料反复讲解、示范，直到陪护人员理解、掌握。

3. **座谈会**　定时组织陪护人员召开座谈会，总结陪护人员工作，对表现突出者给予表扬。

（朱振玲）

思考题

1. 某男性,70岁,退休工人,肥胖、有吸烟史、嗜油炸饮食、不喜运动、平素性格较为急躁,有高血压病史,但是不监测血压,不按时服药,相信服用保健品降压"副作用小",如何对他进行健康危险因素方面的指导?

2. 如何帮助老年人进行慢性病的自我管理?

3. 如何减少不良的药物-药物相互作用(ADI)?

4. 如何帮助老年人进行慢性病的自我管理?

5. 老年人家庭成员日常生活保健教育的内容是什么?

第六章 老年人健康干预

老年人健康干预是对老年人存在的健康危险因素和疾病进行管理的过程。老年健康干预首先要确定老年健康监测和检测的标准,通过规范的检测方法发现老年人存在的健康危险因素和所患疾病,用规范的监测手段,去对老年人的问题以及干预的效果进行监测,实时进行评估,及时调整干预方案,提高管理效果,保证老年健康干预的质量,提升老年人的生命质量,实现健康老龄化的目标。本章介绍了老年健康监测与检测的方法,并介绍了老年人常见健康相关问题的干预策略和方法,包括膳食、运动、常见慢性病及危险因素、心理、老年用药等多方面。最后介绍了老年照护,包括安宁疗护与临终关怀的理念,支持老年人积极地活着直到离世,也协助家属调适在亲人患病期间以及丧亲之后的心理状态。

第一节 老年人健康监测与检测概述

《中国健康老年人标准》(2013)中提出健康老年人的标准,包括:①重要脏器的增龄性改变未导致功能异常;无重大疾病;相关高危因素控制在与其年龄相适应的达标范围内;具有一定的抗病能力。②认知功能基本正常;能适应环境;处事乐观积极;自我满意或自我评价好。③能恰当处理家庭和社会人际关系;积极参与家庭和社会活动。④日常生活活动正常,生活自理或基本自理。⑤营养状况良好,体重适中,保持良好生活方式。

对于老年人群,维持、改善功能状态,提高生活质量比治愈疾病或延长生命更为重要。通过老年人健康监测、健康检测与健康干预来实现维持老年人的健康状态。

一、老年人健康监测

健康监测是对特定人群或人群样本的健康状况的定期观察或不定期调查及普查。健康监测手段包括日常健康监测、健康调查等形式。其是获取老年人健康相关信息、了解老年人健康情况的重要手段。健康监测的基本内容包括:建立健康档案、动态健康监测、干预效果评价以及专项健康管理和疾病管理的健康监测。老年人群由于其机体的老化和生理功能衰退,表现出一系列不同于普通成年人的特点,这些特点决定了老年人健康监测的内容、方式。

(一)老年人群健康监测的特点

1. 老年人脏器功能的监测 随着年龄的增长,老年人的皮肤、神经、呼吸、心血管、消化、运动、泌尿、免疫等各系统均会出现不同程度退化,影响健康老人的生活质量。因此老年人健康监测应包括监测老年人群的主要脏器、系统功能。

2. 老年人慢性疾病的监测 老年人群慢性病多、共存疾病多,老年人共病是指 2 种或 2 种以上慢性病共存于同一个老年人,慢性疾病既包括老年人常见躯体性疾病,还包括老年人特有的老年综合征或老年问题,也包括精神、心理问题及药物成瘾等。在美国,82% 的老年人有 1 种及以上的慢性病,65% 的老年人有共病。国内外研究均证实老年共病与各种失能、老年综合征相关,严重影响老年人生活质量。老年人常见躯体疾病,如高血压、糖尿病、冠心病、慢性阻塞性肺疾病危险因素的控制情况、疾病控制情况,比如血糖、血压、血脂控制是否达标等均是健康监测的重要内容。

3. 老年综合征及老年问题的监测　老年综合征是指老年人由多种疾病或多种原因所造成同一临床表现的病症,常见的老年综合征有痴呆、抑郁、跌倒、尿失禁、失眠、衰弱等。长期卧床、褥疮、骨质疏松、贫血、营养不良、便秘、多重用药都是常见的老年问题。老年综合征影响老年人的生活质量,并给老年疾病预后带来不良影响,目前老年人群及照护者对老年综合征及老年问题认识不足,早期识别老年综合征并积极给予干预,对于提高老年人生活质量、减少失能、减轻家庭照护负担均有重要意义。将老年综合征及老年问题评估、监测作为老年人健康管理的重要内容是将老年综合征识别关口前移的重要举措。

(二)健康监测的内容

1. 建立健康档案　通过基本的信息采集、就诊记录以及体检结果的记录建立完善的健康档案。完善的健康档案应该包括老年人基本健康档案及健康管理相关的信息。

老年人基本健康档案应包括以下几大方面:①个人基本信息:姓名、性别、年龄、文化程度、身高、体重、体重指数。②医疗信息:现患疾病史、既往疾病史、实验室及辅助检查结果。③个人情况:药物过敏史、家族史、生活习惯包括吸烟情况、饮酒情况、运动习惯、饮食习惯。④居住环境及社会支持系统:老年人居住的环境情况、经济状况、婚姻状况、照护情况;了解老人的经济基础、家庭成员等社会支持情况,明确可以照顾和支持老人的人员,了解照料人员的心理和经济负担。⑤老年综合征相关信息:日常生活能力情况、营养状况、认知情况、跌倒和运动功能、情绪状态、睡眠情况。⑥预防接种情况:老年人健康档案应记录老年人疫苗接种情况,并作为定期监测、健康干预管理的指标之一。但目前,我国对老年人的疫苗接种严重重视不足。美国对老年人破伤风疫苗或百日咳-破伤风联合疫苗、流感疫苗、肺炎链球菌疫苗、带状疱疹疫苗接种均有推荐。我国于2018年发布了《老年人流感和肺炎链球菌疫苗接种中国专家建议》。

健康管理档案内容包括老年人个体化疾病评估及健康风险评估结果、健康干预计划及方案、健康干预实施过程记录、健康干预效果评价记录等。

2. 动态健康监测　根据健康档案的内容制订老年人个体化的动态健康监测内容及监测时间、干预手段。动态健康监测的目标包括:提高慢性疾病危险因素的控制情况;纠正不良生活习惯并建立、维持良好的生活习惯;改善慢性疾病的控制情况;动态监测重要脏器功能的衰退情况,旨在早期发现,早期干预,以延缓衰退及预防并发症;动态监测老年人老年综合征相关情况,早期识别、早期干预,维持老年人功能。

动态健康监测内容应包括:

1)人体基本参数监测:动态监测血压、心率、身高、体重、体重指数。

2)生活方式监测:监测每日膳食情况包括盐、热卡、蛋白质摄入量;定期监测运动方式、运动强度、运动时间;监测睡眠时间、是否存在早醒或入睡困难、是否需要睡眠药物;监测吸烟、饮酒情况。

3)主要实验室指标监测:血糖、血脂、血红蛋白、肝、肾功能、白蛋白水平、叶酸、维生素 D 水平。

4)异常实验室指标监测:针对个体进行异常检验指标的监测,对于轻度异常检验指标的动态监测有助于疾病的早期发现及诊断。

5)多重用药情况监测:老年人用药情况监测不仅需要包括常规用药,还需注意监测中药及保健品。

6)慢性疾病相关指标监测及并发症的监测。

3. 干预效果评价　健康管理的健康监测、风险评估和健康干预是一个周而复始的动态连续过程,上一个周期的健康管理过程中的干预措施及健康教育、健康指导计划的实际效果如何,可以通过

健康监测的相关数据、指标来验证,使健康指导计划不断得到完善。健康干预效果的评价是健康管理过程中不可或缺的重要环节。老年人健康干预效果评价指标的制订应尽可能具体化、量化。干预效果评价指标的筛选应该与个体化动态健康监测项目相一致,除了健康监测项目达标绝对值的评价,还应对完成情况、时效情况进行评价。健康教育也应列入干预效果评价体系。

4. 专项健康管理及疾病管理的监测　健康监测也可用于专项健康管理和疾病管理服务,与常规健康监测有所不同的是健康监测对象是特殊群体或者患者群体,监测指标依据专项内容或特定疾病的特点来设计,监测频率和形式也应根据管理需要决定。除了健康管理机构提供的管理服务外,自我管理、群组管理和管理手册也是有益的健康监测和健康管理手段。专项健康管理更有助于健康干预手段的实施、坚持,更有助于提高健康教育的效果。有研究表明专项健康管理能够调动个人及集体的治疗积极性,改善老年患者的不良生活方式和行为,通过最大限度减少各种致病因素,提高老年人群健康水平。研究证实,老年慢性病患者通过管理后,生命质量得到提高,并发症得到有效控制。健康教育能够明显提高老年慢性病患者的生活质量,对控制血压、血糖,养成良好生活习惯,改善生活质量均有重要意义。专项慢性病管理能够有效改善老年慢性病患者健康水平和生活质量,在临床、经济方面均有积极的效果。

（三）健康监测的方式与方法

1. 传统随访监测　根据随访路径和频率,随访人员利用传统的随访方式(上门、电话、短信平台、微信等),对被管理人员进行教育随访、定期健康监测、并对互动内容、监测指标情况和生活方式改善情况等进行详细记录。

2. 功能社区健康监测　功能社区是个体和群体整合的载体,有共同的环境和文化背景及可利用的资源,以社区为背景进行健康监测,充分利用社区资源,便于对社区共同的健康危险因素进行综合干预。社区健康监测的优势在于更容易调动居民的积极性、参与性、提高主动动态监测率,居民可以通过自我健康监测和管理来达到保持健康、疾病治疗和康复的目的,实现及早发现问题、及时干预,实时追踪的目标。

3. 居家健康监测　人口老龄化使得传统的医疗服务模式受到巨大挑战,居家健康监测模式有着重要意义。科学技术的发展使得居家健康监测成为可能,包括以互联网为支撑的无线传感设备、智能手机、电脑、电子血压计、智能监测系统等均成为居家健康监测的媒介、手段。例如,健康管理服务建立大数据电子健康档案,配合蓝牙智能手环,时刻监控老年人日常生活、体育运动信息。老年人群体通过手机、平板电脑等移动终端就能实现与社区医疗团队以及家属的联系等。

（四）健康监测的技术、设备

健康监测技术包括信息化健康管理软件及信息化健康监测技术,用于健康档案的建立,健康指标的比较、管理、干预效果评价。可穿戴式健康检测技术可用于采集运动步数、卡路里消耗、监测睡眠、监测心率等。可穿戴智能设备可通过智能化提醒实现生活方式监测及管理。随着科技不断进步,未来可穿戴式生物传感器不仅可以监测生理参数,还能监测炎症、血糖等重要生理指标的异常。健康风险因子监测跟踪技术通过个体化疾病风险因素的筛查、管理、干预、再评估进行个体化健康管理。

互联网技术、信息化技术的发展,以及分级诊疗体制的建立,使得健康监测可以实现个体、社区、基层医院、三级医院的分层、连续健康管理服务体系。

二、老年人健康检测

健康检测是指通过医学技术方法和手段对健康进行主观/客观检测评价的过程,即对健康概念进行量化的过程,旨在通过科学、有效的测量方法以及特异、敏感的测量指标,了解人体健康状况,分析影响人们健康的因素,以便更为有效地促进健康。

健康检测是健康监测的具体手段。老年人健康检测的内容包括:

1. **问卷调查**　是获取个人基本信息、既往疾病史、药物过敏史、家族史、个人习惯、运动习惯、饮食习惯以及居住环境和社会支持情况的主要手段。其中了解老人的经济基础、居住环境、家庭成员等社会支持情况,明确可以照顾和支持老人的人员,了解照料人员的心理和经济负担对切实提供个性化、适宜性强、可操作性强的健康管理方案是非常重要的。

2. **体格检查**　包括常规体格检查项目,如身高、体重、体重指数、血压、心率、肺部、心脏、腹部检查。此外,听力、视力、口腔牙齿情况的检测对老年人群非常重要,听力障碍是导致老年人抑郁的一个重要原因,视力问题与跌倒损伤等有关,因此及早发现听力、视力问题是老年人体格检查的重要内容。握力、步速、步态和平衡功能检查包括起立-行走试验、五次起坐、平衡试验是评估患者衰弱情况、运动平衡能力的重要内容。

3. **实验室检查**　包括血常规、肝功能、肾功能、血糖、糖化血红蛋白、白蛋白水平、甲状腺功能、血清铁、叶酸、维生素 D 水平测定、骨代谢相关化验、肿瘤标志物测定、尿液分析、大便分析。实验室及辅助检查项目在老年人健康体检时要遵循普适性与个体化相结合的原则,不同年龄阶段的检测项目不同,还要注意动态监测项目选择时的检测时间间隔。

4. **影像学检查**　包括腹部超声检查、颈动脉超声、甲状腺超声检查、乳腺超声检查、心脏超声检查、四肢动脉超声检查、胸片/胸部 CT、脑血流图、肺功能、骨密度等。老年人健康检测项目的选择应注重个人意愿与专业建议相结合,根据老年人年龄段的不同、剩余预期寿命的不同,影像学检查的选择应个体化,特别是对于衰弱的高龄老年人,应谨慎评估获益/风险比值,避免检查带来的不良后果。

5. **老年综合评估技术**　老年综合评估是老年医学的核心技术,是用以确定老年脆弱群体在生物医学、精神心理、社会行为和生活环境等方面所具有的能力和存在的问题。老年综合评估技术在老年人健康管理中的运用的主要目的是各种老年综合征的早期识别。

(1) 日常生活能力评估:基本日常生活能力评估常采用 Katz ADL 和 Barthel 指数,工具性日常生活活动能力常采用 IADL 量表。

(2) 跌倒风险评估:询问 1 年内跌倒史,对于未发生跌倒的老人则制订下一次评估计划,如近 1 年内有跌倒发生,则根据跌倒次数按照跌倒评估流程进行评估。

(3) 认知功能评估:认知功能评估量表比较多,根据健康监测中宜采用普适性强,简便、可操作性强的量表,建议可采用简易认知分量表(Mini-Cog)进行筛查,简易智能状态评估量表(MMSE)和蒙特利尔认知评估表(MoCA)也是较为常用的量表。

(4) 衰弱状态筛查:衰弱状态的评估包括 Fried 标准、FRAIL 衰弱筛查量表、Rockwood 衰弱指数等,其中 FRAIL 衰弱筛查量表仅含有 5 个问题,是快速、简易可行的筛查方法,可运用于老年人群健康管理中衰弱状态的筛查。

(5) 营养状态筛查:营养筛查、评估的量表很多,微营养评定量表用于评价老年病人发生营养不良的危险并可预测从早期营养干预中获益的人群。MNA-SF 量表为简化的微营养评估量表,仅包含 6 项问题,在健康管理的评估及动态监测中更易操作。

(6) 情绪筛查:老年人抑郁症的发病率很高,美国常用的是老年抑郁量表(GDS),该量表对常见的抑郁症状都是"是"或"否"的筛查,较其他量表更简单易行。焦虑筛查问卷(GAD-7)和焦虑自评表(SAS)是常用的焦虑筛查工具。

(7) 睡眠情况评估:老年人睡眠质量评估常用的量表有阿森斯失眠量表、睡眠卫生知识量表。

6. **运动医学检查及可穿戴设备**　人体脂肪测量仪可用于评价老年人人体成分、帮助肌少症的识别与诊断。体质体能测试系统可帮助评价老年人体能情况。随着科技的迅猛发展,用于心率、血压监测的可穿戴设备、采集步态信息的可穿戴设备、以运动健康为目的可穿戴设备越来越多地运用于健康管理中。

(孙　颖)

第二节 老年人的膳食干预

一、老年人的营养需求和膳食特点

人口老龄化给经济发展、社会稳定和人民健康等各方面将带来极大挑战。据《2017 年社会服务发展统计公报》显示,2017 年中国 60 周岁及以上的老年人已占总人口的 17.3% 以上,65 周岁及以上人口占总人口的 11.4%,可以认为中国已进入老龄社会。影响老年人长寿和健康的疾病有心脑血管疾病、糖尿病、恶性肿瘤、慢性肺部疾病、骨质疏松症、老年性痴呆等疾病。这些疾病的发生和发展,与膳食营养和健康状况密切相关,合理营养有助于减少疾病,增进健康,延长寿命。

(一)老年人的生理代谢特点

1. 代谢功能降低   老年人基础代谢水平较年轻时降低 15%~20%,合成代谢降低,分解代谢增高。老年人的能量供给应适当减少,如能量摄入过多,会发生超重和肥胖、心脑血管疾病、糖尿病、恶性肿瘤等,但能量供给不足易发生消瘦。

2. 体成分改变   由于体内分解代谢升高,合成代谢降低,老年人体脂率逐渐增加,瘦体组织减少,肌肉萎缩,组织水分减少,同时骨密度降低,骨强度下降易出现骨质疏松。

3. 脏器功能改变   老年人味觉功能减退、味蕾减少,因此老年人偏重咸口味。消化系统消化液和消化酶及胃酸分泌量减少,使食物的消化吸收受影响,胃肠扩张和蠕动能力减弱,易发生便秘。多数老人因牙齿脱落而影响食物的咀嚼和消化。

心率减慢,心排血量减少,血管弹性降低,管腔变窄,血流阻力增加,高血压患病率随年龄增加而升高。视觉、神经、免疫、肾、肝脏功能及代谢能力均随年龄的增高而有不同程度的下降。

4. 老年女性的生理代谢特点   妇女绝经后雌激素水平下降,比男性更容易罹患心血管疾病和骨质疏松症,因此,在一定意义上,老年妇女的营养和膳食更应该受到重视。

(二)老年期的营养需要

营养不良和能量过剩是老年人中存在的两类营养问题。老年人的营养需求应当适当控制热能的供给、提供足够的优质蛋白质、脂肪的摄入量要适当、注意碳水化合物的食物来源、注意补充矿物质、维生素的摄取要充足、提供丰富的膳食纤维。

1. 能量   老年人由于基础代谢水平下降、体力活动减少和体内脂肪组织比例增加,其需要的能量供应也相对减少,60 岁以后较青年时期减少 20%,70 岁以后减少 30%。当老年人的进食量大于维持能量代谢平衡的需要量时,会使体脂率不断增加,形成超重和肥胖。老年人应维持理想的体重,因此对于老年人能量摄入应该给予更严格的调控。我国营养学会推荐的中老年人每日能量的推荐摄入量见表 6-1。

表 6-1   中国推荐的中老年人每日能量推荐摄入量(EER)[a]

性别	年龄	能量/kcal(MJ)轻度劳动	中度劳动	重度劳动
男	50~64	2 100(8.79)	2 500(10.25)	2 800(11.72)
	65~79	2 050(8.58)	2 400(9.83)	
	80~	1 900(7.95)	2 200(9.20)	
女	50~64	1 750(7.32)	2 050(8.58)	2 500(9.83)
	65~79	1 700(7.11)	1 950(8.16)	
	80~	1 500(6.28)	1 750(7.32)	

[a]. 能量需要量,EER,estimated energy requirement;1 000kcal = 4.184MJ,1MJ = 239kcal。

2. 蛋白质　老年人体内蛋白质的分解代谢大于合成代谢,蛋白质的合成能力差,且蛋白质的消化吸收率低,故易出现负氮平衡,肌组织退化,酶的活性降低,内分泌系统的调节功能下降,对疾病的抵抗力降低。因此,蛋白质的摄入应质优量足,一般认为老年人每日蛋白质的摄入以达到每公斤体重 1.0~1.2kg 为宜,由蛋白质供热占总热能的 12%~14% 较合适。我国营养学会推荐老年人每日膳食蛋白质的参考摄入量 65g/d(男)和 55g/d(女)。应注意选择生物利用率高的优质蛋白质,注意食用易于消化的蛋白质食品。

3. 脂肪　由于老年人胆汁酸减少,脂肪酶活性降低,老年人对脂肪的消化能力差,故脂肪的摄入不宜过多。脂肪和胆固醇的摄入过多,易增加血中的胆固醇,特别是氧化的低密度脂蛋白胆固醇的增加,会损伤内皮组织造成动脉粥样硬化,增加心脑血管疾病的发生。脂肪的摄入亦增加结肠癌、乳腺癌、子宫内膜癌的发生风险。一般脂肪供热占总热能的 20%~30% 为宜,脂肪选择应控制饱和脂肪酸含量多的动物油的摄入,应以富含多不饱和脂肪酸的植物油为主。多不饱和脂肪酸、单不饱和脂肪酸与饱和脂肪酸的比值应为 1:1:1。

4. 碳水化合物　老年人的糖耐量低,胰岛素分泌量减少,且对血糖的调节能力低,因而易发生血糖水平升高。因此,老年人不宜食用含蔗糖高的食品,以防止血糖升高进而血脂升高;果糖易被吸收利用,转变为脂肪的能力也小于葡萄糖,宜多食用水果、蜂蜜等含果糖高的食品。中国营养学会建议老年人碳水化合物供能应占总能量 50%~65% 为宜,控制添加糖的摄入量占总能量的比例不超过 10%,应多吃蔬菜,增加膳食纤维的摄入,以利于肠蠕动,防止便秘。

5. 矿物质

(1) 钙:钙的充足对老年人十分重要。因为老年人对钙的吸收能力下降,对钙的吸收率一般在 20% 以下,体力活动减少又降低了骨骼钙的沉积,故老年人易发生钙的负平衡,骨质疏松较多见。65 岁以上者钙的推荐摄入量为 1 000mg/d。

(2) 铁:老年人对铁的吸收利用能力下降,造血功能减退,血红蛋白含量降低,因此易发生缺铁性贫血。铁的吸收率还与蛋白质合成、维生 B_{12}、B_6 及叶酸缺乏有关。我国 65 岁以上老年人的参考摄入量为 12mg/d。应注意选择多食含血红素铁高的食物(如猪肝、家禽和鱼类),同时还应食用富含维生素 C 的蔬菜、水果,以利于铁的吸收。

(3) 硒:为抗氧化剂,在体内抗氧化酶防御系统中具有消除脂质过氧化物,保护细胞膜免受过氧化损伤的重要作用,并可增强机体免疫功能。老年人每日膳食推荐硒的摄入量为 60μg/d。此外,微量元素锌、铜、铬也同样重要。

6. 维生素

(1) 维生素 A:主要功能为维持正常视力、维持上皮组织健康和增强免疫功能。老年人由于食量减少,生理功能减退,易出现维生素 A 缺乏。维生素 A 和类胡萝卜素的摄入量充足,有降低肺癌发生的作用。因此膳食中维生素 A 除了由动物性食品提供外,还应注意多食用黄绿色蔬菜。65 岁以上老年人维生素 A 的推荐摄入量为男 800μg,女 700μg。

(2) 维生素 D:有利于钙吸收及骨质钙化,并通过甲状旁腺激素和降钙素的调节作用而维持血钙正常水平。老年人因户外活动减少,由皮肤形成的维生素 D 降低,同时体内通过肝、肾转化的 1,25-$(OH)_2D_3$ 的活性形式减少,易出现维生素 D 缺乏,导致钙缺乏,从而发生骨质疏松。故 65 岁以上老年人每日维生素 D 的摄入量应达到 15μg。

(3) 维生素 E:是一种天然的脂溶性抗氧化剂,能防止多不饱和脂肪酸氧化,预防体内过氧化物的生成,有延缓衰老的作用。老年人每日膳食维生素 E 的推荐摄入量为 14mg,当多不饱和脂肪酸摄入量增高时,相应地应增加维生素 E 摄入量。但维生素 E 不宜大量补充,每日最大摄入量以不超过 700mg 为宜。

(4) 其他维生素:维生素 B_1、B_2 及烟酸(尼克酸)是构成体内生化代谢重要的辅酶。维生素 B_1 缺乏可发生以多发性神经炎为特征的脚气病。维生素 B_2 在中国膳食中最易缺乏,可引起口

炎、唇炎和舌炎。烟酸的缺乏可出现癞皮病,在神经系统也可有肌肉震颤,腱反射亢进或丧失的现象。维生素 C 是水溶性的抗氧化剂。维生素 B_6 和维生素 C 在保护血管壁的完整性,改善脂质代谢和预防动脉粥样硬化方面有良好的作用。维生素 B_6 还能提高硒的生物利用率。叶酸和维生素 B_{12} 能促进红细胞的生成,对防止老年性贫血有利。叶酸有利于胃肠黏膜正常生长,有利于预防消化道肿瘤。叶酸、维生素 B_6 及维生素 B_{12} 能降低血中同型半胱氨酸,有防止动脉粥样硬化的作用。因此应保证老年人各种维生素的摄入量充足,以促进代谢保持平衡和增强抗病毒能力。

(三)老年人的膳食特点

《中国居民膳食指南(2016)》由一般人群膳食指南、特定人群膳食指南和中国居民平衡膳食实践三部分组成。《中国老年人膳食指南》是特定人群膳食指南中的一个重要组成部分,专门针对 65 岁以上人群。老年人膳食指南特别提出了 4 条关键推荐,旨在帮助老年人更好地适应身体功能的改变,努力做到合理营养、均衡膳食,减少和延缓营养相关疾病的发生和发展,促进健康老龄化。

1. 少量多餐细软,预防营养缺乏。
2. 主动足量饮水,积极户外活动。
3. 延缓肌肉衰减,维持适宜体重。
4. 摄入充足食物,鼓励陪伴进餐。

二、老年人营养食谱的制订

(一)营养食谱编制的理论依据

1. 中国居民膳食营养素参考摄入量(dietary reference intakes,DRIs) 是编制营养食谱时能量和主要营养素需要量的确定标准,包括平均需要量(estimated average requirement,EAR)、推荐摄入量(recommended nutrient intake,RNI)、适宜摄入量(adequate intake,AI)、可耐受最高摄入量(tolerable upper intake level,UL)、宏量营养素可接受范围(acceptable macronutrient distribution range,AMDR),预防非传染性慢性病的建议摄入量(proposed intakes for preventing non-communicable chronic diseases,PI-NCD)和特定建议值(specific proposed levels,SPL)。DRIs 中的 RNI 是个体每日摄入该营养素的目标值,如果与 RNI 相差不超过 10%,说明编制的食谱合理可利用,否则需要加以调整。

2.《中国居民膳食指南》和平衡膳食宝塔。

3.《食物成分表》。

4. 营养平衡理论 膳食中的三种宏量营养素需要保持一定的比例平衡,优质蛋白质与一般蛋白质保持一定的比例,饱和脂肪酸、单不饱和脂肪酸和多不饱和脂肪酸之间保持平衡。

(二)营养食谱编制的原则

1. 保证营养平衡 膳食应满足人体需要的能量、蛋白质、脂肪,以及各种矿物质和维生素,不仅品种要多样,而且数量要充足。各营养素之间的比例要适宜,膳食中能量来源及其在各餐中的分配比例要合理。食物的搭配要合理,主食与副食、杂粮与精粮、荤与素等食物要平衡搭配。膳食制度要合理,一般应该定时定量进餐,老人也可在三餐之外加点心。

2. 照顾饮食习惯,注意饭菜的口味 在可能的情况下,既使膳食多样化,又照顾就餐者的膳食习惯。注重烹调方法,色香味美、质地宜人、形状优雅。

3. 考虑季节和市场供应情况 主要是熟悉市场可供选择的原料,并了解其营养特点。

4. 兼顾经济条件 既要使食谱符合营养要求,又要使进餐者在经济上有承受能力,才会使食谱有实际意义。

(三)营养食谱的编制方法

1. 营养成分计算法编制食谱

(1)确定全日能量供给量

1）查表法：参照 DRIs 中能量的推荐摄入量（RNI）确定能量供给量，根据劳动强度、年龄、性别等确定老年人一日三餐的能量供给量。

2）实际计算法：根据理想体重确定能量供给量。

①计算理想体重

$$男性成人体重（kg）＝身高（cm）-105$$

$$女性成人体重（kg）＝［身高（cm）-100］×0.9$$

②根据成人的 BMI 判断其体重正常或是胖、瘦（表6-2）

$$计算体重指数（BMI）＝体重（kg）/身高（m）^2$$

表6-2　中国人的 BMI 判断标准

分类	体重指数	分类	体重指数
消瘦	<18.5	超重	24~27.9
体重正常	18.5~23.9	肥胖	≥28.0

③确定每日每千克理想体重所需的能量（表6-3）

表6-3　不同人群每天每千克理想体重所需能量/[kcal · (kg · d)$^{-1}$]

体型	休息状态	轻体力劳动	中等体力劳动	重体力劳动
正常	15~20	25~30	35	40
消瘦	20~25	35	40	45~50
肥胖/超重	15	20~25	30	35

④确定全日能量供给量

$$总能量（kcal）＝理想体重（kg）×每千克理想体重所需能量（kcal/kg）$$

（2）确定三大营养素全日应提供的能量：能量的主要来源为蛋白质、脂肪和碳水化合物，为了维持人体健康，这三种能量营养素占总能量比例应当适宜，一般蛋白质占 10%~15%，脂肪占 20%~30%，碳水化合物占 55%~65%，具体可根据本地生活水平，调整上述三类能量营养素占总能量的比例，由此可求得三种能量营养素的一日能量供给量。

（3）计算三大营养素每日需要量：知道了三种产能营养素的能量供给量，还需将其折算为需要量，即具体的质量，这是确定食物品种和数量的重要依据。食物中产能营养素产生能量的多少按如下关系换算：1g 碳水化合物产生能量为 16.7kJ（4.0kcal），1g 脂肪产生能量为 37.6kJ（9.0kcal），蛋白质产生能量为 16.7kJ（4.0kcal）。根据三大营养素的能量供给量及能量折算系数，可求出每日蛋白质、脂肪、碳水化合物的需要量。设进餐者每日所需的热能总量为 Q（kcal），则三大营养素的所需的摄入量分别为：

$$蛋白质摄入（g）＝Q×（10\%~15\%）÷4.0$$

$$脂肪摄入量（g）＝Q×（20\%~30\%）÷9.0$$

$$碳水化合物摄入量（g）＝Q×（55\%~65\%）÷4.0$$

（4）计算三大营养素每餐需要量：一般三餐能量的适宜分配比例为：早餐30%、午餐40%、晚餐30%。用以上食物再加上调料、辅料、油脂和菌藻类、坚果等食物，按一日三餐的热比，便可设计出平衡膳食食谱。

（5）确定主食的品种和数量：由于粮谷类是碳水化合物的主要来源，因此主食的品种、数量

主要根据各类主食原料中碳水化合物的含量确定。

例如以某老年人的午餐为例:蛋白质需要 24g,脂肪需 14g,碳水化合物 104g。

在计算某人午餐的主食供给量时,可以先将午餐的蔬菜(200g)和水果(100g)类固定,估计碳水化合物 15g。剩下的碳水化合物由主食供给。

如主食选择馒头(标准粉),查《食物成分表》得知,每 100g 馒头含碳水化合物 49.8g,则:主食馒头的需要量=(104-15)÷(49.8/100)≈179g。

(6) 确定副食的品种和数量:蛋白质广泛存在于动、植物性食物中,除了谷类食物能提供的蛋白质,各类动物性食物和豆制品是优质蛋白质的主要来源。因此副食品种和数量的确定应在已确定主食用量的基础上,依据副食应提供的蛋白质质量确定。

以某老年人的午餐为例,计算步骤如下:

1) 计算主食中含有的蛋白质重量:午餐主食馒头需 179g,再以 179g 馒头的基数计算蛋白质和脂肪的量。查《食物成分表》知:每 100g 馒头含蛋白质 7.8g,脂肪约 1g。蛋白质含量为:7.8×179/100≈14g,脂肪含量为:1×179/100≈2g。

2) 用应摄入的蛋白质重量减去主食中的蛋白质质量,即为副食应提供的蛋白质重量:副食应提供的蛋白质重量=24-14=10g。

3) 设副食中蛋白质的 2/3 由动物性食物供给,1/3 由豆制品供给,据此可求出各自的蛋白质供给量:动物性食物应含蛋白质重量=10×2/3≈7g,豆制品应含蛋白质重量=10×1/3≈3g。

4) 查表并计算各类动物性食物及豆制品的供给量:动物性食物和豆制品分别选择鲈鱼和豆腐丝,由《食物成分表》可知,每 100g 鲈鱼中蛋白质含量为 18.6g,每 100g 豆腐丝的蛋白质含量为 21.5g,则:鲈鱼重量=7÷(18.6/100)≈38g,豆腐丝重量=3÷(21.5/100)≈14g。

5) 设计蔬菜、水果的品种和数量:某老年人的午餐,蔬菜可以选择芹菜 100g、油菜 100g;水果选择苹果 100g(加餐)。

(7) 确定纯能量食物的量:油脂的摄入应以植物油为主,因此以植物油作为纯能量食物的来源。由《食物成分表》可知每日摄入各类食物提供的脂肪含量,将需要的脂肪总含量减去食物提供的脂肪量即为每日植物油供应量。

在计算某老年人午餐时,查《食物成分表》知:每 100g 馒头含脂肪约 1g;每 100g 鲈鱼中脂肪含量为 3.4g;每 100g 豆腐丝的脂肪含量为 10.5g。

主食馒头的脂肪含量为:179×1/100≈2g

鲈鱼的脂肪含量为:38×3.4/100≈1g

豆腐丝的脂肪含量为:15×10.5/100≈2g

午餐植物油的需要量=14-1-2=11g

(8) 食谱的评价与调整,按照以下原则对一日食谱进行评价:

1) 按类别将食物归类排序,列出每种食物的数量,看食物种类是否齐全。

2) 对 1 周食谱进行评价时,还需要评价各种维生素及矿物质的量。

3) 将所有食物中的各种营养素分别累计相加,计算出一日食谱中三种宏量营养素及其他营养素的量。

4) 将计算结果与中国营养学会制定的"中国居民膳食中营养素参考摄入量"中同年龄同性别人群的水平比较,进行评价。

5) 计算蛋白质、脂肪、碳水化合物三种产能营养素的供能比例。

6) 计算动物性及豆类蛋白质占总蛋白质的比例。

7) 计算三餐提供能量占全体摄入的总能量的比例:随着计算机技术的发展,营养食谱的确定和评价也可以通过计算机实现。目前出现了许多膳食营养管理系统软件,使用者只要掌握基本的电脑技能,就可以方便快捷地确定营养食谱,并且得出营养素的营养成分。

2. 食物交换份法编制食谱   是将常用食物按其所含营养素量的近似值归类,计算出每类食

物每份所含的营养素值和食物质量,然后将每类食物的内容列出表格供交换使用,最后根据不同能量需要,按蛋白质、脂肪和碳水化合物的合理分配比例,计算出各类食物的交换份数和实际重量,并按每份食物等值交换表选择食物。食物交换法编制食谱比计算法简单、方便、快捷。

（1）食物分类:根据膳食指南及平衡膳食宝塔对食物的归类,按常用食物所含营养素的特点划分食物种类,将食物分为四大组,共八小类。

1）谷薯组:含碳水化合物较丰富的谷薯类食物。

2）蔬果组:含维生素、无机盐和纤维素等丰富的水果和蔬菜类食物。

3）肉蛋组:含优质蛋白质丰富的肉、鱼、乳、蛋、豆及豆制品类食物。

4）热能组:含热能丰富的油脂、纯糖和坚果类食物、

（2）各类食物的每单位交换量表见表6-4。

（3）根据不同能量膳食食物份数分配表,确定所需的食物交换份数（表6-5）。

表6-4　各类食物等值交换量表

组别	食品类别	每份质量/g	能量/kcal	蛋白质/g	脂肪/g	碳水化合物/g	主要营养素
一、谷薯组	1. 谷薯类	25	90	2	–	20	碳水化合物、膳食纤维
二、蔬果组	2. 蔬果类	500	90	5	–	17	矿物质、维生素、膳食纤维
	3. 水果类	200	90	1	–	21	
三、肉蛋组	4. 大豆类	25	90	9	4	4	蛋白质
	5. 奶类	160	90	5	5	6	
	6. 肉蛋类	50	90	9	6	–	
四、油脂组	7. 坚果类	15	90	4	7	2	脂肪
	8. 油脂组	10	90	–	10	–	

表6-5　不同能量需要所需的各组食品交换份数

能量/kcal	交换份	谷薯组	果蔬组	肉蛋组	热能组
1 200	13.5	6	2	4	1.5
1 300	14.5	7	2	4	1.5
1 400	16	8	2	4	2
1 500	17	9	2	4	2
1 600	18	10	2	4	2
1 700	19	11	2	4	2
1 800	20	12	2	4	2
1 900	21	12.5	2	4	2.5
2 000	22	13.5	2	4	2.5
2 100	23.5	14.5	2	4.5	2.5
2 200	24.5	15.5	2	4.5	2.5
2 300	25.5	16	2.5	4.5	2.5
2 400	27	17	2.5	4.5	3
2 500	28	18	2.5	4.5	3
2 600	29	19	2.5	4.5	3
2 700	30	19.5	2.5	4.5	3
2 800	31	20	3	4.5	3.5

注:表中所列各类食品单位是按蛋白质、脂肪及碳水化合物与热能总量的合理比例计算而得

例如,轻体力活动的某老年人全天能量需求量约为 1 600kcal,一天膳食总交换单位为 18 份,其中谷薯类食物 10 交换份、果蔬类 2 交换份、肉蛋奶等动物性食物 4 交换份、油脂类食物 2 交换份,将其按照早 30%、中 40%、晚 30% 的三餐能量分配到一日三餐中即可。

将 18 个交换份的食物分配到一日三餐中,早餐为 5 交换份、午餐为 8 交换份、晚餐为 5 交换份,具体食谱可以做如下安排:

早餐:花卷 50g(谷类 2 份)、凉拌菠菜豆腐丝(菠菜 125g/蔬菜 0.25 份、豆腐丝 50g/豆类 1 份)、牛奶一袋(乳制品 1 份)。

加餐:苹果 100g(果蔬类 0.5 份)。

午餐:酱牛肉 35g(肉蛋类 1 份)、素炒小油菜 250g(蔬菜 0.5 份)、米饭 125g(谷类 5 份)。

加餐:西瓜 100g(果蔬类 0.5 份)。

晚餐:小米粥 50g(谷类 2 份)、番茄炒蛋(鸡蛋 1 个/蛋类 1 份、番茄 125g/蔬菜 0.25 份)、煮鲜玉米 1 个(谷类 1 份)。

全日烹调用油 20g。

食物交换份法是一个比较粗略的方法,实际应用中,可将计算法与食物交换份法结合使用,首先用计算法确定食物的需要量,然后用食物交换份法确定食物种类及数量。通过食物的同类互换,可以以一日食谱为模本,设计出 1 周、1 个月的食谱。

三、慢性病老年人的复合式营养干预方案

随着生活方式的改变,老年人常见慢性病患病率急剧上升。合理营养膳食是降低慢性病发病风险的主要措施,以下是在综合国内外研究资料的基础上,对几种常见慢性病的营养干预建议。

(一)高血压

1. 控制膳食总能量的摄入,合理安排能量配比　限制能量摄入的目的是控制体重,控制体重可使高血压的发生率降低 28%~40%。增加体力活动,同时蛋白质占总能量 15%~20%,脂肪占 20%~25%,糖类占 45%~65% 左右,无机盐及维生素达到 DRI 标准。

2. 限制膳食中的钠盐　建议正常人每日摄盐量控制在 5g/d 以下,高血压患者钠的每天摄入量应在 1.5~3g。除食盐外,还要考虑其他钠的来源,包括用盐腌制的食物,如咸蛋,咸鱼,腊肉,酱菜;食物本身的钠;加工时添进去的钠,如味精,发酵粉,食用碱,磷酸二氢钠等。

3. 多吃含钾、钙、镁丰富的食品　食盐摄入过多,导致体内钠潴留,而钠主要存在于细胞外,使胞外渗透压增高,水分向胞外移动,细胞外液包括血液总量增多。血容量的增多造成心输出量增大,血压增高。钾通过增加尿中钠的排出,使血容量降低,血压下降。含钾丰富的食品有新鲜绿色叶菜、豆类和根茎类、香蕉等。研究还表明高钙饮食有明显降低血压的作用,血压与钙的摄入量成反比。含钙丰富的食品有牛奶、酸牛奶、豆类等;镁含量较高的食物有各种干豆、鲜豆、香菇、菠菜、豆芽等。

4. 保持良好的脂肪酸比例,限制脂肪的摄入量,控制在 25% 或更低,增加不饱和脂肪酸的比例,还要保持良好的脂肪酸比例,其中饱和脂肪酸、多不饱和脂肪酸、单不饱和脂肪酸的比例应为 1:1:1。

5. 蛋白质的质与量满足需要,多选择鱼类,大豆及其制品作为蛋白质的来源。

6. 忌食用兴奋神经系统的食物,如酒、浓茶、咖啡等,吸烟者应戒烟。

7. 限制饮酒。

8. DASH 饮食,1997 年起源于美国,是由美国国家心脏、肺和血液研究所(NHLBI)提出用来预防和控制高血压的膳食模式,富含水果、蔬菜、低脂乳、全谷类、鱼类,以维持足够的钾、镁、钙等离子的摄取,并尽量减少饮食中油脂量(特别是富含饱和脂肪酸的动物性油脂)。高血压患者持

续 3 个月采用该饮食模式,可有效降低约 10% 血压,有助于控制血压水平。

(二)糖尿病

1. 控制总能量是糖尿病饮食治疗的首要原则　摄入的能量能够保持正常体重或略低于理想体重为宜。

2. 供给适量的碳水化合物　目前主张不要过严地控制碳水化合物,碳水化合物供能占总能量的 50%~60% 左右,要重视选用血糖生成指数(glycemic index,GI)较低的碳水化合物。血糖生成指数反映摄入食物后血糖升高的速度,低血糖生成指数食物包括:燕麦,大麦,全谷麦,大豆,扁豆,豆荚,苹果,橘子,牛奶,酸奶等。但不能只选择低血糖生成指数食物,而是应当在均衡饮食的原则下,多选低血糖生成指数食物,以摄取各种不同的营养素。

3. 供给充足的膳食纤维　流行病学的调查结果显示膳食纤维能够降低空腹血糖、餐后血糖以及改善糖耐量。

4. 供给充足的蛋白质　糖尿病患者膳食中蛋白质的供给应充足,目前主张蛋白质应占总能量的 12%~20%,其中至少 1/3 来自于乳、蛋、瘦肉、鱼、虾、豆制品等含丰富优质蛋白质的食物。当合并肾脏疾病时,应在营养医生的指导下合理安排每日膳食的蛋白质量。

5. 控制脂肪摄入量　控制脂肪能够延缓和防止糖尿病并发症的发生与发展,目前主张膳食脂肪应减少至占总能量的 20%~25%,不宜高于 30%。除了控制脂肪总摄入量外,还应注意饱和脂肪酸和不饱和脂肪酸的比例,以及适当控制胆固醇摄入量。

6. 多食蔬菜　供给充足的维生素和无机盐。

7. 糖尿病患者不宜饮酒。

8. 餐次　糖尿病患者一日至少进食三餐,并且要定时定量,最好采用少食多餐的方式。

(三)骨质疏松

从营养的角度预防骨质疏松的重点应该放在建立和保持骨质峰值,延缓绝经期妇女及老年人随年龄增加而出现的骨质丢失速率上。在注意平衡膳食,保证足够热量、蛋白质的基础上,提供充足的钙摄入十分重要。美国国家骨质疏松基金会(National Osteoporosis Foundation,NOF)提出了保持骨质健康的五个步骤:

1. 合理膳食　尤其是保证充足的钙和维生素 D 摄入,使其达到推荐的膳食参考摄入量水平。

2. 保持积极的生活方式　避免静止的生活方式,坚持重力负荷运动对于骨骼的健康和骨质疏松症的预防也非常重要。

3. 纠正不良的生活习惯　如吸烟、过量饮酒和大量咖啡摄入等。

4. 定期评估　对于高危人群以及出现骨质疏松症状的个体应该定期进行骨密度检查。

5. 保健医生定期交流　了解骨质疏松症的知识和自身的骨骼健康状况。

(四)肌肉衰减症

《中国老年人膳食指南》提出吃动结合、保持健康体重是延缓老年人肌肉衰减的重要方法。

1. 常吃富含优质蛋白的动物性食物,尤其是红肉、乳类及大豆制品。

2. 多吃富含 n-3 多不饱和脂肪酸的海产品,如海鱼和海藻等。有许多老年人因为害怕动物性食物中的胆固醇和饱和脂肪而有意少吃甚至不吃肉类食物,这种做法并不可取。老年人更应常吃富含优质蛋白的动物性食物。

3. 增加户外活动时间,多晒太阳并适当增加摄入维生素 D 含量较高的食物,如动物肝脏、蛋黄等。

4. 如条件许可,还可以进行拉弹力绳、举沙袋、举哑铃等带抗阻运动 20~30min,每周≥3 次。此外,可增加日常身体活动量,减少静坐或卧床。活动时应注意量力而行,动作舒缓,避免碰伤、跌倒等事件发生。

(五)癌症

世界癌症研究基金会(World Cancer Research Foundation,WCRF)和美国癌症研究会(The

American Institute for Cancer Research，AICR）提出了预防癌症的 10 项建议：

1. **保持健康体重**　保持体重在健康范围，避免成年后体重增加。

2. **运动**　将积极的身体活动作为日常生活的一部分——多步行，少静坐。

3. **摄入富含全谷物、蔬菜、水果和豆类的食物**　把全谷物、蔬菜、水果、豆类作为日常饮食的主要部分。

4. **限制摄入"快餐"和其他高脂肪、淀粉或糖的加工食品**　限制这些食物有助于控制热量摄入和维持健康体重。

5. **限制食用红肉和加工肉制品**　食用适量的红肉，如牛肉、猪肉和羊肉。少吃任何加工过的肉类。

6. **限制含糖饮料的摄入量**　多喝水和不加糖的饮料。

7. 限制饮酒。

8. **不使用补充剂来预防癌症**　尽量仅通过膳食来满足营养需求。

9. 坚持母乳喂养。

10. 癌症患者应接受专业人士的营养咨询和指导。

（贺　媛）

第三节　老年人的运动干预

根据老年人的生理特点进行科学有效的运动干预，对于保证老年人的健康水平、提升生活自理能力、提高生活质量，具有十分重要的意义。

一、老年人健康体适能评估

（一）健康体适能的概念

1. **体适能**　1996 年，美国健康与人类服务部在总结以往研究的基础上，提出"体适能是人们所具有的或者获得的与其完成体力活动能力有关的一组身体形态和功能特征"，同时依据体适能各构成要素与健康和竞技运动能力的关系，进一步将其分为健康体适能和运动体适能。

2. **健康体适能**　是与健康有密切关系的体适能，是指心血管、肺和肌肉发挥最理想效率的能力。它不仅是机体维护自身健康的基础，而且还是机体保证以最大活力完成日常工作和降低慢性疾病危险因素的条件。包括心血管适能、体脂含量、肌肉力量、肌肉耐力和柔韧适能，俗称健康体适能五要素。

3. **心血管适能**　是指人体摄取、运输和利用氧和能量物质，维持机体从事体力活动的能力。它是实现有氧工作的基础，故又可称为有氧工作能力，心血管适能有时又被称为有氧适能，有氧适能水平越高，有氧工作能力越强。

4. **体脂肪含量**　是指人体脂肪含量占体重的百分比。正常人体脂肪含量因年龄、性别和营养状况不同而变化，一般健康青年男性占体重的 10%～20%，女性占 20%～30%。体脂肪含量是影响健康体适能和健康水平的重要因素。

5. **肌肉适能**　包括肌肉力量和肌肉耐力，是机体依靠肌肉收缩克服和对抗阻力完成体力活动的能力。

6. **柔韧适能**　是对关节活动范围的度量，通常以所检测关节的柔韧性大小来表示。检测指标主要包括上肢、下肢、腰部和肩部柔韧性。

（二）健康体适能评估

1. **心血管适能的评估**　心血管适能检测方法分直接检测法和间接检测法。运动测试前，应完成问卷调查，以确定是否患有不能参与运动的疾病。

老年人运动问卷调查项目：

a. 静息或活动期间是否感觉胸痛？

b. 如果问题 a 的答案是肯定的，那么是否有医生诊断过的胸痛？

c. 你有过心脏病发作史吗？

d. 如果问题 c 的答案是肯定的，那么心脏病发作是在去年吗？

e. 你的血压高吗？

f. 如果你不知道问题 e 的答案，那么你的血压读数超过 150/100mmHg 吗？

g. 你在极轻度运动后是否感到气短，甚至是在静息或卧床时也如此？

h. 你足上是否有不易愈合的溃烂伤口？

i. 过去的半年内，你的体重是否下降至少 4.5kg？

j. 步行时你是否感到臀部或大腿和小腿后部疼痛？

k. 静息时，你是否经常感觉有不规律的心搏加速或减慢？

l. 你目前正接受下述心血管疾病的治疗吗，包括血管疾病、卒中、心绞痛、高血压、充血性心力衰竭、下肢血流不畅、瓣膜性心脏病、血液高凝或肺病？

m. 你曾有过髋部、脊柱或腕部骨折吗？

n. 你在去年摔倒超过 2 次吗？

o. 你有糖尿病吗？

如果以上任何一个问题的回答是肯定的，运动测试就应该在严密的医护监督下进行。

（1）直接检测：通常包括最大摄氧能力（VO_2max）、外周肌肉氧利用能力和最大心输出量三个方面。评价标准见表6-6。

表6-6　不同年龄和性别人群 VO_2max 的评价标准

男子[/ml·(kg·min)$^{-1}$]

年龄	18~25	26~35	36~45	46~55	56~65	65+
优秀	>60	>56	>51	>45	>41	>37
良好	52~60	49~56	43~51	39~45	36~41	33~37
较好	47~51	43~58	39~42	35~38	32~35	29~32
一般	42~46	40~42	35~38	32~35	30~31	26~28
较差	37~41	35~39	31~34	29~31	26~29	22~25
差	30~36	30~34	26~30	25~28	22~25	20~21
非常差	<30	<30	<26	<25	<22	<20

女子[/ml·(kg·min)$^{-1}$]

年龄	18~25	26~35	36~45	46~55	56~65	65+
优秀	>56	>52	>45	>40	>37	>32
良好	47~56	45~52	38~45	34~40	32~37	28~32
较好	42~46	39~44	34~37	31~33	28~31	25~27
一般	38~41	35~38	31~33	28~30	25~27	22~24
较差	33~37	31~34	27~30	25~27	22~24	19~22
差	28~32	26~30	22~26	20~24	18~21	17~18
非常差	<28	<26	<22	<20	<18	<17

Note

（2）间接检测：通常包括台阶试验、运动平板试验、库珀12min跑等各种极量运动负荷试验、次极量运动负荷试验和非运动负荷试验。间接检测方法一般根据测量的心率、推测的最大心率、血压、主观疲劳感觉等来推算 VO_2max，进而评价心血管适能。由于间接测试的方法简便，成本低、风险小、耗时少、易被接受，因此成为当前心血管适能评价的常用手段。

老年人运动测试禁忌证包括：静息血压升高（舒张压>115mmHg 或收缩压>200mmHg）、中度瓣膜性心脏病、电解质异常、复杂的心室异位心律、心室壁瘤、未加控制的代谢病如糖尿病和神经肌肉、肌肉骨骼和类风湿紊乱。

2. 体脂肪含量的评估　体脂肪含量的间接检测方法通常包括：生物电阻抗法、皮褶厚度测量法、围度测量法、同位素稀释法、红外线测量法、双能X线吸收法、CT断层扫描法、磁共振成像测定法等。其中双能X线吸收法因检测精确性相对较高而被确定为体脂肪含量间接测量的"金方法"，而围度测量法和生物电阻抗法等方法因操作简便而成为常用的检测方法。

3. 肌肉适能的评估　肌肉力量检测主要包括握力、背力、臂力和腿部力量等，分别用以反映上肢、躯干和下肢肌肉力量水平。常用的测量手段包括简易的握力计、背力计和自动化程度较高的等速肌力测定仪和各类的力量传感器。肌肉耐力检测主要包括引体向上和俯卧撑、仰卧起坐、蹲起等，分别用以反映上肢、躯干和下肢肌肉耐力水平。

4. 柔韧适能的评估　柔韧适能的主要检测方法包括：坐姿体前屈、双手背部对指试验和仰卧单举腿试验等，主要用于检测和评价全身、肩关节以及髋关节和大腿后群肌肉的柔韧适能。柔韧适能的测试无论是间接测量还是直接测量，首先要考虑测试环境的温度，根据不同季节、气候条件选择测试环境，测试前应该进行适当的准备活动。柔韧适能测试次数及取值要求进行3次测量，以记录测得的最大值作为特定关节的柔韧性数据，也有建议取3次测试的平均值。

二、老年人心肺功能运动干预

众多证据表明，老年人参加规律的有氧锻炼可以有效地提高其心肺适能，可以减少慢性病并发症的危险，提升生活质量。低水平的心肺功能是心血管疾病和全原因死亡的一个危险因素。提高心肺适能最直接的表现是 VO_2max 的提高。有研究显示，老年人经过16~20周的有氧锻炼，VO_2max 平均可以提高3.8ml/（kg·min），与不进行运动的对照组相比高出16.3%。60~75岁的老年人经过有氧锻炼后，提高的幅度与年轻人相同，直到75岁以后，提高的幅度才会减小。

老年人提高心肺耐力运动处方的基本内容包括：运动方式、运动强度、运动时间、运动频率和注意事项。

（一）运动方式

提高心肺耐力的有效途径是有氧运动。有氧运动是全身大肌肉群参加的中低强度、较长时间的周期性运动。老年人的有氧运动宜选择那些对骨关节没有太大压力的运动方式，例如：步行、骑自行车或功率车、游泳（或水中有氧运动）、非竞赛性球类运动，以及我国传统体育项目如太极拳、五禽戏、八段锦、扭秧歌、打腰鼓等。那些不便进行位移活动的人可进行坐位活动、固定自行车和水中活动。

（二）运动强度

比较准确的运动强度多用最大摄氧量表示，老年人可采用主观用力感受程度（表6-7）、最大心率百分比和代谢当量来制订合适的运动强度。

1. 主观用力感受程度　2007年，美国运动医学学会（The American College of Sports Medicine，ACSM）和美国心脏协会（American Heart Association，AHA）出版的关于老年人运动锻炼的建议是，相对于年轻人，老年人运动干预处方最大的不同就是制订相对运动强度。

表 6-7　老年人主观感觉用力评分

强度	主观测定法	
	疲劳感（10 分）	感觉情况
低强度	<4	0 分相当于坐姿状态,10 分相当于竭尽全力,中等强度会引起心率和呼吸频率显著性增加
中等强度	5~6	
较大强度	7~8	
高强度	9~10	

注:依据 0~10 分疲劳量表,5~6 分为中等强度运动;7~8 分为较大强度运动

2. **最大心率百分比**　最大心率是指进行运动负荷测试时,随着运动强度的增加,心率也在不断增加,当最大负荷强度时,心率不能继续增加而达到的最高水平。目前最流行的理论最大心率计算公式为:最大心率=220-实际年龄。然后再根据最高心率的百分比来计算运动的强度和划分运动类型。95%~100%是最高强度运动;85%~95%是无氧运动,训练目标是体能、速度和力量等。75%~85%是有氧运动,训练目标是心肺功能和耐力;60%~75%是体重控制运动,训练目标是一般的健身和燃烧脂肪;50%~60%是轻微活动,其作用只是保持身材或者运动前的热身,也可以用作肥胖者安全减肥。

3. **代谢当量**　运动时的耗氧量与安静时耗氧量的比值称为代谢当量。1MET 约为安静时的能量消耗(耗氧量),即约为 3.5ml/(kg·min)。由于该指标是以安静时机体的能量消耗(耗氧量)为基础的,因此也常用于描述和比较运动强度,在运动强度的制订中具有实际应用价值,多用于体质和健康锻炼方案。对于老年人来讲,一般采用 3~6METs 的身体活动,既能保证安全,又有助于体质和健康。

（三）运动时间

在运动强度一定的情况下,运动时间决定了运动量的多少。老年人的最佳运动量还未被完全阐明,它可能会因个体的遗传天赋、年龄、性别、健康状况、身体组成和其他因素而有所不同。例如,以久坐为主、有严重的慢性病或机体功能非常低下的人刚开始进行运动时,他们根本不能完成持续时间超过 30min 的运动。在这种情况下,每次低至 10min,每日 2~3 次的活动是比较合适的。这一时期对于体育活动的坚持是非常重要的。如果耐受的话,活动者可每 2~3 周增加 1 次运动强度和持续时间,直至达到期望的运动量。健康老年人运动至少应持续 30min,但超过 60min 的运动应不被提倡,因为其所带来的对健康的益处会消退。

低强度或中等强度,每天累计 30~60min,且保证每次至少 10min,每周共 150~300min 的运动;每天至少 20~30min,每周共 75~100min 较大强度运动。

（四）运动频率

低强度的运动方案可每日进行。对于一般人群,每周至少 5d 中等强度运动,或每周 3d 较大强度运动,或每周 3~5d 中等强度运动与较大强度运动相结合。对于老年人体育活动的 ACSM-AHA 建议是:老年人参加体育活动,若中等强度(<70%心率储备或 10 分的主观用力感受量表上为 5~6 分)至少每次 30min,每周 5 次,大强度为每次 20min,每周 3 次。高强度或剧烈的运动(>70%心率储备或 10 分的主观用力感受量表上为 7~8 分)应为每周 3~5 次以留出时间恢复,这对老年人而言是非常重要的,因为他们运动后的恢复比年轻人要慢。运动能力低的老年人可进行多种持续时间短的日常活动,而运动能力较好的老年人可进行每日 1 次,每周 3 次的活动。

（五）注意事项

按照循序渐进原则,从低强度、短时间的运动开始,逐渐增加运动强度、持续时间和运动频率,可每 2~3 周增加 1 次运动强度和持续时间,直至达到期望的运动量。那些不便进行位移活动的人可进行坐位活动,固定自行车和水中活动。

三、老年人肌肉力量运动干预

近年来,骨骼肌衰老受到广泛关注,并产生了一个专门名词:肌少症(sarcopenia),也称为肌肉丢失。该词源于希腊语,本意为肌肉的减少,是一种随着年龄的增长,以骨骼肌肌纤维的体积和数量减少、肌肉力量、肌肉耐力以及代谢能力下降、结缔组织和脂肪组织增多为主要特征的综合退行性病。研究证实,肌肉的丢失通常从 40 岁以后开始,65 岁以后丢失速度加快。随着增龄,老年人的骨骼肌蛋白更新率下降,蛋白质合成代谢逐渐低于分解代谢,造成肌肉丢失,引起肌肉质量的下降。年龄的增长,不仅能够引起肌肉质量的减少,而且会严重影响肌肉的功能。老年人的下肢力量下降的速度要快于上肢力量的下降速度,爆发力下降的速度快于力量的下降速度。而且肌肉的耐力下降,与年轻人相比,老年人的肌肉更容易疲劳。随着肌肉力量、速度和耐力的下降,再加上衰老导致的神经系统对肌肉的支配能力下降,老年人的平衡能力和动作速率下降,表现为易跌倒和行动迟缓,这也是人体衰老的典型特征之一。

针对老年人的骨骼肌衰老的情况,加强肌肉锻炼是很重要的。肌肉锻炼可以保持和提高老年人肌肉的力量和耐力、预防跌倒、提高活动能力、对抗肌肉的衰老,最终提高老年人的独立生活能力。

肌肉力量锻炼的运动处方基本内容包括:运动方式、运动强度、运动时间、运动频率和注意事项。

(一)运动方式

可以利用哑铃、杠铃、弹力带或健身房专业健身器械等力量锻炼器材进行肌肉力量锻炼;居家生活中,可借助自身体重、家居物品(如装满水的矿泉水瓶、装满沙子的食品罐等)进行肌肉力量锻炼。针对老年人经常采用的运动方式有:抓举小沙袋、小哑铃,使用弹力带、弹力绳等进行力量锻炼。

肌肉力量运动包括 8~10 组不同肌肉群(包括主要的肌肉群,如胸肌、背肌、腹肌、腿部肌肉、上臂肌肉等)抗阻收缩,每个肌肉群至少进行一组练习,每组练习重复 10~15 次。

(二)运动强度

如果具备专业测试条件,可以针对各大肌肉群进行最大力量测试,根据测试结果和运动目标设定运动强度。较为简便易行的测试方法是,以能够重复 10~12 次动作的负荷为运动强度,重复进行 3 组,每组间休息 1~4min。为兼顾慢性病患者运动安全性,起步阶段可以在相对更低的强度下进行,逐步增加到目标强度。

如果依据 0~10 分疲劳量表掌握运动强度,5~6 分为中等强度运动,7~8 分为较大强度运动。提高强度应至少以 2~3 周为周期逐渐增加强度。

(三)运动时间

针对大肌肉群,每个动作重复 10~12 次,主要动作都完成算 1 组,做 2、3 组,每组间休息 1~4min。一次力量锻炼总的时间控制在 20~30min。一些证据指出,减少举起的重量,增加重复次数至 20 次,可促进肌肉耐力的提高。

每周每次运动总时间应该控制在 20~30min。ACSM-AHA 的建议是进行 8~10 种不同的抗阻练习,10~15 次重复,每周至少 2d(非连续天)。采用 10 分的主观用力感受量表确定推荐的运动强度,中等强度为 5、6 分,剧烈运动为 7、8 分。ACSM-AHA 建议并未给出练习的组数。一个合理的建议是不超过 2、3 组。

(四)运动频率

低强度的肌肉力量锻炼可每天进行;达到中等强度的肌肉力量锻炼每周可进行 2、3 次,间隔应该在 48h 以上。

（五）注意事项

抗阻运动必须循序渐进,要遵循先练大肌群后练小肌群的原则。开始阶段最好有专业的人员进行辅导和监护。最初的 8 周是适应阶段,负荷要轻,掌握正确的锻炼方法和技术。运动时保持正常呼吸节奏,避免在憋气状态下运动。初始阶段,增加强度的方法是增加肌肉收缩次数,而不是增加重量。

四、老年人柔韧性运动干预

老年人进行柔韧性运动可以提高关节、韧带的灵活性和弹性,降低僵硬度,减少肌肉和韧带的损伤,预防或改善下腰痛以及预防老年人跌倒。柔韧性运动与有氧或抗阻训练结合起来可能更为有益。平衡训练可降低居于社区老年人的跌倒风险。这些目标对老年人而言是非常重要的,因为改善的柔韧性和平衡能力可延长老年人独立生活的时间。老年人在进行柔韧性练习前,应进行低强度的有氧运动热身,训练部位应集中于身体的主要关节(即髋、背部、肩、膝、躯干和颈部)。如果个体能耐受的话,可增加拉伸的幅度。

老年人柔韧性运动处方基本内容包括:运动方式、运动强度、运动时间、运动频率和注意事项。

（一）运动方式

伸展练习是最常用的柔韧性运动方式,练习过程中应该包括髋、腰、肩、膝、颈等各个主要关节。老年人宜选用静态的伸展练习方式,也可以采用中国传统体育活动太极拳等方式提高身体的柔韧性。

（二）运动强度

柔韧性练习时,伸展的幅度以感觉不舒适但又不引起疼痛为宜。依据 0~10 分疲劳量表,5、6分为中等、适中的强度。

（三）运动时间

每组肌肉伸展练习至少重复 4 次,每次坚持 10~30s。训练应包括主要肌群(颈、肩、臂、腰背部、股四头肌、股后肌群、小腿、踝关节)。总共建议控制在 10~30min。

（四）运动频率

柔韧性练习每周至少 2~3 次,也可每日进行。为保证柔韧性练习的运动量,可以在每次进行其他运动的热身和整理活动时进行柔韧性练习。

（五）注意事项

在拉伸常规动作期间,应缓慢进行,禁忌快速牵拉,避免动力性活动和憋气动作。进行柔韧性练习前也应该进行相应的热身练习。应控制好运动强度,关节伸展的幅度以不引起疼痛为原则。

（王维民）

第四节　老年人常见慢性病及其危险因素的干预

一、高血压及危险因素的干预

慢性病所指高血压(hypertension)是原发性高血压,是心脑血管病的最重要的危险因素,也是可以控制的危险因素,做好高血压患者的综合管理是落实慢性病防控的重要环节。

（一）一级预防

主要针对高血压的危险因素,在《中国高血压防治指南 2018 年修订版》中指出高血压危险因素包括高钠低钾饮食、超重肥胖、过量饮酒、缺乏体力活动、长期精神紧张,还包括年龄、高血压家

族史、糖尿病、血脂异常等。

1. 老年人血压的测量

（1）方法：①诊室血压：是诊断和分级的主要依据；②动态血压：有助于了解个体血压的基本规律，发现隐匿性高血压，诊断白大衣高血压，并可发现血压的昼夜节律和短时变异；③家庭自测血压：上臂式电子血压计，便于日常监测，避免白大衣效应（不建议用于精神高度焦虑患者）。

（2）注意事项：①老年人直立性低血压较多，因此需要测量立卧位血压；②老年人白大衣高血压多，注意排除；③老年人假性高血压多，注意排除；④老年人动脉闭塞疾病多，测双上肢血压，必要时测四肢血压。

2. 综合评估   对获得的基本资料进行分析评估，心脑血管病的预测与评估，发现高血压的危险因素，根据目前公认的危险因素确定是否为高血压的高危人群，对符合高危人群的老年人，进入高血压的一级预防管理，上述危险因素具备一项即可确定为高危人群，不必顾虑纳入的标准太低，及早管理有利于实现零级预防，降低高血压的发病率或者延缓高血压的发生。

3. 危险因素的管理   ①不良生活方式管理；②老人的血压测量方案；③定期随访项目及时间方案；④监测危险因素的控制情况和血压的动态变化。

（二）二级预防

明确诊断原发性高血压后，即进入高血压的二级预防。

1. 老年人高血压的诊断   老年人高血压：年龄 65 岁，血压持续或 3 次以上非同日坐位 140/90mmHg（表 6-8）。

表 6-8   血压水平分类和定义

分类	SBP/mmHg	DBP/mmHg
正常血压	<120 和	<80
正常高值	120~139 和/或	80~89
高血压	≥140 和/或	≥90
1 级高血压（轻度）	140~159 和/或	90~99
2 级高血压（中度）	160~179 和/或	100~109
3 级高血压（重度）	≥180 和/或	≥110
单纯收缩期高血压	≥140 和	<90

注：当 SBP 和 DBP 分属于不同级别时，以较高的分级为准
摘自：《中国高血压防治指南 2018 年修订版》

2. 老年人高血压的特殊类型   ①老年人单纯收缩期高血压（ISH）：收缩压 140mmHg，舒张压 90mmHg；②清晨高血压：清晨醒后 1h 自测血压或起床 2h 动态血压 135/mmHg，或者上午 6：00~10：00 的诊室血压 140/90mmHg。

3. 老年人高血压的特殊问题   ①老年人高血压合并直立性血压变异：指改变体位为直立的 3min 内，收缩压下降（20mmHg）和/或舒张压下降（10mmHg），伴有或不伴有低灌注症状。还有卧位高血压（卧位血压 140/90mmHg）；卧位高血压伴有立位低血压称为卧位高血压-立位低血压综合征。②老年人高血压合并餐后低血压：老年患者进食后 2h 收缩压比餐前下降 20mmHg 以上或餐前收缩压 100mmHg，而餐后 90mmHg 或餐后血压下降不达到上述标准，但是出现心、脑缺血现象（心绞痛、乏力、晕厥、意识障碍）。③白大衣高血压。④老年人假性高血压引起低血压及相关症状（晕厥、衰弱、冠脉事件和脑卒中）的现象。

4. 高血压的危险分层   以《中国高血压防治指南 2018 年修订版》制定的高血压的危险分层

标准进行危险分层。

5. 老年人高血压的处理

（1）低危险个体：只进行生活方式干预，纠正危险因素。

（2）中危险个体：生活方式干预的同时，药物治疗。

（3）高危险个体：生活方式、药物治疗、靶器官损害和并发症的监测，初诊老年高血压患者的评估和监测程序见图6-1。

6. 生活方式干预重点强调的问题

（1）膳食指导：严格限制钠的摄入量，执行每日6g以下的原则，严格限制酒精的摄入，注意补充钾、钙、镁。

（2）运动指导：避免可能需要憋气的动作，如举杠铃等，以有氧运动为主。

7. 药物治疗的选择

（1）起始单药治疗适用于下列患者：①血压<160/100mmHg；②收缩压150~179mmHg/舒张压<60mmHg；③危险分层属于中危。

（2）起始联合药物治疗适用于下列患者：①血压≥160/100mmHg；②收缩压>180mmHg/舒张压<60mmHg；③血压高于目标值20/10mmHg；④危险分层属于高危。根据起始治疗效果决定是否需要第2步、第3步治疗措施。

8. 老年人高血压患者的治疗目标　最大限度地降低心血管并发症及发生死亡的危险。需要治疗所有可逆的心血管危险因素、亚临床靶器官损害及各种并存的临床疾病。

起始治疗血压值≥150/90mmHg。降压目标值：

（1）年龄≥65岁的患者，血压应降至150/90mmHg以下，如能耐受可进一步降低至150/90mmHg以下。

（2）年龄≥80岁的患者，一般情况下血压不宜低于130/60mmHg。

（3）老年人高血压合并糖尿病、冠心病、心力衰竭和肾功能不全患者降压目标应<140/90mmHg。

降压过程避免降压过快过低，在患者能耐受的情况下，逐步平稳达标。

9. 老年高血压患者的随访与血压管理　具体见流程图（图6-2）。

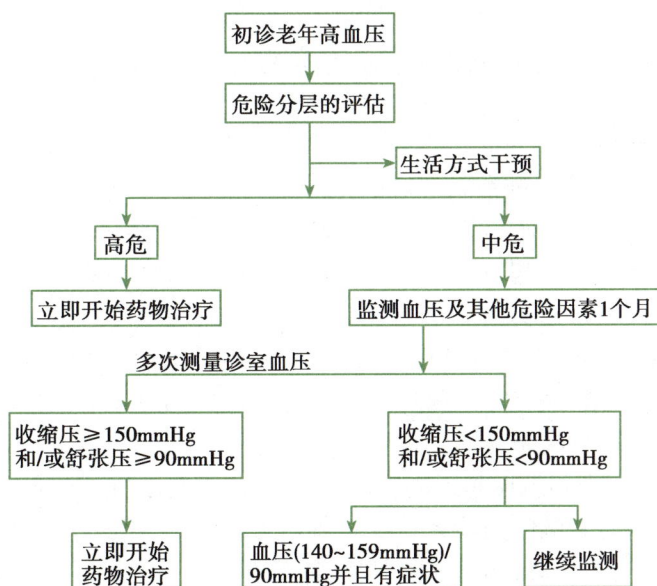

图6-1　初诊老年高血压患者的评估和监测程序

李小鹰，王建业，于普林. 老年医学年鉴. 北京：中华医学电子音像出版社 2017

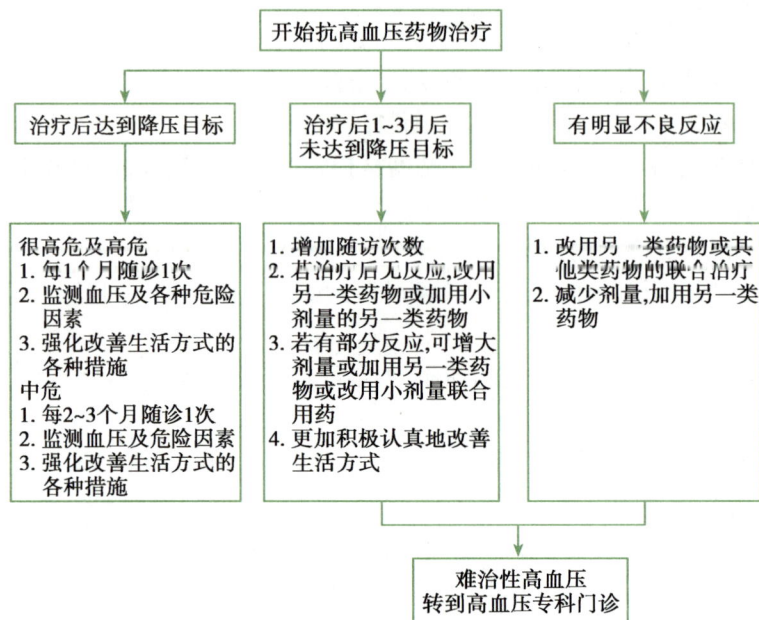

图 6-2　老年高血压患者药物治疗开始后随诊流程

（三）三级预防

高血压三级预防的目的是预防或延缓高血压导致的靶器官损害的发生发展,及时发现、及时控制,延缓其进展,保护脏器功能,降低致残率,提高生存率。在三级综合医院的指导下,社区进行密切监控随访,及时转院。

二、冠心病及其危险因素的干预

冠心病(coronary heart disease,CHD)的流行病学特点是随增龄而增多,是老年心血管疾病的主要死亡原因。冠心病是一种可防可控性疾病,国内外大量研究显示通过改变生活方式和恰当的药物治疗,如戒烟、健康饮食和加强锻炼可以使心肌梗死的发病危险降低 80%。

（一）一级预防

冠心病的一级预防重点是控制危险因素,一级预防的主要措施包括:

1. 生活方式干预。

2. 控制高血压达标。

3. 控制糖尿病达标,严格血糖控制可阻止大血管并发症。

4. 调脂治疗　首先进行心血管疾病危险因素评估和临床血脂异常评估,按照《中国成人血脂异常防治指南》血脂异常危险分层方案及血脂异常患者开始调脂治疗的目标值进行调脂治疗。

（二）二级预防

二级预防主要针对冠心病实现早发现、早诊断和早治疗,其目的是减少冠心病和冠心病等危症人群发生或再发生急性事件的危险,预防病情恶化或复发,保护心肌,降低心力衰竭、猝死等冠心病严重并发症的发生率,提高患者的生存率和生存质量。

1. 生活方式干预　需要强调的是运动管理,对于目前明确诊断冠心病的老年患者,运动指导要个性化,由专科医师进行相应的风险评估及运动耐力的评估,出具运动康复指导意见,小量开始,循序渐进,避免过量运动,降低运动风险,提高运动效果。

2. 长期服用阿司匹林(75~150mg/d)治疗。阿司匹林禁忌者,可用氯吡格雷(75mg/d)替代。接受经皮冠状动脉介入治疗(percutaneous coronary intervention,PCI)的患者,联合应用阿司匹林和氯吡格雷至少 12 个月;氯吡格雷不能耐受或有明确抵抗证据者,用替格瑞洛或普拉格雷作为替代。

3. 长期应用 β 受体阻断药作为二级预防。

4. 长期服用血管紧张素转化酶抑制剂(angiotension converting enzyme inhibitors,ACEI)作为二级预防。具有适应证但不能耐受 ACEI 治疗的患者,可服用血管紧张素 Ⅱ 受体拮抗剂(Angiotensin-receptor blockers,ARB)类药物。

5. 长期使用他汀类调脂治疗,除有效降低 TC 及 LDL-C 水平,他汀类药物治疗还有延缓斑块进展,使斑块稳定和抗炎等作用。如无禁忌证,长期使用他汀类药物,使 LDL-C 降至<1.8mmol/l。

6. 在药物的使用中充分考虑老年人的特殊性,严格掌握适应证和禁忌证,并密切观察副作用出现的可能。

(三)三级预防

冠心病的三级预防重点是做好冠心病患者的管理,从生活方式、到药物治疗的监督和指导,降低复发风险,预防或延缓冠心病并发症的发生,例如心力衰竭、严重心律失常等,并及时发现并发症的征兆,及时采取相应的措施,降低冠心病的致残率和病死率,提高老年人的生存质量。

三、糖尿病及其危险因素的干预

(一)糖尿病(diabetes mellitus)定义

糖尿病是一组代谢性疾病,由于胰岛素分泌或作用缺陷,或两者同时存在引起高血糖。糖尿病往往伴随着各种组织,眼、肾、神经、心脏和血管的损伤、功能缺陷及衰竭。

(二)老年人糖尿病的特点

1. 发病率高,糖尿病已经成为老年人的多发病、常见病。

2. 老年人糖尿病 95% 以上是 2 型糖尿病。

3. 老年人糖尿病较少出现典型的三多(多饮、多食、多尿)症状。

4. 诊断多不及时,症状不典型,常规查体项目不针对,难以早期发现。

5. 并发症多,常常以并发症为首发症状就诊而诊断糖尿病。

6. 合并疾病多,如冠心病、高血压、肾功能不全等,增加了治疗复杂性。

7. 脏器功能潜在受损,增加了用药的危险性。

8. 易于发生无症状性低血糖,导致严重后果,如心肌梗死、昏迷甚至死亡。

(三)一级预防

糖尿病一级预防的目的是对糖尿病的危险因素进行监控管理,以生活方式干预作为主要手段,预防或延缓糖尿病的发生发展;对糖耐量异常的老年人,在生活方式干预的基础上,合理用药,阻止或延缓向糖尿病的进展。最终目的是降低糖尿病的发病率。

1. **生活方式干预**　同一般生活方式干预原则,特别强调的是饮食管理要精细,降低饮食的热卡,限制甜食的摄入,坚持规律运动和体重控制。

2. **每年 1 次的体检项目**　必须包括空腹血糖、餐后血糖、糖化血红蛋白,必要时糖耐量检查,及早发现异常,及早诊断。

(四)二级预防

糖尿病二级预防的目的是对已经诊断的糖尿病患者进行监测管理,严格控制各种代谢指标,预防糖尿病的大血管及微血管的慢性并发症及代谢紊乱造成的急性并发症,保护脏器功能。

1. **生活方式干预**　特别强调的是精细的饮食和运动管理是糖尿病的管理重点,达到药物所不能替代的效果。教会老年患者掌握饮食和运动的平衡关系,既可以降低血糖,不用药或晚用药或少用药,又可以避免低血糖的发生。

(1) 饮食管理:30%的老年糖尿病患者只需要饮食管理即可使糖尿病得到控制。饮食管理

需要注意几个问题：①限制总热量并营养均衡；②少食多餐，降低血糖峰值；③定时定量，避免低血糖，保持血糖平稳。

（2）运动管理：适当合理的运动可以降低血糖，有利于体重减轻、提高胰岛素的敏感性，改善血糖和脂质代谢紊乱。老年糖尿病患者的运动需要注意几个问题：①运动时间最好在餐后 30min后；②定时定量，避免低血糖的发生，保持血糖平稳；③随身携带糖类食品，以备急用。

2. 药物治疗　在生活方式干预的前提下，仍不能控制达标者，合理选择用药。糖尿病的主要治疗药物包括促进胰岛素分泌剂、双胍类、α-葡萄糖苷酶抑制剂、胰岛素增敏剂和胰岛素。药物原则上由综合医院的专科医师结合患者的具体情况进行选择，社区重点监测患者的用药情况，饮食和运动的配合情况，观察药物的副作用，特别是低血糖反应，定期复查肝肾功能等。

3. 糖尿病控制的监测

（1）自我血糖监测：观察和记录血糖水平和规律，为调整用药提供依据。

（2）动态血糖监测：反映全天血糖的波动全貌，发现血糖变化规律，为进行个性化的生活指导和治疗方案调整提供依据。

（3）糖化血清蛋白监测：每 3 周复查。

（4）糖化血红蛋白监测：每 3 个月复查，了解糖尿病控制的总体情况，及时调整方案。

（5）根据情况定期检查肝肾功能，及时发现药物副作用，利用生化指标了解体内水电平衡和酸碱平衡情况。

（6）每半年至 1 年全面检查，除了糖尿病指标外，还包括对大血管和微血管并发症的筛查。

4. 糖尿病的主要并发症的监控与筛查

（1）急性并发症：高渗性昏迷（非酮症高渗性糖尿病昏迷）、酮症酸中毒、乳酸性酸中毒、低血糖反应。

（2）慢性并发症：包括糖尿病微血管病变、糖尿病大血管病变、神经病变、糖尿病足、糖尿病合并感染。糖尿病微血管病变以糖尿病眼病和糖尿病肾病多见，糖尿病大血管病变主要是脑血管病变、心血管病变和下肢血管病变，如脑梗死、心肌梗死、脑梗死及下肢间歇性跛行。

（3）慢性并发症的筛查：每年进行眼底血管检查、下肢动脉超声、颈动脉超声、尿微量蛋白等检查，每半年进行生化检查，包括血脂、肝肾功能、电解质等。每年就诊 1 次神经内科，了解神经病变，脑血管风险评估及必要的检查。每年就诊 1 次心内科，了解心血管病风险评估及必要的检查。每年就诊 1 次眼科，了解眼底病变情况。

对于老年糖尿病高危人群和糖尿病患者，管理的核心是长期将血糖控制在达标范围，在血糖控制的同时，监测神经病变、血管病变等（视网膜病变、冠心病、脑卒中等）糖尿病的慢性并发症，阻止或延缓其发生发展；降低糖尿病的急性并发症的发生率。最终降低糖尿病的发病率、致残率，提高老年人的生存质量。

（五）三级预防

三级预防的目的是积极对已经发生的并发症进行治疗、监控和管理，保护重要脏器功能，减少糖尿病的致残率和死亡率。

四、慢性阻塞性肺部疾病及其危险因素的干预

（一）慢性阻塞性肺部疾病定义

简称慢阻肺，主要包括慢性支气管炎和肺气肿两种疾病。COPD 是一种常见、多发、高致残率和高致死率的慢性呼吸系统疾病。

（二）COPD 的诊断

凡是有慢性咳嗽、咳痰或伴有呼吸困难，同时具有 COPD 危险因素的患者均应行肺功能检测。在应用吸入性支气管扩张剂后，1s 用力呼气容积与用力肺活量比值（FEV1/FVC）0.7 者即可

诊断 COPD。

（三）一级预防

主要针对 COPD 高危人群,特别是已经出现慢性咳嗽、咳痰的人群作为管理的重点人群。

1. **吸烟**　是导致 COPD 的主要危险因素,因此阻止 COPD 发生和进展的关键措施是戒烟。

2. **减少职业性粉尘和化学物质吸入**　对于从事接触职业粉尘人群,如煤矿、金属矿、棉纺织业、化工行业及某些机械加工等人群应做好劳动保护。

3. **减少室内空气污染**　避免在通风不良的空间燃烧生物燃料,如烧柴做饭、在室内生炉火取暖、被动吸烟等。

4. **防治呼吸道感染**　秋冬季节注射流感疫苗,避免到人群密集的地方,保持居室空气新鲜,发生上呼吸道感染应积极治疗。

5. **加强锻炼**　根据老人的具体情况选择适合的个性化锻炼方式,如散步、慢跑、游泳、爬楼梯、爬山、打太极拳、跳舞等。

6. **呼吸功能锻炼**　呼吸功能锻炼的一个重要的目的是保持良好的肺功能,只有保持良好的肺功能才能有较好的活动能力和良好的生活质量。可通过做呼吸瑜伽、呼吸操、深慢腹式阻力呼吸功能锻炼、唱歌、吹口哨、吹笛子等进行肺功能锻炼。

7. **耐寒能力锻炼**　可采取从夏天开始用冷水洗脸;每天坚持户外活动等方式锻炼耐寒能力,提高预防上呼吸道感染的抵抗能力,降低肺部感染的风险。

（四）二级预防

及时发现高危人群的危险征兆。对于慢性咳嗽患者,建议每年行肺功能检查 1 次,肺功能检测是 COPD 诊断的金标准,简便易行,做到及时诊断,及时治疗。针对已经发生 COPD 的患者,避免病情反复加重,延缓肺功能的下降,降低并发症的风险,提高患者的生活质量,延长寿命。

1. 指导患者正确使用支气管扩张剂。

2. 指导患者进行锻炼,呼吸功能康复训练,排痰训练,提高自身抗病能力,保持气道通畅,避免反复发生感染加重病情。

3. 为患者安排注射流感疫苗、肺炎疫苗等。

4. 指导患者正确使用氧疗。

5. 督促患者定期到呼吸专科复查,调整治疗康复方案。

6. 指导患者饮食,加强营养,帮助患者树立信心,积极配合治疗随访。

（五）三级预防

对于已经存在肺功能受损或呼吸衰竭的患者,预防感染、协助排痰氧疗,指导营养补充,全面家庭护理,避免褥疮等并发症,提高抗病能力,提高生活质量,降低死亡率。密切观察病情变化,及时送往医院综合救治。

五、脑卒中及其危险因素的干预

（一）脑卒中（stroke）的定义

脑卒中是一种急性脑血管病,由各种血管性病因(包括出血和缺血)引起的急性或局灶性脑功能障碍。

（二）一级预防

1. **生活方式干预管理**　长期规律的体力活动可以提高神经认知功能,促进神经生长因子分泌,并通过调节神经内分泌系统,提高机体对应激事件的自我保护能力;还可降低血压,减少糖尿病、肥胖的发生,从而减少卒中的风险。流行病学研究提示:经常进行体力活动者发生卒中或死亡的风险较平时不运动者降低 25%～30%。

2. 高血压治疗与管理。

3. 糖尿病治疗与管理。

4. 无症状性颈动脉粥样硬化的监测与管理　颈动脉内膜中层厚度(CIMT)与心血管疾病之间的相关性研究显示,CIMT 每增加 0.1mm,卒中风险提高 13%。有明确的证据显示健康的生活方式可以阻止颈动脉斑块的形成。对于脑卒中高危人群建议常规检查颈动脉彩超,并每年复查,根据发现的问题进行相应地干预:①仅发现内膜增厚的人群,进行生活方式干预;②确诊的不稳定斑块(包括软斑块或混合性斑块)患者建议在生活方式改变的基础上服用他汀类药物治疗;③确诊的颈动脉狭窄(狭窄>50%)患者应当每日给予他汀类药物和阿司匹林,并建议在有资质的医院每年复查颈动脉彩超;④确诊的颈动脉重度狭窄(狭窄>70%)且预期寿命>5 年者,建议其可以在有条件的医院行颈动脉剥脱术(carotid endarterectomy,CAS)治疗,同时推荐联合应用阿司匹林治疗;⑤经过慎重选择的患者中 DSA 证实狭窄≥60%,多普勒超声证实狭窄≥70%,或超声显示狭窄 50%~60%,而 CTA 和 MRA 证实狭窄>80%)可考虑行预防性 CAS。

5. 房颤治疗与管理　对心房颤动患者进行危险分层并给予恰当的卒中预防治疗是一级预防的重要任务。对所有心房颤动患者都应进行卒中风险和出血风险评估。瓣膜性心脏病心房颤动(风湿性中重度二尖瓣狭窄和机械瓣置换术后),具有危险因素的非瓣膜病心房颤动患者应该接受抗凝治疗。

6. 睡眠呼吸障碍的筛查与管理　习惯性打鼾是缺血性卒中的独立危险因素。睡眠呼吸障碍可以增加卒中的发病率、复发率和致死率。睡眠呼吸障碍的危险因素包括肥胖、年龄、性别、上气道解剖异常,遗传因素、长期大量饮酒、重度吸烟、服用镇静安眠剂或肌松剂等。对于高危人群建议行睡眠呼吸监测进行筛查,睡眠呼吸监测是诊断睡眠呼吸障碍的"金标准"。除了病因治疗外,一般性治疗主要是针对危险因素采取的相应措施:减肥、戒烟、限酒、侧卧睡眠、抬高床头、避免过度疲劳,口腔矫治器以及使用呼吸机给予气道内正压通气治疗等。

7. 阿司匹林的应用　对于心脑血管疾病高危人群(10 年心脑血管疾病发病率>10%),推荐使用阿司匹林预防心脑血管疾病的发生;对于卒中低危人群,不推荐使用阿司匹林作为卒中一级预防用药。

(三)二级预防

二级预防的对象为首发脑卒中患者和复发脑卒中患者,通过寻找患者发病和复发的原因,针对可进行干预的原因实施干预治疗,实现降低患者疾病复发风险的目标。早发现、早诊断、早治疗是二级预防的重点,随着医疗技术的进步,及早就诊、及时处理可以显著降低脑卒中的病死率和致残率。

1. **加强健康宣教**　提高老年人对脑卒中的警觉性。

2. **识别脑卒中的早期征兆**　①突然头晕;②肢麻、面麻和舌发麻;③说话吐字不清;④突然一侧肢体活动不灵活或乏力,有的出现肢体抽筋或跳动;⑤头痛程度突然加重;⑥原因不明的跌倒;⑦精神状态发生变化,有的嗜睡;⑧全身无力伴有出汗;⑨恶心、呕吐伴有呃逆;⑩一时性视物不清。

3. **正确处理突发事件**　马上拨打急救电话,让患者就地平躺,头偏向一侧,避免误吸,尽快送至附近有神经内科治疗条件的综合医院。

4. **治疗随访**　为避免复发和并发症的发生,按照专科医师给予的治疗康复方案,坚持长期治疗随访。

(四)三级预防

脑卒中是导致老年人致残的重要原因,三级预防的目的是减少脑卒中的后遗症,促进功能康复,降低致残率、病死率,尽可能地改善老年人的生活质量。

三级预防的重点一方面控制危险因素,预防复发和新事件的发生,另一方面进行积极的、持续的、有计划的康复训练,包括物理疗法、作业疗法和语言疗法等,并同时给予心理指导,树立信心,使患者有积极性和主动性,对于康复效果会有很大的促进作用。通过对脑卒中患者实施早期康复治疗,神经功能尽早康复,从而降低脑卒中患者的致残率和病死率,最大程度地减少疾病对患者生活能力的影响,促进患者早日回归正常生活,减轻家庭和社会负担。

六、老年痴呆及其危险因素的干预

(一)痴呆(dementia)的定义

痴呆是由于慢性或进行性大脑结构的器质性损害引起的高级大脑功能障碍的一组综合征,患者在意识清醒的情况下出现持久的、全面的智能减退,表现为记忆力、计算力、判断力、注意力、抽象思维能力、语音功能障碍、情感和行为障碍,生活、社交、工作能力明显减退或丧失。我国老年痴呆最常见的类型是阿尔茨海默病(Alzheimer's disease,AD),占50%;血管性痴呆占15%~20%。AD是一种病因未明的原发性退行性脑变性疾病,多起病于老年期。

(二)一级预防

一级预防是在AD未发生时针对危险因素采取措施,由于AD尚无特效治疗手段,一级预防显得尤为重要,也是预防AD的根本措施和最重要的环节。社区卫生服务中心对社区居民普及AD的相关知识,减少与危险因素的暴露机会,及时发现AD早期征兆,及时就诊。对于AD的高危人群纳入一级预防重点人群。

1. **生活方式指导**

(1) 合理膳食:热卡及脂肪摄入过多可增加AD发病的危险性,故应限制总热量及脂肪摄入;补充烟酸、维生素B_{12}、叶酸有益于预防AD,故应摄入含烟酸较多的食物,包括鸡蛋、家禽、乳制品、鱼及全谷类食物,多吃水果蔬菜可通过抗氧化剂抗炎作用减少AD的发生。

(2) 戒烟限酒:研究认为吸烟是认知功能降低的强危险因子,吸烟越多患病率越高,吸烟者比不吸烟者AD患病率增高50%。大量饮酒可导致脑损伤,加重AD发病的危险,而中小量饮酒可能降低AD发病的危险。

(3) 适量运动:缺乏体育锻炼是AD的重要危险因素之一,增加运动被列为防治AD的重要措施之一。研究表明经常进行太极拳、散步、手部健身操、球、棋牌运动可以有效预防AD。脑功能锻炼可显著增加脑血流量,是防治AD的重要措施。脑功能锻炼包括多动脑、多学习,加强左半身肢体及双手手指锻炼。

(4) 参与社会活动及复杂的职业活动,对预防AD极为重要。

(5) 预防跌倒,以避免脑外伤导致的AD。

2. **预防和治疗与AD相关的疾病**　高血压、高血脂、动脉硬化、糖尿病、脑血管意外等各种心血管疾病,以及抑郁症、甲状腺功能低下等疾病的治疗,可降低AD的发病风险。

3. 减少镇静安眠药以及与促进AD发生的相关药物的使用,并加强管理。

4. 降低与AD有关的其他危险因素的接触,例如单纯疱疹病毒感染、细菌、寄生虫、变态反应、用铝制容器烧制饮水、长期接触化学毒物等。

(三)二级预防

AD二级预防的重点主要是早发现、早诊断并给予早治疗。

1. 做好对AD的科普宣传,提高社区居民对AD的认识,特别是危险因素的认知,减少与危险因素的接触机会,提高对AD早期征兆的识别能力,及时就医或送医。

2. 加强对医务人员AD基本技能的培训,提高医务人员的诊断、治疗水平,特别是作为预防前哨的社区卫生服务中心的医护人员。

3. 对老年人每年进行轻度认知障碍(Mild Cognitive Impairment,MCI)筛查和简易智力状态检查量表(MMSE)筛查,还要进行记忆、言语、定向、注意及行为方面的测定。

4. 对已出现轻度认知障碍(MCI)的对象,包括记忆及智力下降达到二、三级的对象做到早发

现,及时转至综合医院神经内科进行早诊断、早治疗,阻止或延缓向 AD 进展。

（四）三级预防

三级预防的目的是促进功能恢复,降低或延缓伤残,提高生存质量,提高自我生存能力,减少并发症、降低死亡率,延长寿命。痴呆管理流程见图 6-3。

在药物治疗的基础上,对症治疗相应的症状,包括精神症状等,预防并发症和伤残。三级预防的重点是康复和照护,康复治疗包括功能康复、心理康复、社会康复和职业康复。康复训练包括日常生活能力的训练、认知功能的训练、心理治疗、合适的体力活动、文娱活动和社交活动等。相关研究发现综合康复训练可有效改善患者认知功能、日常生活能力和精神行为症状。

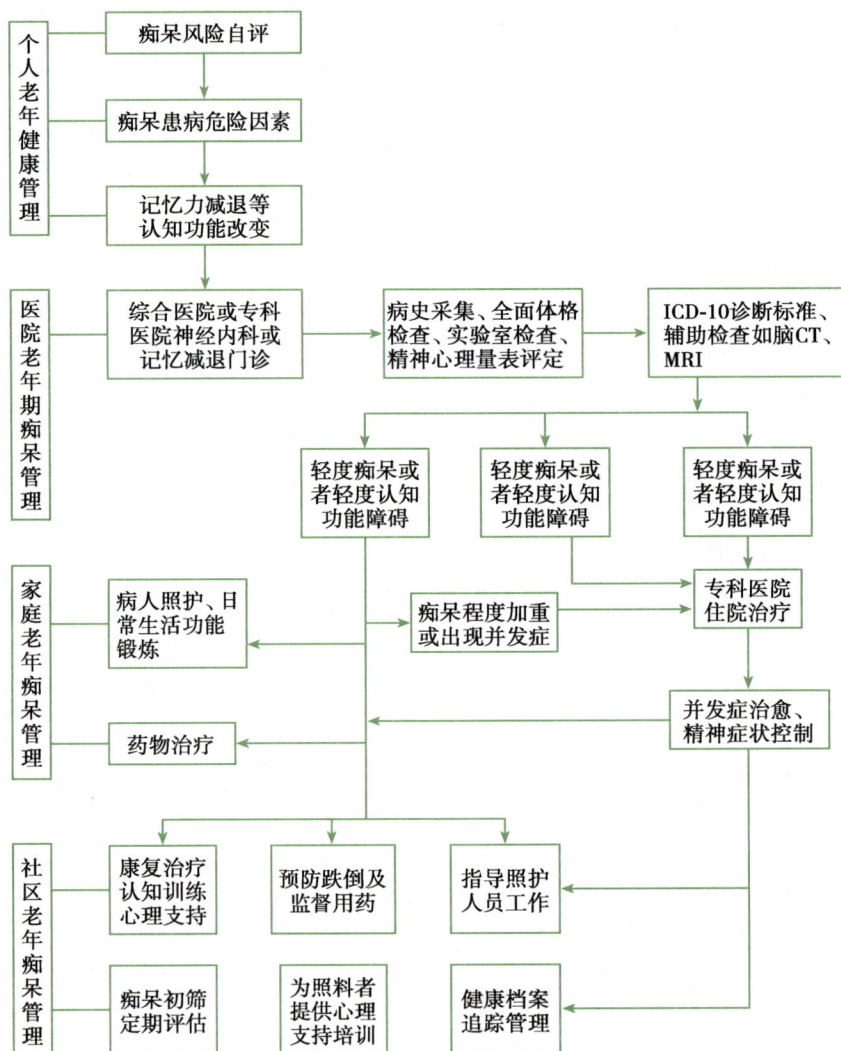

图 6-3 老年痴呆管理流程图

陈峥.老年综合征管理指南.北京:中国协和医科大学出版社,2011

七、老年帕金森病及其危险因素的干预

（一）帕金森病（Parkinson's disease, PD）定义

PD 是一种常见于中老年的神经变性疾病。最主要的病理改变是中脑黑质多巴胺（dopamine,DA）能神经元的变性死亡,由此而引起纹状体 DA 含量显著性减少而致病。临床有四

个主要症状,运动迟缓,静止性震颤、肌强直和姿势步态不稳定,核心症状是运动迟缓。

(二)一级预防

由于 PD 的病因和发病机制尚不清楚,一级预防比较困难,目前尚无有效的预防措施阻止疾病的发生和进展。对于健康人群加强帕金森病的健康宣教,尽量避免可能的危险因素。流行病学证据显示每天喝 3 杯绿茶可以降低患 PD 的风险。维生素 E、辅酶 Q10 以及鱼油等可能对神经元有一定的保护作用。多食含酪氨酸的食物如瓜子、杏仁、芝麻、脱脂牛奶等可促进脑内多巴胺的合成,适当控制脂肪的摄入。

(三)二级预防

对 PD 的高危人群进行监控随访,帮助他们提高对 PD 可疑症状的识别能力,及早就诊。目前还缺少早期发现的有效筛查手段。

(四)三级预防

三级预防的目的是通过康复训练减慢功能退化的速度,尽量延长自我生存能力的时间,降低并发症的发生率。晚期并发症主要是由于少动引起的,如褥疮、败血症、心力衰竭、肺部感染和泌尿系感染等。

1. **心理疏导**　使患者树立信心,避免悲观失望,自我放弃。教育家属如何帮助患者提高自我生存能力,而不是一味地生活照顾。

2. **康复训练**　有助于延缓功能退化,改善僵硬状态,保持躯体运动灵活性,提高自我生存能力。包括:①吞咽训练:维持吞咽和咀嚼能力,保证进餐并避免呛咳,预防吸入性肺炎;②语言障碍的训练:保持语言表达能力;③躯体各部位的训练:保持活动能力,避免跌倒等。

3. **生活照护**　保证营养均衡,大便通畅,预防感染、褥疮、跌倒。

(李　敏)

第五节　老年人心理健康管理干预

一、老年人的情绪管理

人到老年,由于社会角色的转变,生活磨练,复杂的家庭关系及不好的健康状况,常有负面或消极的情绪产生,如烦躁、愤怒、焦虑,导致人体许多生理变化,甚至可形成生理上的疾病。情绪管理就是发现和感知焦虑、烦躁、愤怒等不良情绪,并采取有效的手段进行调节,帮助其建立良好正面情绪的过程。

(一)老年人情绪特点

1. **情绪不稳定**　表现为易激怒、易兴奋,经常被负面情绪控制;老年人的世界观、人生观和价值观都已成型,有自己独特的为人处世模式,不符合老年人身心特点和个性特点的人和事易让老年人激怒,经常出现烦躁、焦虑、伤感甚至对死亡的恐惧。部分老人表现为易兴奋,联想与回忆增多,怀恋过去,控制不住情绪;因难以控制而感到痛苦和不快,部分甚至表现为爱哭。

2. **自控能力差**　由于大脑和机体的衰老,少数老人则变得很难接受和适应新生事物,主观固执,更不会因为他人因素的影响而改变自己的思想和观念。不仅对当前事情易怒,而且容易引发对以往情绪压抑的怒火爆发。

(二)老年人的情绪管理

老年人的不良情绪常常导致其社会适应能力的缺陷;甚至出现生理疾病,给家人和朋友造成了困扰,因此对老年人进行有效的情绪管理可以更好地适应角色的变化和正在变化的社会环境。

1. **情绪管理的自我调节**

(1) 自我认识与接受:老年人要客观地了解和对待事物的发展规律,特别在社会发展的过程中,老年人的经济及社会地位的变化,使一些老人产生心理不平衡,滋生苦恼、不安和抑郁情绪,从而影响健康。在不良情绪出现时,需要学会接受,不要花大量的时间和精力与之对抗,这样就能把情绪调整好,随着时间推移,练就应变和适应社会的能力。

（2）适度宣泄:老年人在产生苦闷、抑郁等不良情绪时,不要一个人独自承受,可以适当地找自己的朋友诉说心声,也可以自己向自己倾诉,不要让不愉快的情绪淤积在心里,要学会清除情绪的垃圾,减少心头压抑。要学会控制自己的情绪,保持冷静及理智分析,不要大悲、大怒。老年人要保持思想开阔、情绪稳定、乐观温存、无忧无虑,这样就具备了通向长寿的条件。

（3）注意力转移:在产生负面情绪时,不要一味地去回想整个事情经过,可以通过做别的事情来转移注意力,从而调节情绪。充实自己的生活,丰富生活的兴趣,积极地去寻找快乐的幸福,勇敢地到社会中去,到朋友中去,可以从自己的爱好和兴趣出发,如艺术欣赏、听音乐、跳舞、书法、旅游、写作。参加各种业余活动不仅可以消除孤独感,而且可以提高情趣、活跃思想、养性颐情、锻炼身体、增长知识,使自己浸入乐而忘忧之中。

2. 情绪管理的外部环境调节　人们在对事物和人之间的需求渴望的体验中产生情绪,因此在情绪管理方面要注重满足不同阶段不同层级的需求。

（1）要满足老年人的生理需求:对于老年人而言,身体健康是最为关键的问题所在,随着年龄的增加,死亡焦虑也会随之增加,老年人在面对死亡时很容易产生恐惧和焦虑等负面情绪。定期的全面身体检查是根本保障;注意饮食的科学、合理和卫生;针对老年人进行定期的健康教育,健康手册和健康科普图书可以提高健康素养和自我健康管理能力;通过这些手段来让老年人的健康需求得到满足,从而帮助老年人建立良好的情绪。

（2）要满足老年人社会需求:尊重和对团队的需求是产生良好情绪的基础,对于老年人亦如此。形成关注、尊重老年人的良好社会风气,有利于老年人良好情绪的形成。例如,在银行优先为老人提供服务等。良好的社会福利为老年人幸福安度晚年创造了条件,从而满足老年人对集体和安全的需求;在老年人日常生活与活动中,注重老年人个人才艺、特长,调动他们的积极性,发挥其特长和优势,对老年人的情绪也将产生积极影响。

（3）要满足老年人家庭需求:对于老年人来说最渴望得到的就是亲情和友情,家庭是老年人的主要生活场所,其安全感最主要来自子女的关心、照顾及家庭和睦。老年人的家庭需求主要受以下三个因素影响:①夫妻关系:离婚、丧偶和再婚是老年人遇到的主要婚姻问题,对老年人情绪产生重大的影响;社会外界对老年人婚姻的评价和看法,无形中增加了老年人的负面情绪,社会应给予充分的支持和理解。②与子女之间的关系:家庭日趋小型化是现代家庭的共同特点;子女与老人的分居不仅使老年人难以得到子女时时无微不至的照顾和关心,亦使老年人感到寂寞孤独;晚年丧子、子女患病,或是子女为争财产而不顾骨肉手足之情;子女不孝、婆媳关系紧张都会影响老年人的情绪。③与孙辈之间的关系:代沟往往会导致家庭内部的人际关系矛盾,从而对老年人的情绪产生不良影响。尊重和爱是老年人的两种重要的心理需要,在与孙辈的交往中可以获得,就能因此获得较大的心理满足,产生良好情绪。

二、老年人退休综合征的心理调节

退休综合征是一种老年期典型的心理适应不良的心理疾病,直接损害退休老人的身心健康,加速衰老过程,因此必须及时有效地加以控制和消除。

1. 退休前应做好充分的心理准备　衰老是不以人的意志为转移的客观规律,退休也是不可避免的。我们应该将心理干预的工作放在退休前,开设心理卫生讲座及进行个人咨询,正确评价自己,协调好各种关系,保持稳定的情绪和有良好的社会适应能力,调整心态,顺应规律。同时在退休之前逐渐淡化职业意识,减少职业活动,转移个人的生活重心,增添新的生活内容。初步确定与自己的文化经济背景、生活阅历、性格特点和身体条件等相适应的退休生活模式,以便更好地顺应退休生活。将退休生活视为另一种绚丽人生的开始,重新安排自己的工作、学习和生活,做到老有所为、老有所学、老有所乐。

2. **退休后保持充实的生活**

（1）发挥专长,贡献余热:有专长的老人提供再就业机会:如果退休之前是专业技术人员,则可以受聘回到原单位或去新的工作单位从事力所能及的专业技术工作,这样做既为社会贡献了余热,又满足了自己的心理需求,同时也能获得一定的物质收入,提高自己的生活质量。分阶段退休及利用老人照顾老人,提高老人的自助能力,无疑将有利于退休老人发挥"余热"和有利于他们的心身健康。

（2）学习和培养兴趣爱好:"活到老,学到老",一方面学习促进大脑的使用,使大脑越用越灵活,延缓智力的衰退;另一方面老年人要通过学习来更新知识,跟上时代的步伐。培养及保持兴趣爱好,健康的兴趣爱好会使退休老人生活充实,精神愉快,能增长知识,促进思维能力,陶冶情操,消除许多不良的心理因素。退休老人健康的兴趣爱好包括:写字作画,种花养鸟等,可根据自己的实际情况加以选择。增加退休人员的活动场所,提供必要的社会文化服务,尽快进入退休适应期,做到"老有所乐"。

（3）良好的人际关系:老年人不应自我封闭,应该努力保持与旧友、同事的关系,同时鼓励老年人走出家门,结交新朋友,培养新的兴趣爱好,积极参加社会活动,积极主动地去建立新的人际网络。良好的人际关系可以开拓生活领域,排解孤独寂寞,增添生活情趣。

（4）提高家庭支持力:家庭成员要关心退休老年人的身体健康,鼓励老年人参加有益于身心健康的运动锻炼,形成乐观向上的心理状态。家庭成员应真正地关心爱护和尊重老年人,多与其沟通、多换位思考,注重精神赡养,使他们老有所归;鼓励和支持老年人再就业,使他们老有所为。退休老人应重新审视一下夫妻关系,可以对夫妻生活进行必要的调整,有助于退休初期的情绪稳定以及退休后生活的适应。可以从事一部分力所能及的家务劳动,减轻子女负担,增进家庭和睦,可谓一举多得。

3. **生活自律**　退休老年人的生活起居要有规律,退休后可以制订切实可行的作息时间表,早睡早起,按时作息,适时锻炼,建立一种新的生活节奏。对于有慢性病的老年人,按时服药,同时要养成良好的饮食卫生习惯,戒除有害于健康的不良嗜好,采取适合自己的休息、运动和娱乐活动,建立健康的生活方式。

4. **药物和心理治疗**　退休老年人如果出现身体不适、心情不佳、情绪低落时,应该主动寻求帮助,切忌讳疾忌医。对于有严重焦躁、抑郁状态的退休综合征的老人,可以接受心理治疗,必要时可在医生的指导下服用药物。

三、空巢老人的心理慰藉

空巢老人是一个特殊的老年群体,是指无子女或虽有子女,但子女长大成人后离开,独自居住家庭的老年人。随着老龄化日益加剧,空巢老人数量日益增多。相对于非空巢老人,由于缺少子女的陪伴和精神慰藉,空巢老人的心理压力调节及社会适应能力逐渐下降,易引发一系列的心理问题。

（一）影响空巢老人心理问题的因素

1. **家庭婚姻状况**　长时间"空巢"环境,缺少子女的陪伴和精神慰藉是引发空巢老人心理健康问题的主要原因,影响空巢老人心理健康状况主要是子女和配偶的陪伴及支持。

2. **生理健康状况**　自理能力和身体健康是影响空巢老人心理健康及生活质量的核心因素。

3. **经济状况**　经济收入是老年人日常生活、就医、参加各类活动的基本保障,不仅影响卫生服务的利用情况,还一定程度上影响着老人的心理健康。部分经济困难的空巢老人连基本生活及就医需求都不能满足,会对自身价值产生怀疑,甚至会出现自杀的想法和行为。

4. **文化程度**　受教育程度相对低的空巢老人不能有效地利用社交资源进行生活及心理上的压力调节,由于退休或健康问题所致的同事和团体交流减少,社交范围逐渐缩小,与社会脱节现象明显。

(二)空巢老人的支持

空巢老人是社会的弱势群体,相关的心理健康引起社会的广泛关注,为其提供实际的生活支持和必要的情感支持,从而提高其心理健康质量。

1. **家庭支持**　子女到了"离巢"年龄,父母要做好充分的心理准备,适当减少对子女的感情投入、对子女的依恋,降低对子女回报的期望值。对于有配偶的空巢老人,尽早将家庭关系的重心转向夫妻关系;对于丧偶的空巢老人,子女要尽可能支持老人的求偶需求。空巢老人容易产生不良情绪,子女应经常与父母进行感情和思想交流;父母亦可应用现代通讯工具与子女和孙辈联系。子女应在情感上和精神上体贴父母,即使"离巢",也要增加与父母的联系。在空巢老人生病期间,子女要主动联系父母,要注重对父母的精神赡养,尽量回家看望老人。鼓励老人积极而适量地参加家人的活动,既可消除孤独与寂寞感,更能增添生活乐趣。

2. **社会支持**　空巢老人由于子女物质和精神的支持减少,随着退休或健康问题所致的同事和团体交流的减少,社会支持成为了维持空巢老人心理健康的重要因素。一方面要给予客观支持和精神慰藉;另一方面要给予主观的支持,整合多渠道力量,形成家属、邻里、社区、单位综合关照体系。积极设立和完善社区医疗机构,建立社区家政服务站和服务网络,鼓励空巢老人参加志愿者活动,投身于社会活动中,重新认识到自己的价值;设立舒适的养老机构;创办老年大学,将文化程度不高的老年人作为重点培养对象,改善老年人的精神状况;社会相关部门应给予空巢老人一定经济上的扶助,保障经济困难空巢老人的基本生活及就医需求,缓解心理压力。定期举办社区体育锻炼或娱乐活动,帮助建立和谐的人际关系,形成良好的邻里、社区关系;迈出家门探亲访友,不忘老同事、朋友,培养新的兴趣爱好,结识新朋友,融入群体,形成良好的家属、单位群体。

3. **健康教育与心理疏导**　正确对待随着年龄增长伴随的身心功能退化问题,进行体育锻炼促进生理健康,进而提高老年人的心理健康。做好空巢老人的健康管理,使其意识到不良的生活方式和心理问题的危害,了解慢性疾病的常见症状、危险因素等,避免不必要的担心和忧虑。设立空巢老人心理咨询所和服务热线,宣传空巢老人的心理健康知识,适时进行心理压力的调节,更好地应对压力事件;指导其保持良好的心态,学会自我放松和自我疏导,提高其心理自助能力。理解空巢老人的焦虑、恐惧,鼓励和倾听其内心宣泄,真正从身心上去关心体贴空巢老人。

四、失能老人的心理管理

随着年龄增长及疾病增加,部分老人丧失了吃饭、穿衣、洗澡、上下床、上厕所、室内走动的自理能力,称为失能老人;其中1、2项做不了,为轻度失能,3、4项做不了,为中度失能,5、6项做不了,为重度失能。失能老人由于长期生活不能自理,给家庭、子女带来了沉重负担和拖累,失能老人及家庭都背负着沉重的身心负担。失能老人心理特点:①自尊心较强;②无助感与多疑;③孤独感;④抑郁症状。

失能老人的心理管理:

(一)认知因素

了解失能老人的同伴、家庭、照护人等外部环境的影响,评估与失能有关的内外部困难,帮助失能老人积极利用各种资源,指导其重新获得应对困难的方法,提高对应激事件的控制能力,恢复老人的主动性。为失能老人家庭提供照护技能支持及"喘息服务",为长期精心照护卧病在床的失能老人家属,提供临时替代照护服务,让长期精神压抑或因照护压力而身心疲惫的家属得到"喘息"机会,并给予他们一定心理干预,充分地理解、安慰和支持,以减轻照料人的负担。对完全失能老人来说,鼓励其通过自身努力实现自己的期望,如老人通过康复训练让身体部分机能得到

Note

好转或恢复,应及时对老人进行赞扬和鼓励。同时倾听完全失能老人回忆过去的美好时光,使其沉浸在快乐情绪中,以减轻老人的心理压力,调整心态,增强康复信心。

(二)社会因素

满足失能老人的心理需求,仅靠家庭是不够的,应从社区层面建立失能老人的心理支持系统,需建立政府引导、社会支持及社区动员的心理健康服务模式,由政府制定公共政策和公共服务的原则、标准、目标,以政府强有力的主导理念和资金支持来动员社会的有效资源走进社区,确保社区心理健康工作及时有效地开展,动员社会力量参与到对失能老人的关爱中,建立失能老人心理关爱模式,开展失能老人的心理支持活动,开通心理危机干预热线,针对抑郁症和自杀倾向的失能老人提供免费心理支持,最终建立社区心理健康服务体系,为失能老人提供专业和及时的心理健康服务。建立失能老人的心理关爱模式时,要把握"分流"原则,即根据失能老人的不同心理状况,提供有针对性的心理关爱服务,提升失能老人的心理素质,预防出现心理偏差,维护家庭和社会的稳定和谐。对于适应性好的失能老人要学会自我心理调节,自我关爱;对于有倾诉需求的失能老人,需要家庭和社区介入,提供倾听时间及必要的心理辅助和关爱;因应激事件引起心理状况不良的失能老人,由心理咨询师和治疗师等专业人士介入。失能老人希望得到关怀和照顾,照护人要多与他们沟通、讲话,采用安慰鼓励、变换心境、调节情绪等方法,使之振奋精神,与疾病作斗争。对于有外出需求的失能老人,出行交通方式和活动场合对他们而言也是极大的挑战。因此,在公共场合增加具有针对性的基础设施,是满足失能老人活动和交往需求的重要途径。良好的社会支持对失能老人的心理健康状况提高有积极效用,对失能老人开展长期护理时,不仅要重视失能老人的躯体疾病,也需关注其心理健康,帮助失能老人增强心理防御能力,有效地利用社会资源,给失能老人提供更多关爱,提高其心理健康水平。

（李永丽）

第六节　老年人合理用药及多重用药的安全管理

老年人由于器官功能的老化、药动学、药效学的变化、多种疾病共存等原因,多重用药发生率高、不良的药物-药物相互作用发生率高,因此重视老年人群的合理用药及多重用药安全管理是非常重要的。

一、老年人药动学特征

药动学(pharmacokinetics,PK)是定量地描述与概括药物通过各种途径(如静脉注射、静脉滴注、口服给药等)进入体内的吸收、分布、代谢和排泄过程的"量-时"变化或血药浓度-时变化的动态规律的一门科学。老年人随着年龄的增大,机体重要器官的解剖结构和生理功能都会发生明显的改变,逐年退化,因此也会引起药物在其体内的吸收、分布、代谢和排泄等整个药动学的改变。

1. **药物的吸收**　与年龄相关的生理学改变对药物吸收的影响很小,只是一些通过主动转运机制吸收的药物和营养物质如半乳糖、葡萄糖、维生素 B、铁及钙在老年人吸收减少,而且由于老年人往往同时患有多种疾病,药物之间的相互作用也对药物的吸收有影响。

2. **药物的分布**　老年人体内的总水量下降而脂肪成分上升,故水溶性药物的表观分布容积随着年龄增加而降低,相应的血药浓度上升,如乙酰氨基酚、锂剂、地高辛等,如果不相应调整剂量就可能引起血药浓度过高。脂溶性药物的表观分布容积会随年龄增加而增加,相应的药物半衰期会延长,如苯二氮䓬类会出现药物效应延长,如果连续用药可引起药物的蓄积。随着年龄的增长,血清白蛋白浓度进行性下降,所以白蛋白的减少会影响药物的结合,从而使其游离,非结合的药物量增多,即血药浓度增大,易导致毒性反应。特别是老年人多同时服用几种药物,相互竞争地与血浆白蛋白结合,可能使某种药物在血中游离型浓度增加,导致中毒。

3. 药物的代谢　老年人的肝脏代谢及解毒功能降低,药物代谢减慢,毒副作用增加,对肝脏的损伤增加。因此,主要经过肝代谢而灭活或者经肝活化而显效的药物对老年人影响较大,应特别注意给老年人应用此类药物时适当调整剂量。但是老年人肝脏变化的个体差异较大,有些老年人肝脏的代谢能力与一般成人差别不大。

4. 药物的排泄　大多数药物及其代谢产物排泄的主要器官在肾。随着年龄增加,老年人肾血流量减少,仅为成年人的50%,有功能的肾小球数量减少,肾小球和肾小管的功能减退。因此,主要以原型经肾排泄的药物或者毒性大的药物,即便老年人无肾病,排泄也会逐渐减少,使药物清除率降低,半衰期延长,引起药物在体内的蓄积,增加毒性反应。

二、老年人药效学特征

药效学(pharmacodynamics,PD)是描述药物对机体的作用,即效应随着时间和浓度而变化的动力学过程。衰老导致老年人药效学发生明显的改变,包括:①对药物的敏感性增高,作用增强,不良反应发生增多;②对药物的耐受性下降;③用药依从性下降:老年人记忆力衰退,理解能力下降,错服、漏服非常多见,有报道出院6周的老年患者,有48%的药量比出院医嘱减少了一半,28%的增加了1倍;④个体差异增大:同龄老年人器官功能的老化程度可以有很大差别,加上体重、饮食习惯、所患疾病等因素的差距。

(一)老年人对中枢神经系统药物的反应变化

随着年龄的增加,老年人的中枢神经系统发生了一系列的变化,脑细胞数量减少,脑血流量减少,脑内酶活性降低、脑代谢降低等变化造成老年人对中枢神经系统抑制药物的敏感性增高,老年患者应用镇痛药和非甾体抗炎药时,不良反应的发生率远远高于年轻患者。老年人对中枢神经系统抑制剂敏感性增高,使其药效增强,不良反应发生率增多。因此,在应用这些药时,一般用药剂量为年轻人的半量。

(二)老年人对心血管系统药物的反应变化

随着年龄的增加,老年人心血管系统的结构和功能均发生了明显的改变。心脏逐渐肥大,血管硬度增加,弹性下降,心排血量减少,α/β肾上腺受体功能下降,肾素-血管紧张素、醛固酮系统活性降低等可以直接或间接影响老年人对心血管药物的敏感性。老年人对洋地黄制剂的正性肌力作用的反应敏感度降低,而对毒性反应的敏感度增高,从而使洋地黄类药物的治疗安全范围变得更窄,更易中毒。因此,给老年人用洋地黄类药物时剂量应该特别注意个体化。老年人在应用降压药物时,易发生直立性低血压,特别是服用β受体拮抗剂时、肾上腺素受体阻断药时,更易发生。服用非常敏感的中枢神经系统降压药时,可以引起严重的嗜睡、眩晕等不良反应,特别是突然停药可以引起焦虑、激动、心悸、出汗,血压升高,甚至高血压危象。

(三)对降血糖药和糖皮质激素类药物的反应变化

老年人应用胰岛素和口服降糖药引起的低血糖反应明显高于成年人,而且老年人中枢神经系统对低血糖反应非常敏感,若不及时纠正,可引起严重或者永久性的损害,需要特别注意。老年人一般选择作用温和、短效的药物制剂。老年人应用糖皮质激素,不良反应发生率明显高于成年人,更易发生消化道出血、穿孔;易导致骨质疏松症,引起骨折,甚至引起股骨头无菌性坏死;延缓创伤愈合、诱发白内障等。因此,老年患者应用糖皮质激素时应严格把握适应证、充分评估、酌情减少剂量。

(四)对口服抗凝血药的反应变化

老年人对华法林的敏感性随着年龄增大而增强,作用和不良反应均增强。因此,老年患者应用华法林时严格掌握剂量,并在用药过程中密切观察出血迹象,监测凝血时间。

总之,老年人由于其药物作用的靶组织、靶器官、靶细胞对药物的敏感性增强,因而在相同的血药浓度下,药物效应增强,不良反应发生率增多,因此,老年人应用药物的剂量大多数应适当减少。老年人体内内环境稳定调节功能降低,如体位的稳定性、直立性循环反应、体温调节、大肠与膀胱自由性控制等变化,都可以影响到药物疗效,由此产生的药效反应个体差异较大,用药更要个性化,更需要严密监护药效及观察不良反应。

三、老年人的用药原则

根据增龄导致的老年人药动学和药效学改变,以及老年人多病共存的特点,在为老年人诊治过程中,应全程考虑药物的相关问题,对多重用药进行筛查,充分评估药物治疗带来的获益与风险,用药全程密切观察可能出现的药物不良反应,力争将药物对老年人的伤害降至最低。对药物不良反应进行监测的重点人群包括:①年龄>85 岁老人;②衰弱,低 BMI 老人;③患有≥6 种慢性疾病的老人;④肌酐清除率<50ml/min;⑤同时使用≥9 种药物;⑥有药物不良反应病史的老人。

(一)老年人合理用药基本原则

1. 选药原则　老年人在药物选择时要明确用药指征,多病共存时抓主要矛盾,准确用药。减少用药种类,多病共存,精简用药,减少副作用。

2. 剂量原则　①法定剂量:原则上要遵守《中国药典》规定,60 岁以上老年人用药剂量为成人的3/4,有些为成人的1/2;②小剂量用药:小剂量开始,缓慢增加,以最小剂量获得最大疗效,降低药物不良反应发生率;③个性化用药:详细了解老年人的个体特点,正确判断老年人对药物的反应性和耐受性,制订尽可能精准的个性化用药处方。

3. 使用原则

(1) 精细给药:根据时间生物学和时间药理学的原理,选择最合适的使用方法和最佳的给药时间进行治疗,提高疗效,降低副作用。

(2) 停药原则:应立即停药的及时停药,该缓慢停药的缓慢停。

(3) 密切观察:包括副作用、依从性、药物间相互作用等。

(4) 合理膳食:提高疗效,减少副作用的发生。例如,糖尿病的饮食调整、高血压的盐的限制、华法林使用期间的饮食影响等。

(二)老年人合理用药的注意事项

1. 用药前全面了解老年人的病史、用药史,药物不良反应史等,全面了解老年人的肝肾功能等、对其他疾病的影响,药物间的相互作用以及食物对药物的影响等。

2. 诊断和病因未确定之前,谨慎考虑,不贸然给药。

3. 确定诊断后,首选非药物疗法,例如血糖偏高、血脂偏高等。

4. 确定药物时详细了解药物的适应证、禁忌证,并整体评估用药的获益与风险。

5. 药物种类尽量减至最低,服用的时程尽量简单,尽量避免不同用法。

6. 自最低剂量用起,缓慢逐渐增加剂量。

7. 避免新处方药物与已用药物或目前疾病间的不良交互作用。

8. 对于比较瘦小的老年人,按照公斤体重确定药物剂量。

9. 经由肾脏清除的药品,利用标准公式计算调整剂量。

10. 未见预期疗效时,不盲目加量或换药,首先确定患者的依从性及影响疗效的其他因素。

11. 用药期间密切观察,出现新症状,首先考虑是否为药物不良反应所致。

12. 抓住减药时机及时减药。

四、老年人多重用药的安全管理

老年多重用药是老年综合征之一,多重用药是指患者同时使用 5 种及以上的药物,或者用药与临床指南不符合。然而,多重用药情况非常复杂,不仅仅是指一个患者所服用的药物的数量,还涉及药物与药物之间的相互作用及产生的副作用等,若同时使用 2 种药物,药物之间的相互作用的发生率为 13%,5 种药物为 58%,7 种或以上药物增至 82%。在药物相互作用中约 10% 为严重不良反应。多重用药是常见的老年问题,调查显示 57% 的美国老年妇女(≥65 岁)服用处方药数量≥5 种,12%≥10 种,我国 75.1% 的住院老年患者(≥60 岁)服用药物数量≥5 种,服用 10 种

及以上者占 31.7%。

老年人因老化及急慢性疾病的原因,常常被给予多种可能具有潜在危险的药物。研究发现,老年人多重用药的比率在许多国家都很高,其中不适当用药又占相当大的比例。所谓不适当用药,是指使用的药物较容易造成药物的不良反应,而严重的不良药物反应是造成老年人住院甚至死亡的重要因素,因此,老年患者的多重用药情况近年逐渐引起各国医务工作者的普遍关注和重视。

老年人多重用药的安全管理是一个系统工程,涉及多学科多专业,家庭医学、全科医学、老年医学、内科学、外科学、护理学、药学、心理学、预防医学等。参与管理者包括老年患者、老年家庭照护人员、家庭医生、社区全科医生、老年病医师、老年健康管理师、护士、临床药师等,从个人、家庭、社区和医院不同的角度预防老年个体不适当多重用药和不良反应的发生。

(一)管理原则

定期评估老年患者的用药情况;识别影响老年不适当多重用药的因素,并对其进行干预和处理;其目的是降低病患的住院率、病死率、药物不良反应的发生率及老年医疗照顾费用,改善患者的生活品质。

(二)管理内容

建立多重用药管理档案;定期评估多重用药情况;进行安全用药的健康教育,包括合理用药的基本原则;多重用药的危害;常用药物的不良反应;避免漏服、错服的方法等;建立不同层级的管理方案,包括个人管理方案、家庭照护管理方案、社区管理方案、医院管理方案。

(三)不适当用药规范

目前用于老年人不适当多重用药评估的规范主要为 Beers Criteria,即 Beers 老年人潜在性不适当用药规范,把不适当用药分为三部分:①在一般老年人应减少剂量,服用频次或减短治疗期间的不适当药物;②在一般老年人应避免使用的药物;③15 种常见诊断下应避免使用的药物,以免加重该患者原来的疾病。结合患者的具体情况分析用药情况,及时调整用药。

(四)老年人多重用药管理流程(图 6-4)

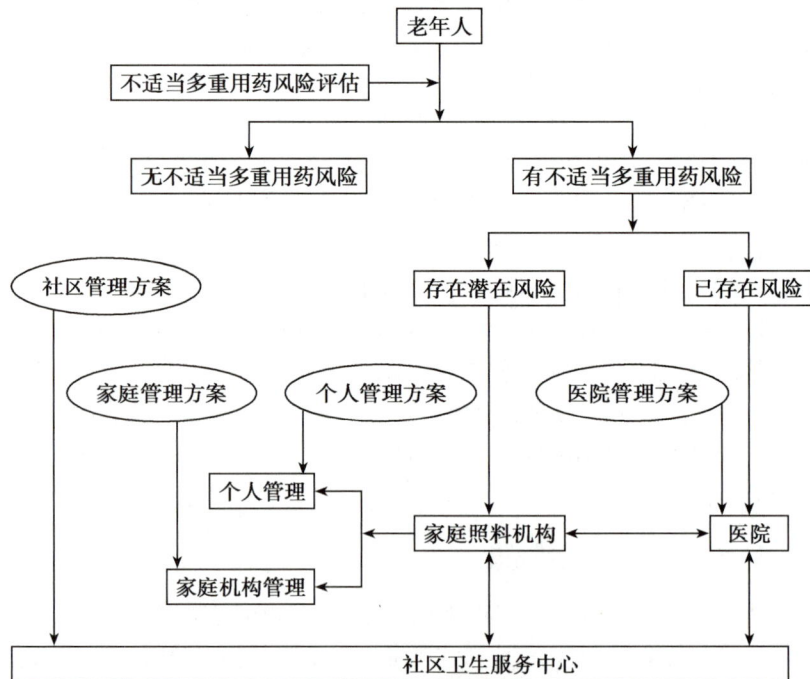

图 6-4 老年人多重用药管理流程

(李　敏)

第七节　老 年 照 护

一、老年照护服务的范围

我国的人口老龄化速度之快、规模之大世界前所未有。老龄化和高龄化的发展使我国养老危机日渐严重,由此带来了老年照护的问题。为积极应对人口老龄化,加快发展老龄事业,我国颁布了《中华人民共和国老年人权益保障法》,出台了《"十三五"国家老龄事业发展和养老体系建设规划》以及《中共中央国务院关于加强老龄工作的决定》等政策,明确指出我国老年健康照护要大力发展以居家为基础、社区为依托、机构为补充、医养相结合的养老服务体系。

(一)居家养老服务

居家养老服务是指以家庭为核心、以社区为依托、以专业化服务为依靠,为居家老年人提供生活照料、家政服务、康复护理和精神慰藉等服务的一种服务形式。居家养老服务的主要内容包括:

1. 为老人准备健康档案,评估老人的健康和功能状况,以确定老人所需的服务内容。

2. 为老人提供治疗、药疗和生活上的护理,并对老人和家属实施健康教育。同时协调购物、供餐及家居清洁服务。

3. 根据老人的活动能力调整家居环境,使之方便老人的生活起居;提供一些辅助性工具,以提高老人的日常生活自理能力。

4. 检查和改进家居安全性能,安装烟火探测装置及配备急症呼救系统。

5. 对长期生活不能自理老人的主要照顾者给予心理及技术支持,提供喘息照护服务。

(二)社区养老服务

社区养老服务是在政府的倡导下,以区、街道、居委会的社区组织为依托,服务于社区的老年居民,满足社区老年人的多种养老需求的服务形式,具有综合性、互动性、福利性、地域性等特点。社区是老年人生活和活动的基本场所,以社区照顾为重点,为老年人提供社会交往、文化娱乐、生活照料、康复医疗、体育健身等多方面服务,以提高老年人生活质量。同时不断探索,开展如临终关怀、法律咨询、文体培训、精神护理等服务,为老年人营造良好、完善的养老环境。

(三)机构养老服务

机构养老服务以社会机构为养老地,通过国家资助、亲人资助或老年人自备的方式获得经济来源,由专门的养老机构,如老年社会福利院、养老院或老人院、敬老院、托老所、老年人服务中心等为老年人提供有偿或无偿的生活照料、文化娱乐、康复训练、医疗保健等多项服务。

二、老年照护服务的作用

老年长期照护涉及老年人的生存权和尊严。老年长期照护是老年社会保障的重要内容,影响每一个老年家庭中的每一位家庭成员生活质量以及社会的稳定。因此,老年人照护服务已经成为重要社会问题,需要越来越多的关注。

(一)促进政策制度和法律体系的构建

老年照护服务问题需要在体制上整合现有的各种卫生资源和社会福利,向需要长期照护的老人倾斜。完善以老年长期照护服务为中心的养老保障制度,建设老年人的最低生活保障制度、救助制度、医疗制度和福利制度;完善具有我国特色的传统孝道美德的家庭赡养制度,以政策鼓励和法律强制的手段使子女履行对老年父母的赡养义务。

Note

（二）促进老年长期照护保险制度的建立

老年长期照护服务保险是老龄化社会发展的产物，由于商业保险的局限性，建立强制性的社会保险模式具有重要意义。老年长期照护保险是指为那些因年老体弱需要长期照顾的被保险人提供护理服务费用补偿的一种保险，它相对传统健康医疗险来说，更易满足年老后的长期照护需求。老年长期照护保险制度的建立将会促进老年长期照护服务可持续发展，以使养老无后顾之忧。

（三）推动老年长期照护服务体系的建立

老年长期照护体系包括机构式、社区式与居家式等多元服务模式，为失能老年人提供可持续性的长期照护服务。为了应对老龄化带来的老年长期照护服务问题有必要在体制上重新整合现有的各种卫生和福利社会资源，向需要长期照护服务的老年人倾斜，建立一个从家庭到养老机构，从社区卫生服务中心到医院的连续照护体系，以相应的国家鼓励政策、激励体制和法律保障为基础，建立老年长期照护服务体系。

（四）加快养老服务业发展，提升照护职业吸引力

老年照护将是未来养老服务业中的重要领域。养老产业投资的增加和养老机构建设的推进，使得养老护理人员与管理人员的需求加大。老年照护的紧迫性和公益性，促进政府相关部门进一步加大对老年照护行业扶持力度，建设养老护理人员的职业教育和培训体系，适应不断增长的照护服务人力需求。推动养老服务信息化，创新照护服务的形式和内容，加快养老服务业发展。

三、老年照护服务的内容

随着我国家庭结构小型化、照护功能弱化等问题的出现，以及老年人自我照顾能力下降、慢性病患病率的提高，老年照护服务压力逐渐增大。因此，通过老年综合评估，可使老年人得到专业化、高质量的照护服务。

（一）老年综合评估

老年评估是老年照护的核心技术之一，需要对老年人生理、心理和社会等方面进行综合评估，以明确老年人的健康、功能状态，为制订老年照护计划提供依据，同时也可以作为老年照护的效果评价。

1. **一般医学评估**　医学评估是以"疾病"为中心的一种诊疗模式，目的在于判断人体中是否存在某个器官的某种疾病，常采用定性和定位的方法。老年人医学评估的相关信息可以从健康档案中获取。

2. **躯体功能评估**　主要包括日常生活能力的评估、跌倒风险的评估、平衡与步态评估、吞咽功能评估等，其中日常生活能力的评估最为重要。

3. **精神心理评估**　主要是对老年人的认知功能和情绪状态等进行的评估，常用的量表有简易操作智力状态问卷及老年抑郁量表。其中，MMSE是目前应用最广泛的成人认知障碍筛检工具，包括对老年人定向力、注意力和计算能力、记忆力、语言能力等内容。

4. **社会评估**　是对老年人社会适应能力、社会关系网或社会支持、社会服务的利用、经济状况、特殊需要、角色和文化背景等方面的评估。根据这些评估，相关机构或者人员能够为老人提供针对性的服务。常用的评估量表有家庭受冲击程度评分表、照顾者负担量表和社会支持量表等。

5. **环境评估**　是对老年人生存的物理环境、社会环境、精神环境和文化环境等方面的评估。在物理环境评估中，老年人的居家环境评估最为重要，对预防老年人跌倒和其他意外事件的发生

具有重要意义。

6. **生活质量评估** 即对老年人生活质量的综合评估,对衡量老年人的幸福度具有一定的意义。

7. **常见老年综合征和老年照护问题的评估** 即对老年人跌倒、痴呆、尿失禁、失眠、抑郁、慢性疼痛、多重用药、压疮、便秘、深静脉血栓和肢体残疾等问题的评估,这些评估对失能老人具有重要的意义。

(二)老年照护服务的内容

1. **医疗、健康照护服务** 老年人的健康需求,医疗、护理、保健等服务是老年照护的重要内容。养老机构的老人由康复治疗师和护士提供物理、作业等康复训练,尽可能保持或恢复老年人残存的功能和自理能力。居家老年人由专业人员提供上门访视或家庭病床服务,给予康复训练、导管护理、静脉输液、伤口护理等照护,并对家人进行生活护理指导等。

2. **日常生活照护服务** ①基本日常生活活动能力的照护,如行走、上下楼梯、穿衣、吃饭、移位、如厕、洗澡、洗漱和大小便方面的照护;②复杂日常生活活动能力的照护,如购物、做家务、洗衣、理财、备餐、使用交通工具、使用电话和服药等方面的照护;③日常饮食照护,如各种营养管路的照护以及一般疾病、癌症和失智等患者的饮食照护;④清洁照护,如头颈部清洁照护、全身清洁照护、排泄的照护、指甲修剪、衣服更换和寝具的更换等。

3. **社会服务、精神慰藉** 国家和政府为老人开展的各种社会活动,志愿者、慈善机构和福利机构为老人提供的精神慰藉、社会服务。如探视入住养老机构的老年人,在社区定期举办老年人联谊活动,志愿者上门陪伴老年人等,可以降低老年人由于退休等原因而产生社会活动参与减少的问题,以及子女成年离家后空巢带来的孤独感。

4. **评估、协调与转介服务** 以老年人能力为基础,定期对其进行身体、心理、社会功能及经济状况的全方位综合性评估。对于独居老年人,协调组织安排定期探访或电话联系,以确保老年人的安全。老年人常因健康状况的变化而需在家居、养护机构和医院之间转移,一般应遵循以下原则:①被照护对象发生急性疾病或者危重疾病时,应转介到急性期疾病治疗医院进行救治;②被照护对象具有一定康复潜能,应转介到中期照顾机构或老年康复医院进行康复治疗,也可转介给康复师进行康复治疗和训练;③被照护对象处于生命末期,可转介到临终关怀机构接受临终关怀和舒缓治疗。

四、老年照护服务中的沟通技巧

沟通作为一个社会心理学名词,有广义和狭义之分。狭义的沟通是指以信息符号为媒介,人与人之间所进行的信息、思想及感情的交流。广义的沟通是指人类整个社会的沟通,不仅包含信息、情感及思想沟通,同时也包含相互作用个体全部社会行为。沟通是一个从陌生到熟悉、再到彼此信任的过程,是对老年人进行精神关爱的重要途径。与老年人进行有效沟通,必须掌握与其沟通交流的技巧,才能达到预期目的。

(一)语言性沟通

使用语言、文字或符号进行的沟通称为语言性沟通。语言是沟通的桥梁,也是工作人员与老人交谈、交换思想的重要工具,可以起到安抚、慰藉等作用。为了实现有效的沟通,需注意以下技巧。

1. **尊重老年人,选择合适的语言沟通形式** 语言的表达是传递信息的第一步,语言沟通分为口头沟通和书面沟通两种形式。口头沟通适用于性格外向的老年人,口头沟通不仅能够帮助其抒发情感还可促进社交互动。书面沟通适用于性格内向的老年人,书面沟通能够帮助老年人克

服记忆力减退的问题,增强安全感。在与老年人沟通时应选择他们能够接受或喜欢的语言,拉近与老年人的距离,促进沟通的顺利进行。

2. 温和舒缓的交流语调   与老年人沟通时,应选用合适的语调,不要使用太高的语调。对于一些听力不好的老年人切忌大喊大叫,否则会使老年人有不被尊重的感觉。在与老年人进行交谈时,不使用命令的语气,言辞温和而不激烈,选用商量和建议的口吻,避免引起老年人的反感。语调可以反映热情、关心和愤怒等情感。情绪因素可直接影响说话者的语调。学会控制自己的情绪,注意因自己不良的情绪状态影响说话的语调,从而传递一些非故意的信息,影响双方的沟通。

3. 注意音量、语速,面对面交流   语言能起到征服人的心灵作用,成为人们相互理解的纽带。老年人随着年龄的增长,听力逐渐下降,反应也变得迟钝。在与老人沟通时要注意讲话的音量,使其能清晰地听见所沟通的内容。语速要慢,吐字要清晰,必要时可请老年人重复所说的内容。另外,面对面地与老人沟通,便于老人读唇语,若恰当使用老人的方言与其沟通,可促进老人了解沟通的内容,增加沟通双方的情感。

4. 注重沟通的语言修养   与老人沟通时正确使用礼貌性语言、鼓励性语言和安慰性语言。在交谈时应尊重老人人格,多用"您""请""谢谢""对不起"等礼貌性语言。恰当、巧妙地使用敬语和谦词,会受到老年人的欢迎。如问老年人年龄,应该说"您高寿";称呼老年人时,可以在其姓氏前面加个"老"字,尽量避免直呼其名。在与老领导交谈时,则运用委婉含蓄的语言交流,如"您觉得怎样?""您感觉如何?",不可直来直去。患有多种疾病的老年人,常有不安、焦躁、烦躁、忧虑等不良情绪,希望得到帮助、理解、支持,需要使用安慰性和鼓励性的语言以帮助其树立战胜疾病的信心。

(二)非语言沟通

非语言沟通是指不用词语,通过身体语言传递信息的沟通形式,它是伴随着语言沟通而存在的一些非语言表达方式,包括面部表情、目光的接触、手势、身体的姿势、气味、着装、沉默和空间、时间和物体的使用等内容。

1. 面部表情   是非语言沟通中最丰富的表达形式,来自面部表情的信息,更易为人们觉察和理解。面部表情所传递的信息可以是真实情感的展现,也可以是真实情感的掩饰。微笑是一种最常用、最自然、最容易为对方接受的面部表情,通过微笑可营造一种温馨亲切之感,缩短心理距离。适度、适宜、自然、真诚的微笑,在沟通中可以给老年人带来信任感和安全感。

2. 目光的接触   是人际沟通最传神的非语言表现,主要用于表达感情、控制及建立沟通者之间的关系。一个人的情绪、态度及微妙而复杂的思想情感都能从眼睛中表现出来,眼睛正视对方,通常发出的是希望交流的信号,表示尊重对方以及希望听对方讲述。在与老年人沟通时,应正面对老人,并保持眼神正视对方,以便双方都能看到彼此的表情。尊重、理解和关爱老人,老人能从眼神中感受真诚、善意。

3. 适宜的体触   体触作为一种最有力和最亲密的沟通行为,可以跨越语言的界限,传递各种信息,起到语言无法起到的作用。老年人常有沮丧、焦虑等心理状态,此时通过一个细微的动作,如替老年人理理蓬松的头发,握住老人的手或许比语言更为有效。当老年人身体疼痛或心情不佳时,轻抚其手臂、肩膀或背部等,可使老人感受到关爱、温暖和支持,从而减轻痛苦。

4. 身体的姿势   包括手势和其他身体姿势,它可以体现一个人沟通时特定的态度及当时包含的特定意义,可以反映出态度、情绪、自我概念和健康状况。当语言无法清楚表达时,身体姿势可适时有效地辅助表达。与老人沟通时,可利用一些让老年人感到亲近的身体姿势,缩短与老年人的距离,让其感到亲切。如,挥手问好;主动搀扶老年人坐下;把耳朵贴近老年人,神情专注听老年人述说并做出相应的回应等。

5. **积极的倾听**　倾听是沟通技巧的核心部分,它不仅包括生理的过程,还包括认知和情感过程。积极有效的倾听将有助于激发老年人的谈话欲望,收集更多重要信息,加深彼此的理解,进而获得老人的信任。与老人沟通时需要耐心倾听,坐姿端正,注意力集中,表情自然而亲切,不紧绷或皱眉,要表现出对谈话内容感兴趣,必要时可用面部表情表达担心、快乐及关怀等情绪。老年人说话速度慢,注意不要随便打断或插话,保持谈话的连贯性,并注意在恰当的时间给予适当的回应,例如点头、轻声应答等。

6. **沉默**　沟通中利用语言的技巧固然重要,但并不是唯一的可以促进与老人沟通的方法。不是所有的沟通场景都适合说话。当老人不愿意说话或者情绪波动时,沟通者可以和对方说:"如果您不想说话,您可以不说,我希望能坐在这里陪您一会儿,好吗?"沟通者以沉默的态度表示关心,尊重老人意愿,可以表达沟通者对老年人的同情。此外,沉默片刻还可以为沟通双方提供思考和协调的机会。

(三)特殊情况下的沟通技巧

衰老是生命不可抗拒的自然规律,随着年龄的增长,生理解剖上的退行性变化,导致老年人在生理的功能上出现许多障碍和病变如听力、视力的减弱,记忆力和意志的减退等。老人的心理状态也随着特有的变化而出现异常。因此在与老人的沟通中应该根据老人的生理特性和心理状态及需求进行有针对性的有效沟通。

1. **与听力障碍的老年人沟通**　随着年龄增长,老年人耳廓软骨和软骨膜的弹性减退,凹窝变浅,耳道的神经末梢及听神经功能逐渐减退,导致声波的收集和传导发生障碍,听力逐渐丧失而易导致老年性耳聋,而听力的下降直接影响口头语言沟通的传递与理解。

与听力障碍的老人沟通时最好选择非语言方式,如通过目光、表情、手势、姿势、书面语等。交谈前先判断两耳的听力情况,选择听力好的一侧与之沟通。与老人面对面坐,让老人能清楚地看到嘴唇和面部动作,最佳距离是 8~15cm。交谈时选择安静的环境,提高音量但不要提高音频,尽量使用短句子,可以多利用小黑板或是其他方式帮助交流,鼓励老人积极参与,间接地反馈老年人了解到的内容。

2. **与视力障碍的老年人沟通**　老年人随着视网膜的老化,会出现老年性黄斑变性,并且随着老年人血管硬化变性,影响眼的血液供给,使视力显著下降,导致老年人接受信息的能力减弱,从而使与老年人的沟通也存在困难。与这类老人沟通时最好选择有声语言,避免非语言方式交流。当老人视物困难,应该轻轻叫老人的名字,让其熟悉声音,并通报自己的名字和所处的位置,切忌突然出现或离开。对于完全看不见的老人,注意对发出的声响作出解释,同时给予老人足够的时间对沟通的内容作出反应,鼓励老人充分表达内心的感受并予以心理疏导。

3. **记忆力差的老年人**　老年人的脑血管退行性变,脑血流量的减少及耗氧量的降低,思维活动功能减退,理解力和表达力减退,记忆力出现不集中和下降,从而影响对信息的记忆和回忆,间接影响与人的沟通交流。与此类老人沟通时,重要的内容需反复强调,如果老人的教育水平允许,可帮助其记录在笔记本上,方便随时翻阅。除此之外,在每次见到老年人的时候,可以面带微笑地帮助老人回忆重点内容,强化记忆。

五、老年临终关怀与安宁疗护

(一)老年临终关怀

1. **临终关怀的概念**　"临终关怀"(hospice care)一词源于中世纪。临终关怀主要运用医学、护理学、社会学、心理学等多学科理论与实践知识,向临终患者及其家属提供包括生理、心理和社

会等全面性支持照顾。其目的在于提高临终患者的生命质量,能够安宁、舒适地走完人生最后旅程,并使家属的身心健康得到维护和增强。

1967年英国护士桑德斯(Cicell Saunders)创办第一所临终关怀机构——圣克里斯多弗医院,点燃人类临终关怀运动的灯塔。临终关怀于20世纪70年代传入日本和美国,20世纪80年代传入中国。1988年原天津医学院(现天津医科大学)成立了第一个国内临终关怀研究中心,使临终关怀在我国逐渐发展起来。随着社会发展和人类文明的进步,临终和死亡问题越来越受到人们的关注,临终关怀作为医学科学的一门新兴学科在我国有了较大的发展。

老年临终关怀服务是指为60岁及以上濒临死亡的老年人及其家庭提供的一套涉及医疗、护理、心理咨询、健康教育、死亡教育、精神和社会支援以及居丧照护的综合性服务。老年人的临终关怀具有一定的普遍性和特殊性,其目的是尽最大努力减轻老年人对死亡的恐惧和痛苦,使老年人坦然面对死亡。

2. 临终关怀的理念

(1) 以照料为中心:一般在死亡前3~6个月实施临终关怀。对临终患者来讲,治愈希望十分渺茫,此时最需要的是身体舒适、控制疼痛、生活护理和心理支持。因此,目标从以治愈为主的治疗转为以对症处理和护理为主。

(2) 维护人的尊严和权利实行人道主义:使临终患者在人生的最后历程得到同样的热情照顾和关怀。医护人员应维护其个人权利,如保留个人隐私和自己的生活方式,参与医疗护理方案的制订,选择死亡方式等,充分体现临终患者生命的价值和尊严。

(3) 提高临终患者生命质量:临终关怀不以延长临终患者的生存时间为目的,而以提高临终阶段的生存质量为宗旨。对濒死患者生命质量的照料是临终关怀的重要环节,减轻痛苦以提高生命质量,给临终患者提供一个安适的、有意义的、有希望的生活。在可控制病痛的情况下与家人共度温暖时光,使患者在人生的最后阶段能够体验到人间的温情。

(4) 加强死亡教育:临终关怀将死亡视为生命的一部分。有生便有死,死亡和出生一样是客观世界的自然规律,是不可违背的,是每个人都要经历的事实。临终关怀强调把健康教育和死亡教育结合起来,教育临终患者将生命的有效价值和生命的高质量两者统一,以健全的身心走完人生的旅途。

(5) 提供全面的照顾:即全方位、全程照顾,包括对临终患者的生理、心理、社会等方面给予关心和照护,为患者提供24h护理,同时还要关心患者家属,既为患者提供生前照护,又为死者家属提供居丧照顾。

3. 临终关怀护照护模式　临终关怀模式(model of hospice care),是指人们在临终关怀实践中发展起来的一种向临终患者及其家属提供照护的标准形式。国外传统的模式包含住院疗护、居家疗护与日间疗护。目前,我国多在综合医院、专科医院和养老机构专设病区和病房中开展,社区卫生服务中心的临终关怀病房日益蓬勃兴起。具体的临终关怀服务模式主要有以下6种。

(1) 独立的临终关怀医疗机构:专门提供临终关怀服务的机构,其软硬资源较齐备,可提供良好的环境及身体、心理、社会和精神全面的照护。2016年11月,《国家卫生计生委关于修改<医疗机构管理条例实施细则>的决定》中明确指出,安宁疗护中心被认可为独立的医疗机构。

(2) 综合医院的临终关怀病房:附设于综合医院,设有临终关怀专门病区,并利用综合医院的资源,有较高的临终照护水平。如复旦大学附属肿瘤医院姑息治疗科。

(3) 社区卫生服务中心的临终关怀病房:便于患者就诊、家属照料,缓解患者就医难的问题,有效地提高临终患者生命质量,降低医疗费用,促进医疗资源合理利用,提升城市文明水平。

(4) 养老院或护理院组织模式:在养老院或护理院组织临终关怀团队,对临终老人和慢性病终末患者,以照料为中心,提供无微不至的生活护理、症状控制、身体舒适照护、爱心陪伴和心理支持等全方位的服务。

（5）家庭病床模式:对无法进入医院或希望留在家里与家人共度最后人生的临终患者,由临终关怀团队提供以家庭为单位的整体护理模式。医疗照护由综合医院或社区服务中心的专业人员提供上门服务,将医院提供的护理服务延伸至患者家中,通过家庭访视提供专业的护理、治疗及健康教育指导,减轻照顾者的压力,满足临终患者及家属的需求。

4. 老年临终期的特点

（1）心理特点:老年临终患者一般会产生十分复杂的心理和行为反应。美国医学博士布勒·罗斯认为,临终患者从获知病情到临终的整个心理反应分为五个阶段,即震惊与否认期、愤怒期、协议期、忧郁期和接受期。老年人对生命的终结更为恐惧、焦虑,对死亡的态度会受到文化程度、宗教信仰、社会地位、身边重要人物的态度和经济情况等因素的影响。

（2）生理特点:临终患者一般都会出现各脏器功能减退、疼痛、肌张力减低、知觉和意识等改变。老年临终患者往往会因患有多种疾病而加速衰老进程,使患者临终过程相对较短;衰老使老年临终患者机体的感觉、反应和防御功能均降低,其临床症状出现晚且不典型,易发生感染、出血等并发症。

5. 老年临终期的照护

（1）环境舒适:安排老人独居一室。房间要求安静、温暖、明亮,通风良好,面积 $20m^2$ 左右。根据老人意愿在墙上贴上字画或风景画等,在保证老年临终患者充足睡眠的同时,根据患者爱好播放轻音乐、戏曲或看电视、看报等,分散其注意力,提高患者舒适度。

（2）改善呼吸:老年临终患者呼吸困难是最常见的症状。老年临终患者神志清楚者可给予半坐卧位,昏迷者可采用仰卧位头偏向一侧,防止呼吸道分泌物误入气管引起窒息或肺部感染。应用小风扇轻微吹拂患者面部有效减轻临终患者非低氧性喘憋。根据呼吸困难程度给予氧气吸入,并协助排痰,实施雾化吸入。必要时应用阿片类药物和苯二氮䓬类药物改善呼吸困难。

（3）减轻疼痛:老年临终患者随着疾病发展而产生疼痛,临终时对疼痛尤其敏感,且耐受性差,为老人减轻疼痛是终末期唯一的照护目的。严密观察患者疼痛性质、部位、程度、持续时间及发作规律,评估疼痛程度,按三级止痛原则给予镇痛药,并注意观察止痛效果和药物副作用。老年临终患者疼痛反应强烈时,适当加用镇静药,给药途径根据老人情况而定。

（4）加强营养:老年临终患者会出现恶心、呕吐和吞咽困难等症状。依据患者的饮食习惯调整饮食,给予高蛋白、高热量、易于消化的饮食,鼓励患者多吃新鲜蔬菜和水果,尽量创造条件增加患者食欲。吞咽困难的患者给予流质或半流质饮食,必要时采用鼻饲法或完全胃肠外营养。

（5）舒适护理:老年人临终末期各系统处于衰竭的状态,在此期间维持临终患者舒适的体位,四肢冰凉时应加强保暖。每日给予口腔护理 1 次,保持口腔清洁卫生,患者口干时给予湿润。定时给患者进行全身按摩,翻身,避免褥疮形成。定期帮助患者清洗身体、头发,床位应保持整洁干净。患者大量出汗时,应及时擦洗干净,勤换衣裤。大小便失禁者,注意会阴、肛门周围皮肤的清洁。

（6）心理慰藉:老年临终患者的心理反应与其人格特点、教育、信仰、传统观念、生活习惯及家人的关心程度相关。耐心倾听,与老年临终患者诚恳交谈,鼓励患者将自己的意愿告知亲人,且尽量满足患者需求,以减轻其死亡后家属的遗憾。老年临终患者出现烦躁症状时,可轻轻抚摸老人的手臂、肩膀或者轻握其手,使其感到安全,并安静下来。

（二）老年安宁疗护

1. 安宁疗护的命名　临终关怀是为了满足临终阶段的患者及其家属的需求而产生和发展起

来的照护模式,在中国香港称之为"善终服务",在中国台湾称之为"安宁疗护"。长期以来,中国内地对临终关怀和安宁疗护不区别,安宁疗护(palliative care/hospice palliative care)在我国惯用名称还有姑息医学、缓和医疗、舒缓疗护、宁养服务、善终服务等。原国家卫生和计划生育委员会(国家卫计委)于2017年提出将临终关怀、舒缓医疗、姑息治疗等统称为安宁疗护。

2. 安宁疗护的概念　世界卫生组织对安宁疗护的定义:安宁疗护是一种提供给患有危及生命疾病的患者和家庭的,旨在提高他们的生活质量及面对危机能力的系统方法。通过对痛苦和疼痛的早期识别,以严谨的评估和有效管理,满足患者及家属心理和精神的需求。

安宁疗护的内涵是:①缓解疼痛和其他痛苦的症状;②肯定生命,认知临终是人生的正常历程;③认同死亡是生命的一种自然的过程,既不加速也不延缓死亡的来临;④为临终患者提供心理、社会和精神层面的照护;⑤提供支持系统,帮助临终患者尽可能以积极态度生活,直到死亡自然来临;⑥协助家属积极面对临终患者的疾病过程及哀伤历程;⑦以整个多学科医疗团队合作模式来处理和满足临终患者和家属的需求;⑧提高临终患者和家属的生活质量。

3. 老年安宁疗护的发展　安宁疗护是随着临终关怀运动产生和发展起来的一种新的医疗护理行为,是一种针对终末期患者的缓解性和支持性医疗照护。关注患者及家属的生活质量和尊严,帮助患者舒适、安详、有尊严地离世。

1988年天津医学院临终关怀研究中心的成立,标志着安宁疗护被引入我国内地,但由于种种原因,发展缓慢。2017年1月25日,原国家卫计委发布了《安宁疗护中心基本标准和管理规范(试行)》,对中心的床位、科室设置、人员、建筑要求、设备的基本标准提出明确而翔实的要求。2017年2月9日发布的《安宁疗护实践指南(试行)》,从机构管理、质量控制、感染防控与安全管理、人员培训、管理与监督等方面制定了严格的管理规范。这是我国安宁疗护事业发展的一个里程碑,推动了我国安宁疗护的快速发展。

随着我国老龄化社会的到来,老年群体的安宁疗护已逐渐发展成为医疗、养老等民生领域迅速增长的新需求,是安宁疗护的重点。生、老、病、死是生命的必然过程,死亡是人生的最终归宿,是每一个生命必然会到达的终点。为老年临终患者提供必要的对症支持治疗、舒适护理、家庭照顾指导、心理舒缓及灵性服务,尽量减少患者痛苦,可帮助老年人有尊严、舒适地度过人生的最后旅程。

4. 安宁疗护与临终关怀　临终关怀,世界卫生组织的定义为对没有治愈希望的患者进行积极而非消极地照护。对身心痛苦及其他症状的控制是为了尽可能提升患者和家属的生活质量。它不仅支持患者积极地活着直到离世,也协助家属调适在亲人患病期间以及丧亲之后的心理状态。

安宁疗护和临终关怀两者在服务目标和内容上有相同之处,但在服务对象中存在一定区别。

(1) 服务目标:安宁疗护和临终关怀的首要目标均是提高患者的生活质量、减轻患者的身心痛苦、尊重患者的权利和维护患者的尊严,不继续进行无效治疗来延长患者的痛苦。以患者和家属作为照护中心,以需求为导向。

(2) 服务对象:临终关怀服务对象为患任何疾病处于生命终末期患者,即临终患者。安宁疗护服务对象为患有不可治愈疾病的患者。安宁疗护是一个连续的照护统一体,包括前期的安宁疗护和患者临终阶段的临终关怀以及患者死亡后对家属的哀伤辅导。

(3) 根治性治疗:从患者诊断为不可治愈疾病时起,接受安宁疗护时也接受根治性治疗;但接受临终关怀的患者一般不再接受治疗性干预。安宁疗护以患者为中心,提供生物、心理、社会的整体干预;而临终关怀以心灵为主,目的是让患者平静、安宁地面对死亡。

安宁疗护源于临终关怀,它是临终关怀理念和模式的扩展和延伸,两者在理论和实践上既有联系也有区别。临终关怀可以看做是安宁疗护的一个分支或一部分,临终关怀可以视为安宁疗护的一种方法。

（张　青）

🍃 思考题

1. 请根据以下案例回答这位老人的健康档案应包括哪些内容? 应如何对这位老人进行健康监测?

案例:老年患者,81 岁,男性,有高血压、糖尿病病史,近 1 年曾于家中跌倒 1 次。患者由女儿陪伴来进行健康体检。

2. 膳食钠、钾、钙与高血压的关系?

3. 老年人如何掌握有氧运动强度?

4. 老年人常见慢性病的一级预防、二级预防和三级预防的目的是什么?

5. 退休综合征怎么进行心理干预调节?

6. 老年人多重用药安全管理的管理原则和管理内容是什么?

7. 试述安宁疗护与临终关怀的关系。

本章要点

1. **掌握** 老年人健康信息来源、采集原则和途径；老年人电子健康档案基本概念、基本内容和功能。
2. **熟悉** 老年人可穿戴设备的概念、分类和应用。
3. **了解** "互联网+健康管理"和人工智能技术在老年健康管理中的应用。

第一节 老年健康管理的信息化

一、老年人健康数据采集的信息化

数据是载荷或记录信息的按照一定规则排列组合的物理符号，是对客观事物的真实反映，它可以是数字、文字、图像，也可以是计算机代码。信息是经过加工过的数据，它对接受者有用，对决策或行为有现实的、潜在的价值。健康信息是指个人出生、成长、生活中各种与健康相关的信息，具体包括个人基本情况、日常生活行为习惯、工作方式、健康状况、现病史、既往病史、过敏史、家族疾病史、健康体检情况、就诊情况、口服药情况等。而老年人健康信息可用于老年人群健康评估、健康风险干预、疾病的预期诊断与预后诊断、健康教育等健康管理服务。老年人健康信息采集是指对老年人在健康管理和医疗保健过程中所产生、加工、存储的信息，通过一定的渠道，按照一定的程序，采用科学的办法，对真实、实用、有价值的信息进行有组织、有计划、有目的采集的全过程。

（一）老年人健康信息采集原则

1. **计划性** 根据老年人健康管理服务需求，有针对性、分步骤地收集信息。要做到有计划性地采集信息，必须明确目的、保证重点、全面兼顾，根据实际需求修订计划。
2. **系统性** 根据单位性质、专业特点、学科任务等不间断地连续采集信息。
3. **针对性** 针对老年健康管理服务实际需要，有目的、有重点、分专业、分学科、按计划、按步骤地收集，以最大限度满足用户信息需求。
4. **及时性** 根据用户的信息需求，敏捷迅速地采集到反映老年人健康的最新动态、最新水平、最新发展趋势的信息。
5. **完整性** 根据老年人健康管理现在和潜在的信息需求，全面、系统收集信息，不能遗漏数据。
6. **真实性** 根据用户需求采集真实、可靠的信息。

（二）老年人健康信息来源

老年健康信息主要来源于各类卫生服务记录、健康体检记录以及专题健康或疾病调查记录。

1. **各类卫生服务记录** 老年人健康信息主要来源于各类卫生服务记录，这些记录按照规定长期填写积累，可以充分利用。卫生服务记录的主要载体是卫生服务记录表单。卫生服务记录表单是卫生管理部门依据国家法律法规、卫生制度和技术规范的要求,用于记录服务对象的有关基本信息、健康信息以及卫生服务操作过程与结果信息的医学技术文档,具有医学效力和法律效力。与老年人健康信息相关的卫生服务记录表单主要有以下 4 个方面:

(1) 个人基本信息:个人基本情况登记表。

(2) 疾病控制:传染病报告卡、结核病患者登记管理记录表、艾滋病防治记录表、血吸虫病患者管理记录表、慢性丝虫病患者随访记录表、职业病报告卡、肺尘埃沉着病报告卡、职业性放射性疾病报告卡、职业健康检查表、伤害监测报告卡、农药中毒报告卡、行为危险因素监测记录表、死亡医学证明书。

(3) 疾病管理:高血压患者随访表、糖尿病患者随访表、肿瘤报告与随访表、精神分裂症患者年检表和随访表、老年人健康管理随访表。

(4) 医疗服务:门诊病历、住院病历、住院病案首页。

2. 健康体检记录　老年人健康体检是实施老年人健康管理的基础,是老年人健康信息采集过程中不可缺少的重要环节。老年人体检套餐的设定是决定体检信息量的一个重要因素,除常规体检项目外,应根据受检者的年龄、性别、职业、生活方式、相关危险因素、既往健康状况、家族遗传史等科学、合理设置老年人个性化的体检套餐,再逐一完成信息的采集。老年体检报告是体检完成后出具的汇总报告,通过体检尽可能早地收集身体疾病信息和可疑疾病信息,全面了解老年人身体健康状况,对检出的边缘性指标及相关风险因素,进行健康风险评估与预测,给予风险干预,做到未病先防;对于异常指标或疾病,及时安排跟踪、保健指导,最终纳入老年人健康管理服务流程。

3. 专题调查　当需要解决某些专门问题时,常用的记录和报表往往不能提供足够数量的信息,因此需要通过专题调查来获取资料。专题调查的方法可分为访谈法、实地观察法及问卷法。

(1) **访谈法**:是以访谈为主要方式来了解某人、某事、某种行为或态度的一种调查方法,可以通过走访、信件或现代通讯工具与被调查者口头交谈,从而获得信息。访谈法也是健康管理者与老年客户取得双方信赖的最佳方式。

(2) **实地观察法**:是由调查员到现场对老年观察对象进行直接观察、检查、测量取得资料,如医生为被检查者实施的体格检查。实地观察法获得的资料比较真实、可靠,但所需人力、物力、财力较多,实际调查中,访谈法与实地观察法结合使用、互相补充。

(3) **问卷法**:是调查者运用事先设计好的问卷向被调查者了解情况或征询意见的一种书面调查方式。问卷调查是专题调查的主要方式之一,主要用于了解老年人的基本情况、生活行为方式、老年人对某些事件的态度以及其他辅助性情况。

(三) 常用的老年人健康信息采集途径

1. 医院信息系统(hospital information system,HIS)　是利用电子计算机和通讯设备,为医院所属各部门提供病人诊疗信息和行政管理信息的收集、存储、处理、提取和数据交换的能力并满足授权用户的功能需求的平台。HIS 主要分为三大块:管理信息系统、临床医疗信息系统、医院信息系统的高级应用。

管理信息系统,它是面向医院管理的,是以医院的人、财、物为中心,以重复性的事物处理为基本管理单元,以医院各级管理人员为服务对象。一般包括:门、急诊挂号子系统,门、急诊病人管理及计价收费子系统,住院病人管理子系统,药库、药房管理子系统,病案管理子系统,还有人事、工资管理子系统,财务管理与医院经济核算子系统,医院后勤物资供应子系统,固定资产、医疗设备管理子系统等。

临床医疗信息系统(clinical information system,CIS),它是面向临床医疗管理的,是以病人为中心,以基于医学知识的医疗过程处理为基本管理单元,以医院的医务人员为服务对象。临床医疗信息系统可能包括的内容很多,甚至可能是专科、专病、专课题的信息处理系统,下面给出一些常见系统的例子:住院病人医嘱处理子系统,护理信息系统,门诊医生工作站系统,临床实验室检查报告子系统,医学影像诊断报告处理系统,健康体检管理信息系统等。

医院信息系统的高级应用,主要指医学图像实时传输与查询、归档系统(picture archiving and

communication system，PACS），其主要任务就是把日常产生的各种医学影像（包括磁共振，CT，超声，各种 X 线机，各种红外仪、显微仪等设备产生的图像）通过各种接口（模拟，DICOM，网络）以数字化的方式海量保存起来，当需要的时候在一定的授权下能够很快地调回使用，同时增加一些辅助诊断管理功能。另外还有病人床边信息系统、计算机化的病人病案系统、科研支持系统、教学支持系统、Internet 医学情报系统、远程诊断与教学等。以上应用同样主要以图形、图像为主，数据量大，对网络的稳定性和带宽要求高。

2. 中国疾病预防控制信息系统　2000 年 2 月，原卫生部下发 63 号文件，在我国启动国家卫生信息网络建设项目，同时发布了《国家卫生防疫信息管理系统管理工作规范》（以下简称《国家规范》），拉开了我国疾病预防控制信息网络建设的序幕。2003 年 4 月 26 日起，开始非典型肺炎网络直报。2003 年 12 月，原卫生部办公厅下发了卫发电〔2003〕142 号《关于实施传染病与突发公共卫生事件网络直报的通知》，功能强大的联网数据库"中国疾病预防控制信息系统"开始启动和运行，为我国疾病预防控制工作提供了最佳的信息平台。我国疾病预防控制信息系统为一个覆盖中央、省、地（市）、县（市区）四级疾病控制中心和乡镇卫生院以上医疗单位的广域网，连接着全国 31 个省级疾病控制中心和 331 个地（市）级疾病控制中心的计算机局域网及其下属 2 863 个县（市、区）疾病控制机构的计算机网站。目前中国疾病预防控制信息系统包括多个业务应用子系统，其中主要的 6 类业务为：①传染病报告、突发公共卫生事件报告和基本信息等子系统；②流感监测信息子系统；③结核病信息管理子系统；④传染病预警和寄生虫病防治等子系统；⑤出生登记和人口死亡登记等子系统；⑥艾滋病防治系统。

3. 国家人口与健康科学数据共享服务平台　国家人口与健康科学数据共享服务平台按照统一标准规范、统一资源规划和统一技术构架，实行"逻辑上高度统一，开放共享；物理上合理分布，分工合作"的运行服务机制。人口健康平台承担起国家科技重大专项、科技计划、重大公益专项等人口健康领域科学数据汇交、数据加工、数据存储、数据挖掘和数据共享服务的任务，服务于科技创新、政府管理决策、医疗卫生事业的发展，为创新型人才培养和健康产业发展提供科学数据共享服务，从而提高我国医疗卫生服务整体水平和国际竞争力。该平台包括六个数据中心：基础医学、临床医学、公共卫生、中医药学、药学、人口与生殖健康。其中，在公共卫生数据中心中，利用全国老年人口健康状态调查项目（又名中国老人健康长寿影响因素研究）建立了中国老年人口健康状况调查数据库，该数据库涵盖 1998 年、2000 年、2002 年、2005 年四次调查的 14 万条记录。中国老年人口健康状况调查项目的研究目标旨在更好地理解影响老龄健康的社会、行为、环境与生物学因素，减少老年带病生存期比例，增加老年健康生存期比例，提高老中青生活质量，为科学研究、老龄工作与卫生健康政策信息提供依据。

4. 慢性病管理信息系统　是采用计算机硬件技术和网络通信技术相结合的模式搭建的管理信息系统。该系统主要由服务对象管理、人群干预、个体追踪管理、效果评价等若干有机结合的功能组成，系统可以通过个案发现或人群筛查后自动建立慢性病专案，对专案对象进行诊疗、健康教育、追踪管理。该系统体现生物-心理-社会三个层次干预措施数码化和实用化，有利于达到降低病残率、并发症、降低病死率以及提高慢性病病人生活质量的慢性病管理目标。系统主要适用于开展慢性非传染性疾病管理全部或部分业务的地段医院、防保科、门诊部、社区卫生服务机构和慢性病院/站等。

二、老年人电子健康档案的应用

老年人健康档案是老年人健康管理中不可缺少的工具。通过建立老年人健康档案，能够了解和掌握老年人的健康状况和疾病构成，了解老年人主要健康问题和卫生问题的流行病学特征，为筛选高危人群，开展健康管理，采取针对性预防措施奠定基础。

（一）健康档案与电子健康档案的概念

健康档案是居民健康管理（疾病防治、健康保护、健康促进等）过程的规范、科学记录。是以居民个人健康为核心，贯穿整个生命过程，涵盖各种健康相关因素、实现多渠道信息动态收集，满

足居民自我保健和健康管理、健康决策需要的信息资源。电子健康档案（electronic health record，EHR），也叫做电子健康记录，即电子化的健康档案。目前，学术界对于 EHR 还没有统一的定义，不同国家在卫生信息化建设中对 EHR 也有着不同的理解。如：美国的 EHR 主要是指病人在不同医疗机构的概要临床记录，它建立在国家卫生信息网络（National Health Information Network，NHIN）的基础上，可跨平台、跨地区共享；英国的电子健康档案表现为国家卫生服务保健记录服务（National Health Service Care Record Service，NHS CRS）的形式，它整合了医疗机构保存的诊疗相关信息，即电子病人记录（electronic patient record，EPR）和病人初级卫生保健信息；加拿大则认为电子健康档案是有关个人从出生到死亡的健康和医疗服务信息的纵向记录。虽然具体定义存在差别，电子健康档案都包括两个基本要素：一是完整记录个人全生命周期的健康信息和医疗活动，二是能够被经授权的不同系统共享。结合我国实际情况，原国家卫生部明确界定了电子健康档案的内涵，由个人基本信息和主要卫生服务记录两部分组成，除了包括个人在社区卫生服务机构的健康资料以外，还将来自医院电子病历的摘要部分，疾病控制、妇幼保健、卫生监督等公共卫生服务记录纳入其中（图 7-1）。2009 年《健康档案基本架构与数据标准（试行）》和《基于健康档案的区域卫生信息平台建设指南（试行）》相继发布，力图在标准化当前居民健康档案的基础上，构建以电子健康档案为核心的区域卫生信息平台，其中关于电子健康档案的定义是：以计算机可处理形式存储和管理的有关个人全生命周期健康状态和医疗保健行为的信息资源库；这些信息可以在卫生系统各级机构之间安全地传输，各级授权用户均可访问。

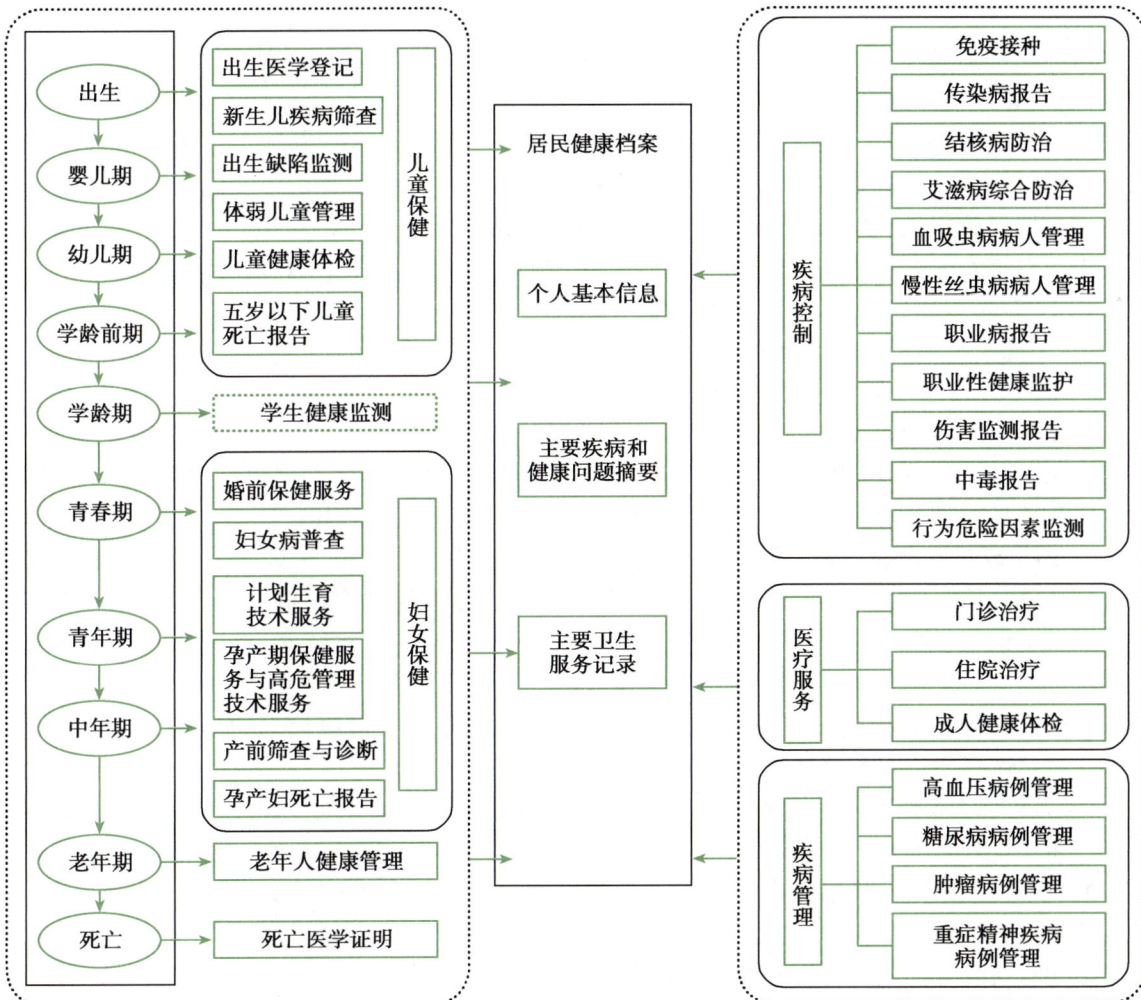

图 7-1　居民健康档案基本架构

（二）老年人电子健康档案的基本内容

1. 个人基本信息　包括人口学和社会经济学等基础信息以及基本健康信息。其中一些基本信息反映了个人固有特征，贯穿整个生命过程，内容相对稳定、客观性强。

（1）人口学信息：如姓名、性别、出生日期、出生地、国籍、民族、身份证件、文化程度、婚姻状况等。

（2）社会经济学信息：如户籍性质、联系地址、联系方式、职业类别、工作单位等。

（3）亲属信息：如子女数、父母亲姓名等。

（4）社会保障信息：如医疗保险类别、医疗保险号码、残疾证号码等。

（5）基本健康信息：如血型、过敏史、预防接种史、既往疾病史、家族遗传病史、健康危险因素、残疾情况、亲属健康情况等。

（6）建档信息：如建档日期、档案管理机构等。

2. 主要卫生服务记录　健康档案与卫生服务活动的记录内容密切关联。主要卫生服务记录是从居民个人一生中所发生的重要卫生事件的详细记录中动态抽取的重要信息。按照业务领域划分，与老年人电子健康档案相关的主要卫生服务记录有：

（1）疾病预防：传染病报告信息、结核病防治信息、艾滋病防治信息、寄生虫病信息、职业病信息、伤害中毒信息、行为危险因素监测信息、死亡医学证明信息等。

（2）疾病管理：老年人健康管理信息，特别是老年人高血压、糖尿病、肿瘤、重症精神疾病等病例管理信息。

（3）医疗服务：老年人门诊诊疗信息、住院诊疗信息、住院病案首页信息、健康体检信息等。

（三）老年人电子健康档案的信息来源

健康档案信息量大、来源广且具有时效性。其信息收集应融入到医疗卫生机构的日常服务工作中，随时产生、主动推送，一方采集、多方共享，实现日常卫生服务记录与电子健康档案之间的动态数据交换和共享利用，避免成为"死档"，并减轻基层卫生人员的负担。

由于老年人的主要健康和疾病问题一般是在接受相关卫生服务（如预防、保健、医疗、康复等）过程中被发现和被记录，所以老年人电子健康档案的信息内容主要来源于各类卫生服务记录，其次来源于老年人健康体检记录和老年人专题健康或疾病调查记录。

（四）老年人电子健康档案的主要功能

电子健康档案的定义揭示出，它是存储了个人全生命周期健康状态和医疗保健行为的信息资源库，在形成资源库的基础上，老年人电子健康档案对于老年居民开展自我保健、医疗服务技术人员实施健康管理和卫生管理者进行卫生科学决策将发挥重要作用。

1. 满足老年人自我保健的需要　《健康档案基本架构与数据标准（试行）》中提到电子健康档案的主体是居民，核心是居民健康，建立目的是为了便于居民对自身健康的自我认识和管理。老年居民可以通过身份安全认证、授权查阅自己的电子健康档案，系统、完整地了解自己不同生命阶段的健康状况和利用卫生服务的情况，接受医疗卫生服务机构的健康咨询和指导，提高自我预防保健意识和主动识别健康危险因素的能力。此外，由于电子健康档案的第三方监管特性也有利于提高医疗卫生服务信息透明度，有效地改善医患信用关系。

2. 满足老年人健康管理的需要　持续积累、动态更新的老年人电子健康档案有助于卫生服务提供者系统地掌握老年服务对象的健康状况，及时发现重要疾病或健康问题、筛选高危人群并实施有针对性的防治措施，从而达到预防为主和健康促进目的。例如，对于老年人慢性病管理来说，主要是将重点放在具有潜在慢性病风险的人群，根据电子健康档案里的相关信息，卫生服务提供者可以有针对性地提出行为生活方式等干预措施，关口前移，开展常规的预防保健工作，降低慢性病发病率；同时，对于老年慢性病患者，卫生服务提供者通过门诊、家庭和电话等随访方式及时掌握居民平时的用药情况、吸烟饮酒和饮食情况、体育锻炼情况等，对电子健康档案进行实时更新,通过连续的行为生活方式和病情监测,可以及时调整改进治疗方案,以实现延长生命、避免疾病急性期高额治疗费用的目的。

3. 满足卫生管理决策的需要 完整的老年人电子健康档案能及时、有效地提供基于个案的各类卫生统计信息,帮助卫生管理者客观地评价老年居民健康水平、卫生费用负担、卫生服务质量、卫生服务可及性和卫生资源配置等情况,为区域卫生规划、卫生政策制定以及突发公共卫生事件的应急指挥提供科学决策依据。

三、"互联网+老年健康管理"的发展

"互联网+"代表一种新的经济形态冲击着不同的行业。而对于老年人健康管理,互联网改变的不仅仅是健康管理产品和健康管理服务,也改变着健康管理模式和医患沟通模式。

(一)"互联网+"的概念

"互联网+"就是在互联网平台的基础上,综合利用移动互联网、云计算、大数据和物联网等新技术实现与各个传统行业的跨界融合,推动各行各业的创新和升级,并创造适用于新时代的新产品和新业态,构建起能够将一切都连在一起的新生态。提高效率和优化资源配置是互联网进入传统行业的最明显优势。

2015 年 3 月政府工作报告首次提出"互联网+"行动计划,之后连续 3 年的报告中均有提及,政府对"互联网+"应用的重视可见一斑。2015 年 7 月国务院下发《国务院关于积极推进"互联网+"行动的指导意见》(国发〔2015〕40 号)。在医疗和健康领域,国务院先后出台了《关于促进和规范健康医疗大数据应用发展的指导意见》(国办发〔2016〕47 号)、《关于促进移动互联网健康有序发展的意见》《关于促进"互联网+医疗健康"发展的意见》(国办发〔2018〕26 号)等文件,对"互联网+"在医疗健康服务领域中的应用提出了明确的指导意见和要求。

在政策层面,国家大力支持"互联网+医疗健康"的发展,利好政策不断,但行业发展的最大障碍仍然是政策壁垒。由于政策尚未根本性放开(例如医保政策、处方药网购等),"互联网+医疗健康"发展仍然步履维艰,唯独"互联网+健康管理"一枝独秀,处于领跑地位。

目前,我国"互联网+健康管理"产业已经整合了移动医疗服务商、医疗设备制造商、IT 巨头、应用开发商、数据公司和保险企业等众多参与者,形成了以在线健康管理和可穿戴设备为主的产业格局,包括脉搏血氧仪、葡萄糖监测仪、心电图仪、助听器等类型的可穿戴式设备,其将作为新一代智能终端,成为新的健康管理移动平台市场及生态圈。而在传统的健康管理模式中,患者普遍存在事前缺乏预防,事中体验差,事后无服务的现象。通过"互联网+健康管理",患者有望从移动健康数据端监测自身健康数据,做好事前防范;在健康管理服务中,依靠移动医疗实现网上挂号、询诊、购买、支付,节约时间和经济成本,提升事中体验;并依靠互联网在事后与医务人员及时沟通,完成全程、周期性健康管理。个性化、服务化、智能化健康管理服务模式正引领医疗改革发展潮流,开展"互联网+健康管理",特别是针对健康需求较大的老年人,将为医疗服务行业注入新的活力,未来将在医疗保障、疾病监测、康复预防、健康评估、健康咨询等多领域满足老年人的健康需求。

(二)"互联网+老年健康管理"的应用

"互联网+老年健康管理"应用可分为老年人自我健康管理、老年人远程健康管理和老年人居家健康管理

1. 老年人自我健康管理 有专家认为老年人自我健康管理中要具备的知识和技能有:①学习和掌握健康知识的能力,甄别科学的健康信息和知识;②学会自测和掌握身体的基本数据(心率、血压、呼吸、脉搏);③学会看懂体检报告的主要检查结果和结论信息;④学会一套运动营养技能、心理减压技能、管理情绪技能、寻医问药技能、改变不良行为生活方式技能、适应工作和生活环境技能、疾病康复技能。

　　还有专家认为老年人自我健康管理是指自己对自己身体的健康信息和健康危险因素进行分析、预测和预防的全过程,其管理手段是借助健康量表、健康评估软件或健康信息系统,随时监测自己的健康信息,掌握健康状况。

　　2. 老年人远程健康管理　　就是通过各种简单方便的检测仪器,随时随地检测结果,并通过无线 GPRS 网络传输到后台数据库,然后后台会根据检查结果给予老年用户各种分析、评估、提醒和建议,并且建立永久的健康档案,进行全面的健康监控和健康管理。与居家健康管理的相似之处在于同样需要信息技术的支持,而远程健康管理的实现场所主要集中在家庭或社区。

　　3. 老年人居家健康管理　　就是整合自我健康管理和远程健康管理,将医疗卫生服务的覆盖范围延伸到家庭,在传统健康管理的基础上,强调个体自主参与程度,将健康监测、评估、干预、跟踪的工作重心由医疗机构下移到家庭和个人。老年慢性病患者,特别是老年痴呆患者和帕金森患者的家庭监护,借助物联网技术、远程医学和自助医疗模式,通过生理指标监测仪和健康量表,对生理特征信息进行动态采集和分析,实时监控身体状况,根据医生评估和自我评估结果,掌握健康管理方法,提高自主意识,从而主动改变行为生活方式。

（冯芮华）

第二节　老年健康管理的信息化技术

一、可穿戴设备在老年人健康管理中的应用

　　随着医疗技术的进步,人类对于健康的需要也从有病治疗发展到未病防治,可穿戴设备(wearable devices)正是为满足大众的这一健康需要而出现的数字医疗设备的新起之秀。可穿戴设备能够远程随时监控人体的各种生理参数,对人体的健康状态给予监护、报警和干预。

（一）可穿戴设备的概念

　　可穿戴设备目前在国内外并没有较为准确和完备的定义。通俗来讲,可穿戴设备专指可穿戴于人身体上能实现信息智能交互,用于健康和医疗用途的微型电子医疗设备。可穿戴设备概念上目前有广义和狭义之分。广义上的可穿戴设备分为两类:用于健康用途的康体类和医疗用途的诊疗类。康体类可穿戴设备通常具备计步器、睡眠计时、心率计数等功能,而诊疗类可穿戴设备则需要国家有关部门核准(如 CFDA 等),并用于心电监测、血氧监测等关键诊疗信息采集。狭义上的可穿戴设备只包括后者。本文所指的是广义上的可穿戴设备的概念,将传感器、无线通信、多媒体等技术嵌入眼镜、手表、手环、服饰及鞋袜等人们日常穿戴的物品中,用紧贴人体的佩戴方式实现人体各项生理参数的长时间测量。目前已问世的老年人可穿戴设备包括老年人智能眼镜、老年人智能手表、老年人智能手环和老年人智能拐杖等。通过老年人可穿戴设备,可以方便获取老年人实时的体征信息。与基于某一时刻的静态传统医学诊断相比,实时医疗数据的便利获取和积累有助于推动基于动态体征大数据处理和诊断决策的老年人医学研究,对于实现异地病情诊断和老年人健康管理的远程医疗意义重大。

（二）老年人可穿戴设备的分类

　　根据用户需求的不同,老年人可穿戴设备大致可分为三类:第一类是面向普通老年人的运动健康类设备,主要用来记录运动量、消耗热量、心率、睡眠等特征信息,如老年人智能手环、老年人智能眼镜、老年人智能拐杖、老年人智能手表等可穿戴小设备,这类设备测量方便、易于携带,主要是面向有保健意识和健康需要的老年人用户,作为生活、运动、健康管理的辅助类产品,用户群体规模大,设备准入门槛较低;第二类是面向老年慢性病用户的监护类设备,主要功能是用来帮助老年慢性病人监测血压、血糖和脑电等生理参数,如手腕式血糖控制仪、腕式血压计和多参数生理监测仪等设备,这类设备的主要用户是有医疗康复需求的慢性病老年患者,可穿戴设备收集

的体征信息可以为健康管理和临床诊疗提供参考;第三类是整合了多种生理信息传感器的衬衣、胸带或者腰带,如老年人智能衣、老年人胸带和老年人腰带等设备,这类设备集监测、诊断、治疗以及通讯等功能为一体,穿在身上可以实现生理信息的实时获取、分析和传输。这类设备通常用于老年特殊人群的体征监测,以及室内外定位和运动跟踪,例如帕金森病人的体态智能感知和自动扶持。

(三)可穿戴设备在老年人健康管理中的应用

1. 老年人危险因素监测　很多疾病的早期都是很容易治疗控制的,如果发病初期未能检测出,之后将会付出更大的代价。老年用户日常佩戴可穿戴设备,能够帮助在疾病初期发现病因,及早治疗隐患病情,例如老年人中比较常见的心脑血管疾病,其危险因素包括高脂血症、肥胖、高血压、糖尿病等。可穿戴设备通过传感器实时对老年人生理指标、睡眠情况、日常情况、饮食习惯、周围环境等健康信息进行动态监测,为老年人健康管理提供长效的危险因素监测数据,便于健康状态精确评估、健康风险及时分析和预警,并改变不良行为生活方式,可以达到很好的控制心脑血管疾病发生的目的。

2. 老年人慢性病管理　近年来,世界人口老龄化进程加快,慢性病已经成为影响老年人群健康的主要问题,目前我国有近 1.5 亿的老年人患有慢性病,老年人的健康需求和保健意识与日俱增,从以疾病治疗为主转向以疾病预防为主,预防、延缓和控制慢性病的发生和发展是老年人的主要健康需求。可穿戴设备结合移动互联网,实现老年人慢性病管理的远程监护,为老年人家庭监护和社区监护提供有力支撑。老年人可穿戴设备可随时随地监测血糖、血压、心率、血氧含量、体温、呼吸频率等人体的健康指标,全面的生命体征信息监测及后台的数据分析和诊断决策系统可以帮助完成老年人慢性病的追踪与管理,便捷、优质的远程医疗既可以减少医疗费用的支出,又可以降低医疗机构床位占用率、延伸医疗机构的服务范围,以节约成本和社会资源。

二、人工智能技术在老年健康管理中的应用

医疗人工智能发展迅速,产业格局风起云涌。人工智能在医疗领域中的应用已非常广泛,包括医学影像、临床决策支持、语音识别、药物挖掘、健康管理、病理学等众多领域。而在健康管理领域,人工智能技术呈现与健康管理不断融合的趋势,其中数据资源、计算能力、算法模型等基础条件的日臻成熟成为健康管理新技术发展的重要力量。

(一)人工智能概述

人工智能(artificial intelligence)作为一个专业术语,最早是由美国计算机科学家约翰·麦卡锡在 1956 年的达特茅斯会议上提出。经过六十多年的演进,人工智能发展进入新阶段,特别是在移动互联网、大数据、超级计算、传感网、脑科学等新理论新技术以及经济社会发展强烈需求的共同驱动下,人工智能加速发展,呈现出深度学习、跨界融合、人机协同、群智开放、自主操控等新特征。2016 年,AlphaGo 大胜围棋九段李世石,让人工智能成为社会关注的热点话题。目前,关于人工智能没有统一的概念,一般来说人工智能主要研究、开发用于模拟、延伸和扩展人类智能的理论、方法、技术及应用系统,涉及机器人、语音识别、图像识别、自然语言处理和专家系统等方向。

新一代人工智能相关学科发展、理论建模、技术创新、软硬件升级等整体推进,正在引发链式突破,推动经济社会各领域从数字化、网络化向智能化加速跃升。为促进我国人工智能的发展,2017 年 7 月,国务院印发《新一代人工智能发展规划》(国发〔2017〕35 号),提出:"建设智能健康。加强群体智能健康管理,突破健康大数据分析、物联网等关键技术,研发健康管理可穿戴设备和家庭智能健康检测监测设备,推动健康管理实现从点状监测向连续监测、从短流程管理向长

流程管理转变。"

（二）人工智能技术在老年健康管理中的应用

1. **移动医疗技术**　移动医疗（mobile health，mHealth）是指通过使用移动通信技术，例如智能手机、3G/4G/5G 移动网络和卫星通信等，提供医疗服务和信息。近年来，无线技术发展日新月异，速度、稳定性和安全性不断完善，网络覆盖面越来越广，为移动医疗的应用提供了良好基础。老年人可以通过移动设备实现网上预约挂号、检查检验结果查询等功能；护理人员利用各种移动通信网络和移动设备，可以定时或不定时地采集老年人的体征数据，并传输到医疗中心，实现对个体健康状况的实时监控，并给予及时的指导和治疗。移动医疗在院前急救中同样起到积极的作用，医疗救治 GPS 的急救资源定位和呼叫病人的定位技术，可以大大缩短急救到达时间，移动生命体征采集设备可以在病人到达医院前将病人信息传输到医院，医院可以为抢救病人做好相关准备。

2. **物联网技术**　物联网（internet of things，IOT）最初的含义是指把所有物品通过射频识别等信息传感设备与互联网联系起来，实现智能化识别和管理。2005 年，国际电信联盟（International Telecommunication Union，ITU）发布了一份名为《物联网》的年度报告，对物联网概念进行了扩展，提出了任何时刻、任何地点、任意物体之间互联，无所不在的网络和无处不在的计算的发展愿景，除了射频识别（Radio Frequency IDentification，RFID）技术外，还包括传感器技术、智能终端技术、无限通信技术的广泛应用。物联网应用非常广泛，包括交通、环保、安全、家具等各个社会领域。总的来说，互联网主要解决人与人的互联，连接了虚拟与现实的空间；物联网主要解决的是物与物之间的互联，连接了现实与物理世界。

物联网技术在医疗卫生领域内拥有巨大的潜力，能够促进医院实现医疗流程的标准化，以及对医疗对象的智能化感知和处理，从而提高医疗安全和精细化管理。通过物联网，系统可实时监测院内、院外的信号，实现对患者位置、生命体征等信息的实时监测。将物联网与现在的互联网整合起来的全新医疗模式，扩展了医院的服务范围，可以实现对疾病的早发现、早预警、早治疗，有效降低发病风险，挽救患者生命。

目前，在老年人中，物联网技术应用比较多的是慢性病自我健康管理（例如 COPD 患者的居家氧疗）、智能健康监测、患者生命体征监测、心电遥测等。将物联网、无线通信、地理信息系统和移动定位系统等高新技术与急救中心业务有机整合，建立"院前急救-医院急救-重症监护"三位一体的急诊服务体系，提高老年危重症患者的救治质量，赢得更多的急救时间。

3. **大数据技术**　信息技术与经济社会的交汇融合引发了数据迅猛增长，数据已成为国家基础性战略资源，大数据正日益对全球生产、流通、分配、消费活动以及经济运行机制、社会生活方式和国家治理能力产生重要影响。大数据，是指在一定时间范围内无法用常规软件工具进行捕捉、管理和处理的数据集合，是需要新处理模式才能具有更强的决策力、洞察发现力和流程优化能力的海量、高增长率和多样化的信息资产。大数据是由数量巨大、结构复杂、类型众多数据构成的数据集合，是基于云计算的数据处理与应用模式，通过数据的整合共享、交叉复用，形成智力资源和知识服务的能力。大数据具有"4V"特点：volume（大量）、variety（多样）、velocity（高速）、veracity（可信）。大数据主要用于预测、决策和分析，对于国家社会经济发展和企业转型升级具有重要的战略价值。

随着医疗和健康数据的急剧扩增，大数据与医疗成为广受关注的话题。利用包括影像数据、病历数据、检验检查结果、诊疗费用等在内的各种数据，搭建合理、先进的数据服务平台，为广大患者、医务人员、科研人员及政府决策者提供服务和协助，成为未来重点发展方向。

综合运用健康医疗大数据资源和信息技术手段，可以对老年人健康状况等重要数据精准统计和预测评价,对老年人群疾病及风险进行预警和监测;结合老年人健康服务需求,科学配置老年人健康服务资源,有力支撑健康中国建设规划和决策。大数据技术还可以用于老年人健康评估,综合比较个体健康数据和群体大数据,判断个人健康状况,并对未来发病风险给予警示,进一步提出预防和治疗建议。此外,将老年健康医疗业务与大数据技术深度融合,可以推进老年人健康管理服务业发展,包括中医药养生、健康养老、健康管理、健康咨询、健康文化、体育健身、健康饮食等。

4. 机器人技术与应用　开发家庭服务机器人,重点发展满足个人和家庭家居作业、情感陪护、娱乐休闲、残障辅助、安防监控等需求的智能服务型机器人,提高老年人生活质量。

养老陪伴机器人,老年人早晨没起床自动发出预警;睡觉时开启防盗功能;突发疾病"一键求救"。智能远程心率监护机器人,通过随身佩戴智能远程心率监护仪,实现 $7×24h$ 心率/心电/血压/PWV 数据采集、显示、存储、发送、预警及提醒第三方介入等先期功能,以达到早期发现亚临床期心血管病变,及时捕捉心血管疾病前兆性异常,实现疾病趋势判断。同时,后台的医护专家团队对个人健康档案进行分析,提供专业健康咨询,推送康复指导;对有诊疗需求的客户,及时提供就诊医院信息,并将个人健康数据共享给就诊医院,作为诊疗参考依据。

其他的智能机器人,如红外线报警机器人,可安装在洗手间或老年人常去的地方,如果老年人连续4、5个小时没有在感应仪前通过,报警器就会自动报警,服务中心可马上拨打老年人家中电话,如果没人接听,立即通知相关人员前往。智能沙发机器人,坐在沙发上看电视的同时享受按摩并监测记录老年人的身体状况,通过数据自动调节座椅的高度和椅背的角度。智能电视机器人,老年人可以通过语音和简单的手势便捷地操控电视界面,同时互联网的连接可以方便地在电视上与子女通话,智能化的影音系统可以自动调节音量,根据氛围调节音量和模式。同时,智能电视还可以通过语音自由选择节目,根据周围的光线强度,自动调节屏幕的亮度,符合老年人的视觉的变化。

5. 云计算技术与应用　云计算技术于 1997 年被提出,在 2007 年被广泛关注。所谓的云计算就是以互联网为基础而建立起来的计算模式,即当网络连接布局较为分散的时候所采用的计算方式。"云"意味着计算机群,其作为网络资源的核心,主要提供存储数据资源和计算工作,以互联网为中心,提供安全、快速、便捷的数据存储和网络计算服务。

在老年健康管理方面,云计算可以发挥其强大的存储功能。云计算可整理、存储老年人的各种信息数据,包括住院及转诊的信息数据,都会被收集起来存储在云端数据库中,老年人健康管理机构所需要的资料,随时都可以在云数据库中查询。其他老年人健康管理机构也可以通过信息整合平台进入到云端数据库中查询相关信息。云计算实现了老年人信息共享,若老年人突发疾病,可以使得病人在转诊时,省去了转院期间的各项工作,提高了医院工作效率。

云计算还具有较强的计算分析功能。储存在健康管理机构云平台的大量信息,运用云计算技术处理,可以获得更为准确的数据结果。云计算在对信息进行深度挖掘的过程中,还可以分析数据,经过技术处理后所获得的数据结果可以为老年人的健康管理决策提供有价值的参考数据。此外,云计算还可以对医生诊断数据进行分析、计算,为提高医疗质量提供了科学性的依据。

云计算在老年健康管理中的意义有以下几点:

(1) 节约人力、物力和财力成本:云计算提供的资源比健康管理机构自己提供和管理的资源更廉价,且为老年健康管理机构提供最可靠的数据存储中心,大大节约了成本。

(2) 资源整合、数据共享:云计算将所有的资源虚拟化成统一的资源池,按需动态分配,同时提供了标准的格式,可以方便用户内部不同的数据转换,方便各系统之间的数据共享,提高系统应用的可靠性,促进我国区域老年人健康管理信息化的发展。

（3）云计算数据分析、技术处理,制订老年人健康管理决策:利用其自身强大的存储能力,对数据进行分析处理,对医生的诊断及下一步的健康管理策略提供科学依据。

（陈传亮 宁宝礼）

思考题

1. 老年人健康信息来源包括哪几个方面?
2. 老年人电子健康档案的主要功能包括哪些?
3. 老年人可穿戴设备的分类,应用体现在哪些方面?

第八章 老年人健康服务特点及职业规范

本章要点
1. **掌握** 老年人健康服务的特点；老年健康服务职业规范。
2. **熟悉** 健康服务的特点；老年人健康服务的权利与义务。
3. **了解** 服务的特点；老年人健康服务的伦理关系。

第一节 老年人健康服务的特点

一、健康服务与管理的特点

(一)服务的特点

什么是"服务"？服务是指为他人做事,并使他人从中受益的一种有偿或无偿的活动,不以实物形式而以提供劳动的形式满足他人某种特殊需要。把服务的英文"service"的每个字母拆解开来解释,可以从中悟出一些道理。

s——微笑待客(smile for everyone);

e——精通业务工作(excellence in everything you do);

r——态度亲切友善(reaching out to every customer with hospitality);

v——把每位顾客视为重要人物(viewing every customer as special);

i——邀请顾客再次光临(inviting your customer to return);

c——营造一个温馨的服务环境(creating a warm atmosphere);

e——用眼神表达对顾客的关心(eye contact that shows we care)。

关于产品与服务的关系,目前大体有三种基本观点:第一,产品是主体,服务是产品的附属部分,是产品的延伸。第二,服务自身是一种无形的产品,其与有形的产品的关系不是主体与附属部分的关系,而是并列关系;它与有形产品的区别在于:"服务不是作为物而有用,而是作为活动而有用"。第三,产品是服务的载体,服务是产品的本质。产品所体现的是一种服务关系,它只有被当做一项服务的形式时,才有意义。

(二)健康管理的特点

健康管理是对个体或群体的健康进行全面监测、分析、评估、提供健康咨询和指导以及对健康危险因素进行干预的全过程。通俗地理解,健康管理就是针对个体或群体的健康需求所实施的一项专业化服务。其具有以下特点:

1. 标准化 是对个体和群体的健康进行科学管理的基础,主要是指健康信息标准化。健康管理服务的主要产品都涉及健康信息。没有健康信息的标准化,就不能保证信息的准确、可靠和科学性。健康管理服务的标准化是建立在循证医学和循证公共卫生的标准和学术界已经公认的预防和控制指南及规范上的。

2. **量化**　是指对健康风险的量化评估。对个体和群体健康状况的评估,对健康风险的分析和确定,对干预效果的评价,都离不开科学的量化指标。科学量化是衡量是否真正的健康管理的一个试金石。因为只有科学的量化,才能满足科学"可重复性"的要求,才能科学可靠,经得起科学和实践的检验。

3. **个体化**　是指健康评估与干预的个体化,为个体和群体(包括政府)提供有针对性的科学健康信息并创造条件、采取行动来改善健康。没有风险评估和干预措施的个体化,就没有针对性,就不能充分地调动个体和群体的积极性,就达不到最大的健康效果。

4. **系统化**　是指管理服务系统化。真正的健康管理服务一定是系统化、标准化的,其背后一定有一个高效、可靠、及时的健康信息支持系统。健康评估和干预的结果既要针对个体和群体的特征和健康需求,又要注重服务的可重复性和有效性,强调在多平台合作的基础上提供服务。

(三)健康服务的特性

健康管理服务作为一种服务类产品,具有多种特性。科学、全面、准确地了解健康管理服务的特性,对于完善健康管理工作质量,提供优质健康服务具有现实意义。

1. **无形性**　健康服务过程,顾客在购买之前无法看到、触摸到,也无法用形状、质地、大小标准来衡量和描述。健康管理服务的无形性使消费者购买选择具有一定的不确定性,决策购买过程很大程度依据服务承诺以及服务机构过去的经验成果。

2. **不可分割性**　健康管理服务是医生或者健康管理师与服务购买者的"一段互动过程",包括面对面、电话、邮件等形式。消费者对健康管理师的印象、专业程度、衣着形象、沟通技巧、服务态度都会成为服务体验的评判要素。服务的不可分割性延伸到服务机构的所有人员,报考接线员、专车司机等。

3. **不稳定性**　健康服务是一种个性化的服务过程,是依靠医生或者健康管理师与消费者共同完成的,主体客体都是人。健康服务可以看成是人际接触、合作与互动的过程,工作疏忽、心理与行为的波动都会影响服务质量。

4. **易逝性**　不能像物品一样储存起来,随着个人的健康指标变化而改变。

5. **客户的满意标准不同**　不同于购买物品,可以明白产品质量,在购买健康服务时,往往难以分辨。客户的满意标准往往与个人的期望值有关。

6. **客户的参与程度**　购买健康服务时,客户本人就在"工厂"里,亲自观察"产品"生产的全部工序。健康管理师所提供服务的每一步都会影响客户对服务质量的总体印象,即"瞬间真实"。

二、健康服务与管理需求的特征

健康服务与管理需求的特征概括起来主要表现在以下几个方面:

(一)需求的被动性

健康服务是以疾病预防为目标的健康服务。在疾病发生之前,消费者往往缺乏对疾病危害和痛苦方面的体验,所以,对自己所需要的健康管理服务数量和质量不可能像在商品市场上购物那样,可以完全地自由选择,而是完全依赖健康管理师的推荐和健康理念的营销所产生的消费行为结果。

(二)需求的不确定性

人们是否需要健康服务,并不以个人的主观愿望为主导,而是取决于消费者是否有发生疾病的健康风险,以及通过健康体检和疾病风险评估分析出潜在疾病风险的程度来确定健康管理计划,而且随着个人健康改善行动而发生变化。

（三）需求的差异性

在同一细分市场中，每个健康消费者的服务需求是存在差异性的，主要是每个人的健康观念、行为矫正难易度和环境的压力是不一样的。健康管理服务实际上是一个以个性化服务为主的产品化过程。随着消费者文化素养和对生命认识程度的变化，自身的需求也在发生变化。

（四）需求的发展性

随着健康服务的不断深入，消费者对服务的需求会随之而发展。从生活方式改变到精神压力管理，从体重为干预目标到血压、血糖、脂肪肝、骨质疏松为干预目标。

（五）需求的外部关联性

健康服务不仅仅是满足个体的健康需求，而且会影响到企业单位或者各种场所其他的消费者。因为，一个良好的生活方式是来自于环境的影响和约束。工作场所健康管理项目的展开是充分发挥个体健康改善对生产力的影响效果。

（六）需求的广泛性

应该说每一个人都有健康服务的需求，只是在不同的时间表现出来而已。随着年龄的变化和一些人生活方式问题的积累。超重、肥胖、糖尿病、高血压、痛风、冠心病、脑卒中等疾病发生的风险也在不断增加。目前，这些慢性病风险所涉及人群已有 6 亿多。每 10 个人中，就有 4 个人是慢性病患者。

（七）需求的超前性与滞后性

疾病预防为目的的健康需求本身就具有超前性的特征。投资不是发生在疾病之后，而是在没有发生疾病之前的消费行为。这种消费模式在发达国家比较普遍。而在发展中国家人们往往比较难以接受这种超前的健康消费观念。这对从事健康管理服务的机构来说是一个挑战。

（八）需求的重复性

一个人一旦患上了高血压、糖尿病、肥胖、冠心病，疾病过程相当漫长，很难治愈。防治这些疾病的健康服务对于个人来说，是一生一世的消费需求。

三、健康服务和管理消费行为特征

由于受到购买服务消费者的经济收入、教育程度、专业知识、个性、地点、时间等因素的影响，不同的消费者购买服务的行为并不是完全一致的。根据消费者的特性，健康服务和管理消费者可分为五种类型。

（一）习惯型

这种消费者具备一定的健康知识，习惯于在健康管理师的帮助指导下，改善自己的运动与营养膳食行为，并且形成了一定的服务依赖。一个能够被喜欢的健康管理师是这种消费者最好的消费导师。

（二）经济型

这种消费者由于经济条件限制，因此特别重视投入成本，对健康服务价格敏感，低成本的健康管理服务对他们具有吸引力。

（三）理智型

消费者在作出购买决策之前，对自己所要选择的服务机构已经反复考虑，做过比较，十分慎重。他们往往会选择那些有丰富健康管理经验和成功案例的机构的服务产品作为购买对象。

（四）盲目型

这类消费者缺乏应有的健康知识，往往容易受到广告和健康管理师的诱导，盲目冲动地购买某种健康服务。

（五）躲闪型

这类消费者由于害怕单位领导知道自己的健康问题，因而不愿意参加健康体检和健康管理

项目,总是抱着临时抱佛脚的态度面对疾病的危害。

四、老年人健康服务与管理的特点

老年人健康服务除了具备一般健康服务的特性外,还具有以下特点。

（一）服务需求快速增长

1. 老年人数量不断增长   我国65周岁以上人口比例预计到2020年将达到11.7%（截至2016年底为10.85%）,并在2020—2040年进入快速老化期。虽然目前国内已制定最新生育政策,但从近2年的实施效果来看,随着育儿成本的不断提升,我国人口老龄化不会在短时间内得到很好的改善。高龄老人、单身老人、空巢老人、居家的病残老人等规模不断增大的各种特殊老年人群体,将会对社会提出更多的老年健康服务需求。

2. 家庭养老功能下降   未来人口结构的改变会导致空巢家庭老人数量不断增长,从而使得社区养老、机构养老逐步替代居家养老,成为主流的养老方式。养老方式的改变也将推动老年人健康服务体系的不断完善,促进需求的增长。

（二）服务内容更加多元

随着社会的发展,在基本生存得到满足的基础上,老年人对于健康服务的需求内容也越来越多元化。从之前单一的医疗服务需求逐步向保健、医疗服务、健康管理、康复等多元化发展,从而引发包括保健品、医疗机构、老年人健康护理机构、老年人体检、老年人旅游等一系列养老产业的发展。

（三）服务形式日渐丰富

健康管家、上门巡诊、健康小屋等是社区老年健康管理和服务的重点方式,家庭病房、家庭康复、家庭照护等服务也占有非常重要的比例。

（四）服务产品逐渐细化

根据不同阶段的身心健康特点以及老年人的需要给予引导性的健康产品,如老年健康食品、器具、老年运动娱乐活动、老年健康课堂、老年康养旅游等。未来老年人及其家庭对老龄用品尤其是康复辅具的需求将不断增加和细化,老龄健康用品业将迎来空前的发展机遇。

（五）服务参与跨界联合

随着老年人健康服务需求的不断多元化,除了政府机构,越来越多的社会资本也会参与到服务参与者中,未来医药企业、地产企业、保险公司、文化旅游企业等都将会成为老年人健康服务的重要参与者。

（武　强）

第二节　老年人健康服务的伦理关系

培育并维护良好的伦理关系是老年健康服务实践中的重要一环,是健康服务取得实效的必要前提。在健康服务中重视服务对象和健康服务提供者双方的权利和义务,其目的在于使服务对象更好地恢复健康、维护健康、促进健康。

一、老年人健康服务与管理中的权利

在健康服务的服务过程中,健康服务对象与健康服务提供者之间由于拥有医学知识、所处地位、职责的不同在健康服务关系中承担不同的责任并享有相应的权利。

（一）服务对象的权利

1. 合理的、平等的健康保健权   享受平等的医疗保健服务是社会人群的最基本的权利和正当要求。

2. **知晓健康服务相关措施及进程的权利**　在健康服务中,服务对象有权要求医务人员告知有关自身的治疗、保健的措施及进程,以便选择、决定。

3. **保护自身正当利益的权利**　服务对象在接受健康服务过程中一旦发现自己的医疗保健的权利、名誉、身体等受到损害,有权提出批评和意见,终止损害。

4. **要求保护秘密和隐私的权利**　健康服务提供者享有为服务对象提供医疗卫生保健服务的特殊职权,可以获得服务对象身体、心理甚至隐私等信息;服务对象为了诊治疾病而信任健康服务提供者,将必要的信息告诉对方,服务对象有权要求健康服务提供者保守秘密。

5. **要求赔偿健康损害的权利**　健康服务提供者在健康服务中因违反规章制度,治疗、护理等方面出现的过失或过错,造成了服务对象身心损害等不良后果,服务对象有权追究医务人员的责任,得到相应的赔偿。

（二）服务提供者的权利

老年健康服务与管理提供者拥有维护服务对象健康的权利、为服务对象提供健康服务权利、恰当地使用干涉权、拒绝权等。

二、老年人健康服务与管理中的义务

健康服务提供者和服务对象在享有一定权利的同时,也必须承担相应的义务才能保证健康服务的正常进行。

（一）服务提供者的义务

健康服务提供者在健康服务与管理中的义务由对服务对象的义务和对社会的义务构成。

1. **针对服务对象应尽的义务**

（1）为服务对象提供健康保健服务的义务:健康服务提供者必须运用所掌握的健康知识和技能尽最大努力为服务对象提供健康保健服务。这是健康服务提供者对服务对象义不容辞的义务和责任。

（2）为服务对象解除痛苦的义务:健康服务提供者要同情、理解服务对象,千方百计为服务对象解除躯体和精神方面的痛苦。

（3）对服务对象进行宣传、教育的义务:健康服务提供者要以服务对象和社会利益为重,对服务对象进行及时、科学的健康宣传、健康教育、健康干预等措施,提高服务对象的健康意识。

（4）为服务对象保守秘密、保护隐私的义务:在健康服务过程中,健康服务提供者应该保守服务对象因为健康原因而提供的隐私、秘密;对特殊服务对象的病情及预后保密。

（5）满足服务对象正当需求的义务等:健康服务提供者在健康服务中对服务对象的有关健康的正当要求和建议应该尽量满足,不能拒绝。

2. **针对社会应尽的义务**

（1）面向全社会、全人类的预防保健义务:健康服务提供者要面向社会,主动宣传普及医药卫生知识,提高人们自我保健和预防疾病的能力。

（2）提高社会人群生命质量的义务:医务人员要为广大社会人群提供医疗保健、健康咨询、计划免疫等服务,关注亚健康服务、临终关怀、安乐死等医学、社会问题,提高社会人群的生命质量。

（3）推进健康事业发展的义务:健康服务提供者在健康服务中还要兼顾社会整体健康,在服务对象因个人健康原因而危害社会利益时,健康服务提供者要以社会利益为重,说服服务对象的个人利益服从社会利益。

（二）服务对象的义务

在老年健康服务与管理过程中,服务对象在关注自身权利实现的同时也要明确自身在健康服务中的义务。

1. 保持和恢复健康的义务   服务对象首先要明确个人的健康是对家庭、社会责任的体现。个人应该努力消除或远离导致疾病发生或影响健康的重要因素，建立科学的生活方式，养成良好的生活习惯，促进健康。

2. 承担相关费用的义务   根据我国国情，每个服务对象在健康服务中都要承担相应的医药、保健费用，以支持健康服务事业的发展，维护自身健康。

3. 支持、配合健康服务工作的义务   服务对象在健康服务中必须遵守相关的规章制度，尊重健康服务提供者的人格，配合健康服务提供者的工作，参与各种卫生防疫和环境治理活动。

（武　强）

第三节   老年人健康服务职业规范

一、老年人健康服务与管理职业道德规范

所谓职业道德，就是人们在进行职业活动过程中，一切符合职业要求的心理意识、行为准则和行为规范的总和。职业道德是一般道德在职业行为中的反映，是社会分工的产物。它是一种内在的、非强制性的约束机制。是用来调整职业个人、职业主体和社会成员之间关系的行为准则和行为规范。

《中华人民共和国公民道德建设实施纲要》明确指出："要大力倡导以爱岗敬业、诚实守信、办事公道、服务群众、奉献社会为主要内容的职业道德，鼓励人们在工作中做一个好建设者"。因此，我国现阶段各行各业普遍适用的职业道德的基本内容，即"爱岗敬业、诚实守信、办事公道、服务群众、奉献社会"。

二、老年人健康服务与管理伦理规范

（一）我国医学伦理学基本原则

医学伦理学作为伦理学的分支，是一般伦理学理论在医学领域中具体运用，是评价人类的医疗行为和医学研究是否符合道德的学科。医学伦理学运用一般伦理学的原理和道德原则来研究、解决和调整医疗实践与医学科学中人们的道德关系和行为准则。现代的医学伦理学超出了医疗执业范围，扩大到整个卫生保健，除了研究医生与患者的关系、医生的行为准则、医生应该怎样对待患者等医患关系道德外，还随着时代的发展变化增添了许多新的内容。

中国医学伦理学基本原则是：防病治病，救死扶伤，实行医学人道主义，全心全意为人民健康服务。

（二）老年人健康服务与管理伦理原则

健康服务与管理伦理是指个人、团体、国家在健康服务中应该遵守的行为准则和规范，以及个人、团体、国家对公共健康应该承担的道德责任。健康服务与管理伦理原则是医学伦理基本原则在健康服务与管理中的具体体现，始终受医学伦理学基本原则的引导。切实可行的健康服务伦理原则是健康服务与管理健康发展的保障。

健康管理与服务伦理原则是：

1. 以人为本、以健康为中心的原则   广大的健康服务提供者要在健康服务中能够真正贯彻上述原则，在日常的工作中就必须切实做到：

（1）了解、热爱服务对象。

（2）尊重服务对象。

（3）面向社区各个层次提供不同服务。

（4）正确判断，及时处理服务对象的相关健康问题。

2. 公平、合理的原则

（1）服务对象应该平等享有健康保健服务，平等使用卫生资源。健康管理的最终目标是提高全民健康水平，健康服务的对象不应只是"高端"人群。

（2）健康服务人员与服务对象应该形成服务与被服务的双向互动关系。

（3）在健康服务中优先考虑服务对象的需要。

（4）公开收费标准，让服务对象心中有数，在知情的基础上接受方便、经济、综合、有效的健康服务。

3. 保守秘密的原则 保守秘密是医务人员对患者应尽的责任，健康服务工作中也要坚守这一原则。但健康服务的保密不是临床保密的生搬硬套，健康服务提供者要在健康服务实践中结合实际情况，不但要对"有关患者疾病信息"保守秘密，还要正确对待"有关社区居民健康信息"。

（1）建立并妥善保管健康档案。

（2）不泄露服务对象的健康信息：在健康服务过程中对一些特殊的服务对象出于对其保护性医疗的要求，不利于其身心健康的或有可能对其产生不良影响的事情，都应保守秘密。

（3）正确对待服务对象的隐私：正确对待性传播疾病等涉及个人性道德、性行为方面隐私的患者。

（4）做好上门服务的保密工作。

4. 有利和主体原则 要激发服务对象对健康服务的热情，增强自我保健意识，关心参与健康服务：

（1）让健康服务"花钱少，获益大"。

（2）维护服务对象利益，并使之利益最大化。

（3）健康为主，效果明显。

（4）争取服务对象的配合，发挥服务对象的主体作用。

5. 优质服务的原则

（1）了解、发现服务对象健康需求。

（2）以生活方式疾病为管理重点，加强对慢性非传染性疾病的预防与控制。

（3）加强对健康服务人员的培养，使健康服务队伍尽快从以治疗为主转变为具有较高健康服务能力和水平的健康服务提供者。

（4）适应社会需求，提高健康服务质量。

（三）老年健康服务与管理伦理规范

健康服务与管理的伦理规范是指在健康服务实践中健康服务提供者与服务对象双方应共同遵守的行为准则，旨在规范健康服务提供者与服务对象双方的行为，协调健康服务提供者与服务对象间的关系，实质是为了提高健康服务质量。健康服务与管理的伦理规范的内容：

1. 健康服务提供者应遵守的规范 以人为本、文明管理；增进责任、积极主动；尊重个性、保护隐私；加强修养、提高水平；健全机制、规范制度；有效评价、完善监督；服务社会、保障健康。

2. 健康服务对象应遵守的规范 与时俱进、科学理念；重视权利、履行义务；配合管理、体现主体；彰显责任、实践健康。

3. 健康服务提供者与服务对象应共同遵守的规范 双方平等、互相尊重；遵守法律、实践规范；相互信任、相互依托；良好合作、健康和谐。

三、老年人健康服务者与管理基本职业规范

1. 不得在性别、年龄、职业、民族、国籍、宗教信仰、价值观等方面歧视个体或群体。

2. 首先应该让个体或群体了解健康服务工作的性质、特点以及个体或群体自身的权利和义务。

3. 在对个体或群体进行健康服务工作时,应与个体或群体对工作的重点进行讨论并达成一致意见,必要时(如采用某些干预措施时)应与个体或群体签订书面协议。

4. 应始终严格遵守保密原则,具体措施如下:

(1) 有责任向个人或群体说明健康服务工作的相关保密原则,以及应用这一原则时的限度。

(2) 在健康服务工作中,一旦发现个人或群体有危害自身或他人的情况,必须采取必要的措施,防止意外事件发生(必要时应通知有关部门或家属),应将有关保密的信息暴露限制在最低范围之内。

(3) 健康服务工作有关信息,包括个案记录、检查资料、信件、录音、录像和其他资料,均属专业信息,应在严格保密的情况下进行保存,不得泄露。

(4) 只有在个体同意的情况下才能对工作或危险因素干预过程进行录音、录像。在因专业需要进行案例讨论,或采用案例进行教学、科研、写作等工作时,应隐去可能会据此辨认出个体的有关信息。

（武　强）

思考题

1. 老年人健康服务的特点有哪些?

2. 健康服务提供者的义务有哪些?

3. 健康服务伦理原则有哪些?

第九章 | 健康养老服务

🍁 **本章要点**

1. **掌握** 养老新概念;实现健康老龄化的途径;成功老龄化、健康老龄化及积极老龄化的概念;健康养老的服务模式;健康养老社会服务的内容;智慧养老的概念。

2. **熟悉** 我国养老模式存在的问题;智慧养老的核心技术;智慧养老的产业发展趋势。

3. **了解** 老龄化现状;智慧养老的溯源。

截至 2017 年,我国 60 周岁及以上老年人口数占总人口的 17.3%,远高于国际老龄化 10% 标准,中国已是世界上老年人口最多的国家,也是老龄化程度最严重的国家之一。2000 年第五次人口普查数据显示中国 60 岁以上人口为 0.98 亿人,而到 2010 年第六次人口普查时达到 1.78 亿人,近几年这一数据依然在持续上升。基于人口老龄化的大环境,老年人的健康养老服务已经引发了社会各界的普遍关注。

第一节 健康老龄化

一、养老新概念

(一)我国老龄化现状

我国已经进入人口老龄化飞快发展阶段,截至 2017 年底,我国空巢和独居老年人总人数近 1 亿人,60 岁以上失能半失能老年人约 3 500 万人。失能老人、空巢老人、失独老人的数量在不断增加,与此同时,"4-2-1"家庭结构形式,未富先老的国情已经颠覆了传统家庭养老模式,越来越多的老人无法得到相应的照顾,老年人如何养老成为我们当下亟待解决的问题。党的十八大、十九大均提出了"积极应对老龄化"的战略部署,国家领导对加强养老工作作出重要指示,同时加强顶层设计完善重大政策制度,及时、科学、综合地应对人口老龄化问题。

(二)我国养老模式存在的问题

当前我国的养老服务模式主要为居家养老和社区养老两种。其中,居家养老是以家庭为中心,服务机构或养老服务人员上门服务的养老模式。社区养老则是将老人统一安排在指定的老人社区,为老人集中提供相应的日常照护与健康管理服务。这两种养老模式都存在的一定问题,可以概括为以下三个方面:

1. 服务的范围狭窄,精神护理内容较少 这两种养老服务模式的重点在于生活照料方面,包括洗衣、做饭及日常生活管理,针对健康管理服务与精神心理等方面的护理服务相对较少。特别是居住在社区养老服务中心的老人,接受身体检查的机会很少,在精神心理层面与文化娱乐方面也缺乏完善的服务管理制度。

2. 程序烦琐,灵活性较差　无论是居家养老还是社区养老模式,老人想提出服务需求,首先需向社区提出申请,等待社区安排养老护理人员上门服务。但现阶段我国养老护理人员相对缺乏,专业水平参差不齐。养老志愿者提供服务也需要首先向社区备案登记,然后才能上门服务,服务后还需要返回社区记录老人的身体情况,这两种服务提供的过程都很烦琐,这就导致了灵活性差、服务效率低的问题。

3. 服务质量难评价,管理效率较低　养老护理人员在为老人服务的过程中没有相应的、客观的考核机制和反馈机制,导致社会或服务提供者不能很好地进行服务能力和服务效果的判断,因此想要进行有效系统的管理相对较难。

(三)养老新概念提出

国际老龄联合会提出 21 世纪全球养老新概念。一是养的概念:从满足物质需求向满足精神需求方面发展;二是养的原则:从经验养生向科学养生发展;三是养的目标:从追求生活质量向追求生命质量转化;四是养的意义:从安身立命之本向情感心理依托转变。在此基础上,成功老龄化、健康老龄化、积极老龄化概念和内涵得到深入研究发展。

成功老龄化(successful aging)最早由 Havig Hurst 和 Albrecht 于 1953 年提出,目前较为广泛接受的是 Vaillant 和 Mukam 提出的概念,将老年人口分为 3 类:①常态老龄化(usual aging):随着增龄,出现生理、社会和认知功能下降的状态,受外界环境因素的影响;②成功老龄化:生理功能和认知功能随着年龄增长的变化很小,外界因素起到中性或正面的影响;③病态老龄化(impaired aging):疾病和功能障碍的状态。老年人的健康不再局限于无疾病或失能,而是要维持更好的身心功能、心理健康,使老年人能积极参与社会和享受生活,这一观点成为成功老龄化的重要基石,而成功老龄化也逐渐成为老年人健康研究的主流。

在 1987 年 5 月召开的世界卫生大会上,提出了健康老龄化的概念。认为健康老龄化包含以下内容:一是,健康老龄化的目标是提升老龄人群的生命长度和生活质量,国家应针对健康老龄化提出相关的战略对策。二是,健康老龄化包含了健康预期寿命的命题,其不仅涵盖平均预期寿命,更着重关注老龄人群的生命质量。三是,健康老龄化旨在帮助绝大多数老龄人群正常衰老,以实现这些老龄人群在存活期间身体健康,身体功能正常且能自理生活。四是,健康老龄化是老龄人群基本医疗、疾病预防保健、疾病诊疗和康复的有机结合,是卫生保健、公共及老龄人群个人卫生、健康正确行为方式的有机整合。五是,认为健康老龄化是国家和社会的集体愿望,是国家和社会的共同责任。

二、实现健康老龄化的途径

(一)研究和学习健康老龄化理论

作为老龄工作的单位和老龄科研部门尤其是文化教育、医疗卫生和社会保险等部门,要认真学习和掌握健康老龄化相关问题,否则,就难以科学地开展与健康老龄化有关的工作。其次,要开展健康老龄化相关的科学研究工作,必须系统地、全面地研究人口学、医学、生物学、经济学、社会学、教育学、心理学、伦理学和法学等相关学科的内容,组织社会各方面的专家,开展多学科的综合性研究和学术交流,推广科研成果。

在研究方法上,要把基本理论研究与应用研究结合起来;把战略研究与战术研究结合起来,把宏观研究和微观研究结合起来;把运用马列主义唯物辩证法与现代系统分析方法等结合起来进行研究。即通过健康老龄化理论的研究,培养形成一支高素质的、稳定的老龄科学研究队伍,使老龄理论研究内容更加系统深入。

(二)规定健康老龄化是我国老龄工作的指导方针

健康老龄化要求老年人健康长寿,强调提高老年人生命质量,所谓老年人保持健康,即要求社会人文环境保持健康。实现健康的老龄化,要把与建设健康的老龄社会联系起来,使之成为建设健康的老龄社会的前提条件。我们不能把老龄工作看成只是老龄工作部门和卫生部门的工作,而要把它看成是一项社会系统工程,要求全社会积极参与。

由此可见,健康老龄化强调的是"健康老龄意识"和"养老意识"。所以,将健康老龄化确定为老龄工作的指导方针,对实际工作具有重要的指导意义。

(三)将以健康老龄化为指针的老龄事业纳入国民经济和社会发展规划

以健康老龄化为指针的我国老龄事业是国民经济和社会发展的重要组成部分。不仅关系到广大老年人的切身利益,而且关系到国民经济和社会各项事业的发展,因而必须纳入国民经济和社会发展规划之中。对此,中共中央、国务院发出的《关于加强老龄工作的决定》要求各级人民政府要把老龄事业纳入国民经济和社会发展长期规划和年度计划。将以健康老龄化为指针的老龄事业纳入国民经济和社会发展规划,必须抓好以下工作:

1. **制定人口发展长远规划**　既要控制人口数量和提高人口素质,又要减缓人口老龄化的进程,使人口结构达到合理的比例。

2. **要努力发展国民经济和老龄经济**　我国的人口老龄化是在经济高速向前发展时提前到来的,经济发展水平与人口老龄化的程度远远不相适应,许多困难由此产生,只有发展经济,才能增强承受人口老龄化的物质力量,老年人口的生活保障、医疗保障、公共设施等问题才能顺利解决。老年人口的物质利益与社会人群的整体利益的矛盾才能被妥善处理。发展经济不仅要致力于发展全社会的经济,而且要致力于发展使老年人口直接受益的老龄经济,包括退避经济和庭院经济等。这些经济不仅拓宽了养老渠道,亦减轻了国家和社会的负担。在发展国民经济和老龄经济的同时,重视老年生活用品、保健用品和文化娱乐用品等的开发和利用,以满足广大老年人口日益增长的物质和文化生活的需要。

3. **建立和完善老年社会保障体系**　在发展经济的基础上,建立和完善老年社会保障体系,是实现健康老龄化的战略措施。从中央到地方制定一系列改革老年社会保障制度的政策,建立起适应社会主义市场经济体制要求的老年社会统筹保障体系。

4. **建立和完善符合中国特色社会主义国情的养老模式**　中国是一个有几千年悠久历史的社会主义的国家,家庭养老仍是中国传统的养老方式。与此同时,作为现代模式的社会养老,将随着社会主义市场经济的发展而迅速发展。

5. **积极发展老年社会福利事业**　为了使社会养老落到实处,要大力发展老年社会福利、老年社会服务事业,兴办多种形式的护理院、老人社区服务站、老年大学和老年文化娱乐场所。同时也要减少或避免由于多头管理而产生的各种矛盾,以保持社会稳定和老龄事业持续健康地发展。

6. **建立和完善老年医疗保障体系**　这是直接关系到老年人口生命和健康的头等大事,也是实现健康老龄化的必要途径。从老年人的角度来看医疗保健的作用,就是要尽量延长老年期的健康岁月,减少病痛的折磨,把因衰老造成的功能障碍减少,创造一个健康的、充满活力的老年群体。为此应从以下四个方面着手建立老年卫生服务保障体系,解决老有所医的问题,即切实将老年卫生保健列入社会发展和老龄事业发展规划;制定适合我国国情的老年卫生保健网络和老年医疗保险制度;以社区为依托,完善老年服务设施;积极开展健康教育,实现健康老龄化。

7. **积极推进老有所为事业的发展**　"老有所为"是积极养老的显著标志,联合国秘书长安南在国际老人年启动仪式上的讲话中指出:"一个不分年龄人人共享的社会不应该只把老年人看成病人和领取退休金的人。相反,在这个社会里,老年人既是发展的参与者,也是发展的受益者。"全国已有很多离退休人员重新工作。因此,重视发挥老年人的作用,坚持自愿和量力,社会需求同个人志趣相结合的原则,鼓励老年人从事关心、教育下一代、传授科学文化知识、开展咨询服务、参与社会公益事业和社区精神文明建设等活动,以推进老有所为事业的发展。

8. **努力完善老年法规体系**　1996年10月1日,《中华人民共和国老年人权益保障法》颁布

实施,使我国老龄事业迈上法制化轨道。除此之外,我们还必须逐步建立和健全相关的老年法规,如老人福利法、老年保障法、老年保健法老年人参与社会法规,以及扶持老龄产业和老年福利设施建设等政策法规。以实现六个"老有"的目标,营造健康老龄化的环境,提高老年人的生活质量和寿命质量。在不断完善老年法规的同时,必须加强执法力度,使老年法规充分发挥作用。

(四)加强党和政府对老龄工作的领导

重视人口老龄化,加强政府对老龄工作的领导,是当今世界各国的共同呼声。为了迎接人口老龄化的挑战,第 47 届联合国大会通过决议,将 1999 年定为"国际老年人年"。提醒各国政府"铭记 21 世纪的社会老龄化是人类历史上前所未有的"号召"建立不分年龄人人共享的社会"。1989 年,江泽民同志就明确提出:"老龄问题越来越成为一个重要的社会问题。我们要予以重视。希望各级党和政府要加强对老龄工作的领导,切实做好这项工作。"老龄工作是党和政府工作的重要组成部分。各级党委和政府要统一思想,提高认识,加强领导。把老龄工作纳入日常工作议程,及时研究解决工作中出现的新情况和新问题,充分发挥各有关部门和工会、共青团、妇联等群众团体及老龄组织的作用,共同做好老龄工作。

(五)积极引导老年人群为实现健康老龄化作贡献

实现健康老龄化,每个人都可以为积极健康的老年生活做许多事情,正确生活方式、参与家庭和社会以及营造一个支持老年人的环境都将使老年人的生活处于良好状态。老年人自己动手,并融入社会和生产过程中去,提高自己处理问题的能力,从被动的消费者转变为主动的生产者。如美国正在鼓励退休人员发挥其专长为社会服务;英国提倡身体健康、不甘寂寞的退休者可在原单位做些辅助性和临时性工作;丹麦认为过度的社会福利会动摇老年人的自信心。由此可见,老年人要更新观念,从消极养老意识转变为积极养老,在实现六个"老有"中大显身手,为实现健康老龄化作贡献。

三、成功老龄化

(一)成功老龄化概念及理论模型

1. **概念**　成功老龄化是指个体老化进程当中,外界影响是中性的乃至对抗了内部老化的进程,老年个体的各种功能不发生变化或是轻微降低,是健康、积极及和谐老龄化三个维度的结合。

2. **理论模型和评估工具**　Rowe & Kahn 最早开发了由生理、心理和社会这三个维度组成的评估模型,对成功老龄化开展评估。

评估成功老龄化时大多依据 Rowe-Kahn 的成功老龄化的三维模型,采用的评估工具主要有:日常生活量表,躯体有无伤残量表,简易智能状态检查量表,抑郁量表等。

(二)文化养老与成功老龄化

文化养老是增进老年人自我实现的一种基本途径。随着社会经济发展和生活水平的不断提高,老年群体(特别是城市老年群体)对"文化养老"的需求不断增长,文化品位和需求层次的提升使休闲、学习和享受生活成为他们生活方式的重要组成部分。

老年发展是指老年人积极的社会发展,老年期的继续社会化,老年生活的学习化和工作化倾向,具体包括老年期的健康发展、知识发展、角色发展、心理发展、婚姻发展和价值发展等。老年发展试图从另一个角度来认识老龄化内在的积极力量并开拓促进老年人以及老龄社会实现成功老龄化目标的路径。

(三)成功老龄化社会实践

针对这些需求,杭州市转塘街道积极开展"文化养老"项目,建立了"颐乐养老"服务工程,形成了"品质养老""文化养老""科学养老"三位一体的养老服务新模式。当地社区积极组织文化学习课程,使老年人老有所学;同时组织各种唱歌、跳舞、摄影、书法、健体等娱乐活动,使老年人保持积极的心态,乐观面对晚年生活,将追求幸福感作为其晚年生活目标,实现成功的人生。这

一养老项目既丰富了当地老年人的生活,又回应了成功老龄化的理念。

四、健康老龄化

(一)健康老龄化概念

健康老龄化最早出现于世界卫生组织于 1987 年 5 月召开的世界卫生大会,在 1990 年哥本哈根世界老龄大会上,这一概念作为应对人口老龄化的一项全球性战略提出。

健康老龄化指将健康的概念延伸到老龄化过程中,从医疗保健和老龄化过程中的健康问题着眼,将重点放在提高大多数老年人生命质量,缩短生命带病期,使老年人以正常的功能健康地存活到生命的终点上。

(二)医养结合长期照护模式特征

以健康老龄化为最终目标而适时提出的"医养结合,健康养老"与我国老龄工作政策"五有"方针中的"老有所养,老有所医"这一理念不谋而合。可见,医养结合新型养老模式在健康老龄化的全球发展战略下更具有中国特色和实践意义,医养结合养老服务模式应具有以下特征:

1. 健康养老　这一特征表现在以健康老龄化为最终目标,将健康理念融入老年人养老服务或日常照料过程中。通过医养结合养老模式的发展可以帮助老年人实现身体、心理与社会功能的完美状态,因此服务对象是全体老年人,而不仅是需要医疗服务的、生活不能自理的老年人。医养结合的服务内容以老年人的需求和意愿为基本点(如提供健康服务、护理服务与生活照料服务等),不是只在老年人已经失能或半失能之际提供医疗服务,需提前介入,加强疾病的预防。

2. 老年保障体系的整合　这一特征表现在医养结合养老模式的运行机制中,包括医疗保障体系与养老保障体系整合运行,并非简单地将"医""养"纳入一个体系即可,而是根据现实需求和条件进行重构和调整,形成并建立医疗服务与养老服务"一体化"供给运行机制。

3. 服务的连续性和动态性　这一特征表现在持续照料和服务体系间协调转换,强调基于老年人健康、护理、日常生活照料三大需求提供健康服务、护理服务与生活照料服务的连续性及其之间的动态转换。

4. 服务的经济性　通过医养结合有效整合资源后,可使服务工作更加便利连贯,既可确保服务连续性,又避免对医疗资源的过度占用,有效节省了服务费用,相比传统的养老服务模式,在筹资、成本、消耗及费用等经济效益上应更具优势。

(三)医养结合长期照护模式是实现健康老龄化的保障

老龄化社会这种人口结构的改变能够多大程度地为我们每个人以及整个社会带来多大的益处,很大程度上取决于一个关键因素,即老年人的健康状况。长期照护制度是人类社会进入老龄、高龄甚至超高龄社会的伴生制度,是走入长寿时代的人类社会不可或缺的基本公共服务制度。高龄老年人通过良好的长期照护,其健康问题和功能的衰退可以得到有效地控制,尤其是在尽早发现和提前干预下,即便是功能衰退的老年人,持续的长期照护也可以保证他们生活过得有尊严并得到持续的个人发展。这样,人口老龄化可被视为人力资源的增长,被视为个人和社会面临的新的机遇。因此,每个国家均需在本国经济和文化背景的基础上,根据自身独特情况建立适合本国的综合性的长期照护体系。

长期照护体系应当基于老年人、家庭、社区、其他护理提供者以及公立部门和私立部门之间明确的合作关系。其中,政府的一项关键作用是要认可失能和半失能老年人有权得到适当的护理和支持,并确保这个系统的组成部分正常运行,包括稳定的管理框架、照护人员的培训和支持、各个部门之间的协调和整合以及评估和监管机制。制度化设计是实现这些目标的保障因素,同时也是健康老龄化的保障。

(四)健康老龄化社会实践

健康老龄化的理念要求我们构建老年人日常生活照料服务和医疗服务体系,以提升老年群

体的生活质量。为了便利老年人获得各种养老服务资源,浙江省兰溪市在 2015 年初依托 96 345 家社会公共服务中心建立了"网络养老院"。这既是一个养老服务中心,又是一个信息交流平台,被称为"没有围墙的养老院"。该平台将老年人的个人信息、健康状况、服务需求以及家庭主要联系人等信息输入平台数据库,并且与有关医疗机构衔接。在收到老年人的服务需求后,该平台会指派就近的加盟商为其提供上门服务。

目前,这一平台的服务项目涉及 14 大类 137 个小项,包括为有特殊福利服务需求的老年人开通 GPS 定位服务,防止失智或半失智老年人走失。这一虚拟养老院利用现代通信、网络技术打造了智能化的养老服务模式,整合当地各种社会资源,将线下服务与互联网相结合,将日常照顾与医疗服务相结合,使老年人通过这个平台得到相应的服务。

五、积极老龄化

(一)积极老龄化概念

积极老龄化是指为了提高老年人生活质量,将健康、参与和保障的机会尽可能发挥到最大的过程。其目的在于使所有老年人,包括虚弱、残疾、空巢、失独等需要照料的人,都能提高健康的预期寿命和生活质量。它鼓励人们在一生中能够发挥自己在物质、社会和精神等各方面的潜力,按照自己的愿望和能力参与社会,同时在需要帮助时,能够获得充分的保护和照料。

(二)积极老龄化的三大维度

积极老龄化理论主要有三大维度,分别是健康、参与、保障,三者相互联系,互为支撑。

1. **健康**　当人们进入老年后,面临慢性病和身体机能下降等风险,仍能保持健康和生活自理,并且较少需要昂贵的医疗和照护服务;对于需要照护的老年人,应当使他们享受到全面的健康和社会服务,从而满足所需和实现权利。

2. **参与**　老年人可以通过收入性或非收入性活动继续参与社会经济、文化、精神等活动,并做出相应的贡献。相关的劳务市场、教育、卫生等部门多给老年人提供机会和场所,鼓励他们积极充分地参与家庭和社区活动,成为积极老龄化的行为楷模,并为年轻人做示范。而且"参与"也不仅仅指经济参与,而是将社会、文化、体育和公共事务都涵盖其中,目的是使所有进入老年阶段的人,包括那些残疾、虚弱和需要照料的人,都能提高健康的预期寿命和生活质量。

3. **保障**　是指从社会公正的角度保障老年人的合法权益,建立健全老年人的社会保障制度,包括政策保障、资金保障、监管评估保障等,以满足老年人的健康需要、经济保障需要、精神文化需要、生活照料需要等。"积极"强调的是继续参与社会、经济、文化、精神和公益事务。保障即是老年人得到社会上的经济、人身安全的保障同时,在不能够维持和保护自己的情况下受到保护、照顾和有尊严。比如为贫困和孤独的老人提供社会保障,保证他们有稳定的收入来源;保证与老年照护相关的决议都建立在老年人权益基础上,使老人尽可能长时间保持独立和自主。

(三)社会参与和积极老龄化

2010 年联合国《第二次老龄问题世界大会的后续行动:全面综述》进一步明确:老年人积极参与社会和发展的前提是,老年人有机会继续对社会作出贡献。国际社会对老年人的态度从消极养老发展为积极参与,充分体现了老年人是社会财富的积极老龄化思想。在老龄化背景下,经济社会发展离不开老年人的参与,人人参与、人人共建、人人共享是老年人参与经济社会的根本需求,更加贴近社会发展现实。树立积极的助老观念,为老年人提供经济社会参与的机会,是积极老龄化的行动。我国 81.7% 的老年人生活完全可以自理,通常他们无需被养,只是在生活遇到困难时需要帮助。55.0% 的老年人正在提供一项或以上的家庭照护,他们不是单纯的被抚养者,而是社会和家庭的继续贡献者。在现实生活中,"养老"的概念突出"赡养",更多的是把老年人作为被抚养者看待,养老服务的主要对象是那些生活不能自理或者生活有困难的老年人;"助老"体现的是社会和家庭对老年人的积极态度,助老服务的主要对象是那些身体健康,生活能够自理或基本自理的老人。

助老概念，首先把老年人看成是社会宝贵的财富，他们的人生价值并不因为年老而丧失，只要有条件，他们的人生价值就会转化为有用的社会价值。开发老年人的价值本质上就是开发老年人力资源和人力资本，就是通过社会和家庭的帮助把这些老年财富充分开发和调动起来，创造条件，提供渠道，打造平台，促使老年人发挥他们的积极作用，提高他们参与社会的能力和机会，这是做好助老服务工作的最大的社会责任。另一方面，助老也是相当多的老年人的内心愿望，渴望能有条件实现他们的能力和价值。助老的切入点是开发老年人力资源，本质是提高老年人的社会参与和家庭参与，目标是帮助他们实现活力老龄、积极老龄的愿望，这是老年人与社会和家庭的互利互惠，既能引发尊老爱老敬老的社会新风尚，又有助于传统优秀文化的传承和发扬。

（四）积极老龄化社会实践

自 2003 年起，全国老龄委组织东部城市的退休知识分子向西部地区或经济欠发达地区开展智力援助行动。在此活动中，浙江省老龄办组织各行业的退休专家和知识分子开展"送医、送文化体育、送服务技能下乡"的活动。在当地，2014 年杭州市志愿者协会组织"银龄互助"分会，组织低龄老年人在街道、社区或社会组织中开展帮扶活动。这些活动为许多老年人提供了帮助他人的机会，使这些老年人能够发挥余热继续为社会做贡献，也使他们在参与过程中形成社会影响并保持活力。这些活动也改善了当地的生活环境和社会质量。

（张会君）

第二节　健康养老的模式

目前，已有研究的有二十多种养老模式，包括社区养老、企业养老、机构养老、以房养老、社会养老、社区养老等，相关概念在范畴上有所交叉。依据我国传统居住文化特点和"未富先老"的基本国情，2007 年《关于全面加强人口和计划生育工作统筹解决人口问题的决定》，明确了构建中国现行的养老方针，基本确立了以居家养老为基础，社区养老为依托，机构养老为补充的基本养老服务模式与基本构架。2011 年，国务院印发《中国老龄事业发展"十二五"规划》，提出将家庭养老与社会养老相结合，着力巩固家庭养老地位，优先发展社会养老服务，构建以居家养老为基础的社会养老服务体系，创建中国特色的新型养老模式。2013 年，国务院发布《关于加快发展养老服务业的若干意见》，提出到 2020 年，全面建成以居家为基础、社区为依托、机构为支撑的，功能完善、规模适度、覆盖城乡的养老服务体系。

一、居家养老

（一）概念

传统意义上的居家养老是我国流行多年的家庭养老，指老年人在家居住通过代际关系即依靠建立在血缘关系基础上的家庭成员进行精神上的关怀、生活的照护并提供经济上的保障等赡养方式实现的养老模式。现代意义上的居家养老，是传统家庭养老的升级版，是指以家庭为核心基础，以政府完善的管理制度和财政支持为主导保障，依托城乡社区、社会力量建立起的服务网络等对不同层次的包括身体好、生活能自理的老年人，半失能和失能的老年人依据需求随时提供生活照料、家政服务、护理健康、谈话陪伴等专业化上门服务的养老模式。"家"是广义的，包含空间和精神层面的，是居家养老服务的载体，是开展服务的平台。主要建筑类型是老年人住宅和老年人公寓。

（二）理论基础

居家养老的发展基于人口现状、经济发展、社会需求、文化更新等特点，同时也是习近平总书记提出的人人分享改革红利及新时代人们对过上美好生活的向往所体现的福利与分配原则。居家养老模式符合中国老年人的特有的家庭理念的心理特点。

1. **血亲孝理论**　百字"孝"为先,尊老爱老是中华民族的传统美德。孝文化是老年人通过人与人具有共同祖先的纽带或通过婚姻关系形成的血缘关系实现关怀、照料等在家养老。血亲孝理论是传统老年人不离家的重要原因,是居家养老中"家"的原始内涵。

2. **福利多元主义理论**　又称混合福利经济,起源于1978年英国《沃尔芬得的志愿组织的未来报告》。1986年,罗斯(Rose)提出社会总福利公式:TWS(社会总福利)=H(家庭提供的福利)+M(市场提供的福利)+S(国家提供的福利)。即国家是福利的主要但不是唯一的提供者,个人和家庭通过购买市场福利,即市场也是福利提供者;家庭是福利的基本提供者。国家、市场、家庭互相补充。1996年,德国学者伊娃斯(Evers)与欧克(Olk),以及约翰逊(Johnson)分别提出了四分法理论。在福利三分法的基础上,伊娃斯(Evers)与欧克(Olk)增加了民间社会,认为民间社会可在不同层次上,在基于不同理念上的政府、市场和社区之间建立联系纽带。约翰逊(Johnson)则增加了志愿组织,认为志愿组织等非正式组织在福利分提供上发挥着重要作用。

传统的家庭养老福利主体是家庭,已不适应现有"4+2+1"家庭结构模式;国家完全作为养老服务福利主体,也不符合现阶段及以后较长时期的实际情况。

福利多元主义理论提出了养老服务体系需要依靠国家、市场、家庭和第三方组织的统一协调运行,明确了福利的提供主体。居家养老服务的产生也是福利主体多元化特点的体现,各主体明确职责,相辅相成,协调发展。国家、市场和家庭/个人在居家养老模式中发挥各自功能,国家为居家养老提供政策保障和福利支持,市场提供养老产业专业化服务,家庭为居家养老的基础。

3. **公民养老权利理论**　公民养老权利,狭义上是指国家企、事业单位的职工在达到法律规定退休年龄后享有退休权利,有权得到国家和社会对其生活的保障;广义上是指所有公民在达到劳动义务解除年龄,或者因年老丧失劳动能力的情况下,依法享有的获得国家和社会的物质帮助和家庭赡养权,主要包括生活保障权、健康保障权、参与社会发展权和精神慰藉权。公民养老权在世界范围内,已通过法律和时间得到共识,是公民依法享有的一项基本权利。

4. **相互作用理论**　是探讨环境、个体及相互作用对个体发展的影响,主要包括符号互动理论、社会损害理论、象征性相互作用理论。老年人随着年龄的增长、角色的改变,社会参与范围与程度也发生变化。

符号互动理论认为老龄化本身不会引起个体对自身的态度变化,而是自我认识来源于交往模式,社会对老龄化的态度使老年人的自身认识发生改变,即老年人通过社会对自己的态度、评价来思考自己。

社会损害理论是指已有心理问题的个体产生的消极反应,这种循环形成后,会强化无能、无用意识。

符号互动和社会损害理论相同之处在于指老年人与家庭、工作单位的互动中,或在自我概念中认为老来无用,极易形成负面自我意识,不利于老年人的心理健康。

象征性理论提示倡导爱老、尊老、养老的重要意义,建设有利于老年人参与社会活动的社会环境对提高老年人生活质量的重要意义。

相互作用理论在居家养老模式方面的意义,首先是居家养老的平台建设既包括失能老年人的居家照料,又涵盖能够促进老年人健康和积极老化的物理和精神的社区环境建设。居家养老服务队伍建设和管理中,高度重视服务态度,重视与老年人互动过程中的积极心态与影响,让老年人充分认识到自身价值;在家庭方面,继续发扬孝文化,家庭成员与老年人加强沟通。

5. **活动理论**　是指老年人应该转换新的角色,尽可能多地参加社会活动。角色的转换主要包括家庭角色替代工作角色、被供养角色替代劳动角色。角色转换障碍易造成老年人的失落感。老年人可通过参与社会活动,重新认识自我,顺利实现角色的转换。

居家养老服务可通过为老年人提供各种专业化服务,搭建参与社会的平台,为老年人心理健康提供有力支持,助力其适应角色的变化。

(三)服务模式

居家养老是借鉴其他国家的养老服务的发展经验,依据我国的老龄化人口的发展特点,传统家庭养老升级的现代养老模式。居家养老服务随着经济、文化、社会的变化不断发展,是改善老年人及其家庭生活质量的重要保证模式之一,是建设家庭与社会和谐的重要组成部分。养老服务体系主要包括:居家养老生活服务体系、居家养老经济服务体系、居家养老健康服务体系、居家养老精神服务体系

1. 服务的基本内容

(1)生活保障:根据最近人口调查数据,我国 60 岁以上 2.95% 的老年人生活处于失能,13.9% 的老年人处于半失能状态。在无人帮助的情况下,这部分老年人的生活起居等各个方面均存在问题,即使部分能自理的老年人以及空巢老年人在出门就医、购物等方面也存在这样或那样的问题。居家养老服务的主要内容是为有需求的老年人提供无微不至的生活照顾,保障其日常生活功能,保证其生活质量。包括一日三餐、清洁卫生、家政服务等,提供的生活照顾服务为上门服务和日托中心等。随着科技的进步,各种现代信息技术智能化被引进居家养老服务。

(2)经济保障:保证老年日常生活基本物质需要的前提是经济保障。据调查显示,我国老年人的主要经济来源一般包括养老金、子女供给、自给自足、国家和地方政府补贴。第六次人口调查资料显示,老年人的主要生活来源 40.72% 靠家庭其他成员供养,24.12% 靠离退休金养老,29.07% 靠劳动收入。由此可见,很大一部分老年人没有养老金,经济的支持需要政府和社会的关注,尤其是无劳动能力、无生活来源、无赡养人和抚养人的老年人及贫困、残疾、高龄化老年人。各个地方政府根据不同地区的生活、物价水平、老年人的实际情况,给予一定比例的经济资助和补贴。

(3)医疗保健:老年人伴随年龄的增长,慢性病发病率也随之增高。随着我国医改政策的实施,分级诊疗的执行,老年人的医疗保健逐步向社区转移。居家养老模式下,老年人的社区医疗保健服务形式主要有:①开设家庭病床:老年人在家得到治疗、护理和医疗保健服务;②社区医院:老年人在社区医院可享受诊疗;③健康教育:通过开设预防为主的健康教育活动,倡导健康行为方式,提升健康管理能力。

(4)精神保障:随着老年人的年龄增长,身体功能的下降等因素的增加,老年人的心理健康成为了老年人居家养老服务的重要内容。一方面,需要和谐的家庭环境,完善的功能齐备的居家养老服务支撑系统;另一方面,需要通过多种形式包括聊天、情绪疏泄、旅行、各种娱乐文化活动等,让老年人在精神上感到慰藉。目前,部分城市如北京、天津、杭州等在社区开设聊天站、减压室等,为老年人的情感交流、烦恼倾诉、开展多彩的文化活动提供设施完备的场所。

2. 服务方式　居家养老的服务方式依据老年人的实际需求,可分为个性化服务、集中式服务、上门服务。个性化服务根据老年人或家庭成员的需求开展。集中式服务是老年人在神曲日托中心集中照料管理。上门服务是在对老年人评估后,由健康管理师、老年护理员或者志愿者按照约定的时间、频率和服务内容在老年人的家中对老年人的照护。

(1)个性化服务:是针对老年人的不同服务需求所提供的个体化服务。包括社区专为居家老年人提供的用餐服务;降低生活基本能自理的某些老年人孤独感的关爱服务,即定期到老年人家中进行访视、沟通,满足老年人的精神慰藉需求。

(2)集中式服务:某些社区开设日间照护中心,以满足独自生活困难、白天又无人照顾的需要,提供生活照料、医疗康复等,对老年人提供集中照护的服务。一般需要提供一定的床位,配备一定的设备,方便老年人的日常生活需要,可设置活动中心、医疗康复中心、休息室等,以满足健康老年人的活动和社交需要。对于生活能基本自理的部分老年人,在床位满足需要的前提下,也可到日间照护中心获得服务。

Note

（3）上门服务：对于行动不便、不能走出家门的老年人，工作人员或志愿者可到老年人家中提供生活照料等服务，具有一定的便利性。但存在着时间空白区，很难达到 24 小时的居家养老照料。上门服务对于生活能自理的老年人具有适用性。

3. 服务特点　居家养老服务区别于传统的家庭养老，是通过政府主导，多种渠道多种资源建立起来的养老服务，是为满足老年人的生活需要，提供的系统化的多方位的养老服务。

（1）导向需求化：居家养老以老年人的需求为导向，为老年人提供个体化的服务。强调管理与服务"人文性"，依老年人的实际需求，即老年人参与服务计划的设计、实施和反馈，以不同的服务方式提供个体化的服务内容。

（2）功能系统化：马斯洛的需要层次理论明确指出，人的需要包括多方面，如生理需要、安全需要、自尊与尊重需要、爱与归属需要、自我实现需要等。居家养老需要覆盖老年人的各个需要层面，如衣、食、住、行、乐、学、为、健康，服务范围含生活照料、健康照护、精神慰藉、健身娱乐、继续再教育等，实现老有所养、老有所依、老有所乐、老有所学、老有所为、老有所宁的照护目标。

（3）资源多元化：实行以政府为主导，社会各界力量共同投入参与的居家养老服务体系建设。政府制定与居家养老相关的政策、法规、标准、制度，引导多方包括企业、社区、家庭、社会组织、志愿者共同参与居家养老服务，提供社会福利资源，监管服务质量。

（4）服务社区化：居家养老是家庭养老与社区服务相结合的"家庭养老"模式。社区是实现居家养老的前提和基础，社区养老服务体系包括老年人的生活照料、健康服务、权益保护和精神文化服务，是为居家养老提供服务的平台。

二、社区养老

（一）概念

社区养老是由家庭养老向社会化养老过渡的一种形式，它吸收了家庭养老和机构养老的优点，是居家养老服务的重要支撑，是伴随着我国房地产市场的繁荣和高消费群体的兴起而涌现的新型养老模式。由社区组织建造各种养老服务站，聘请专门的护理人员，为老年人提供所需要的服务，表现为老年人以家庭为单位入住社区，使老年人在不脱离家庭社区生活的情境中获得专业的服务。它弥补了家庭养老的不足，是目前政府大力倡导的一种新型养老模式。主要建筑类型是社区日间照料中心、社区老年活动站、托老所等。社区中还有老年活动中心、康体中心、医疗服务中心、老年大学等各类配套设施，服务的主体可以是公办的，也可以是民营企业。

（二）服务模式

1. 服务内容　老年社区具有规模优势，有利于社区服务的专业化，可引入较高层次的人才，促使服务上档次。

（1）配套设施与环境丰富老年人的生活，可有利于满足人际交往的情感需求。

（2）老年社区提供便利的条件有利于朋友、子女探访，保障老年人家庭生活环境不易被打扰。

（3）老年社区环境优美、空气清新，为老年人的身心健康保驾护航。

2. 服务方式

（1）社区主导模式：即街道、社区直接开办居家养老服务中心，为老年人提供养老服务。

（2）民办非企业单位主导模式：即政府自己成立一个民办非企业机构来负责运营。

（3）企业加盟模式：即政府通过招标引入一个专业机构承办运营。

（4）农村互助照料模式：即政府通过以奖代补，促进邻里守望相助，如宜昌市枝江市就是将医疗服务融入养老机构、社区和家庭，为患病或残障的老年人提供养老服务。

（5）"虚拟养老院"可以说是"社区居家养老"模式的升级版，打破了原有的现实社区范围，由互联网构建了一个更为庞大的"虚拟社区"，通过智慧居家养老信息化服务平台建立的服务体系，为老年人进行服务。（表 9-1）

表 9-1　我国社区养老的主要运营模式

设施名称	服务对象	服务内容	环境建设
日间照料中心	半失能老人	日间膳食供应、生活照顾、康复保健	围绕住宅小区,交通便利,以小规模为主
社区老年人活动站(老年大学、康体中心、活动中心)	全体老年人,主要为健康老人	文化学习、娱乐活动、医疗保健	
托老所	以中度衰老老年人为主	膳食供应、短期托养、康复保健一体化	

3. 服务特点

（1）**服务体系人性化**:在社区的组织下,老人们聚在一起喝茶聊天,跳舞唱歌,生活变得多姿多彩。交流变多了,精神层面也丰富起来。社区养老所构成的家,不仅仅是由亲属血缘关系组成的狭隘的家庭概念,而是延伸到社区这个广义的"大家庭"。在这种具有家庭氛围的服务背景下,有了社区护理人员的陪伴和照顾,很多独居老人愿意接受社区居家养老服务。

（2）**养老成本节约化**:选择机构养老的老人需要支付的费用很高,而家庭养老则需要子女前来照顾,牺牲他们的工作时间来照顾自己,这是大多数老人不愿接受的。相比以上两种养老方式,社区居家养老便成了最为经济的选择,它可以提供专业化上门服务,为子女分担了赡养老人的责任;与此同时,政府也积极扶持,使社区居家养老服务的成本降低,甚至可以是无偿的,使有养老需求的贫困群体得以继续享受这种养老服务。

（3）**国人心理符合化**:在传统观念里,有子女的老人如选择养老机构则暗示其子女不孝,对年轻人和老年人来说都是有损于面子的事。据调查显示,大多数老年人不想去养老机构生活,其本意是不愿离开熟悉的家。一些居住在城市里的老人,虽然他们的经济、医疗都得到保障,但其子女或亲人很少与他们交流,所以很多老人常常感到孤独。如果有人能在照顾他们生活起居的同时,充当下"亲人"的角色,无疑是最好选择。如此看来,社区护理人员的照顾成了最佳选择,让老人的心理和面子上都容易接受。

（三）我国社区居家养老服务模式的完善及发展

《"十三五"国家老龄事业发展和养老体系建设规划》(国发〔2017〕13 号)中明确提出夯实居家社区养老服务基础。

1. 大力发展居家社区养老服务　逐步建立支持家庭养老的政策体系,支持成年子女与老年父母共同生活,履行赡养义务和承担照料责任。支持城乡社区定期上门巡访独居、空巢老年人家庭,帮助老年人解决实际困难。支持城乡社区发挥供需对接、服务引导等作用,加强居家养老服务信息汇集,引导社区日间照料中心等养老服务机构依托社区综合服务设施和社区公共服务综合信息平台,创新服务模式,提升质量效率,为老年人提供精准化、个性化、专业化服务。鼓励老年人参加社区邻里互助养老。鼓励有条件的地方推动扶持残疾、失能、高龄等老年人家庭开展适应老年人生活特点和安全需要的家庭住宅装修、家具设施、辅助设备等建设、配备、改造工作,对其中的经济困难老年人家庭给予适当补助。大力推行政府购买服务,推动专业化居家社区养老机构发展。

2. 加强社区养老服务设施建设　统筹规划发展城乡社区养老服务设施,新建城区和新建居住(小)区按要求配套建设养老服务设施,老城区和已建成居住(小)区无养老服务设施或现有设施未达到规划要求的,通过购置、置换、租赁等方式建设。加强社区养老服务设施与社区综合服务设施的整合利用。支持在社区养老服务设施配备康复护理设施设备和器材。鼓励有条件的地方通过委托管理等方式,将社区养老服务设施无偿或低偿交由专业化的居家社区养老服务项目团队运营。

3. **提高社区养老服务人员专业内涵**　我国大多数社区居家养老服务的从业者还不太专业，监督机制还有待完善，政府的首要工作便是加强社区相关护理人员的培训，建立一支专业性较强的社区居家养老服务团队。很多发达国家的社区居家养老服务都发展得比较早，已形成体系。无论从老年人口的规模和老龄化的速度都与我国目前的状况有差距，所以我们既要汲取先进的经验，又要积极思考去建立一种适合我国具体情况的本土化的社区居家养老服务模式，扩充居家养老服务内容，以符合老年人的身心需求。建立多元化的社区养老服务模式，鼓励一些非政府组织、民间公益组织投身其中，来共同承担社会居家养老服务的责任，建设高水平社区养老服务的健康管理队伍。

三、机构养老

（一）概念

机构养老是指在专门为老年人提供护理、食宿、照料等日常生活的各种福利院、敬老院、养老院、老年公寓等封闭式环境下的养老模式，所提供的养老服务是住宿式的或者院舍式的，服务模式的创新，分为公办、民办和民办公助福利院3种类型。公办机构主要面向曾经为社会做出过突出贡献的孤寡老人，免费或只收取少量费用；民办机构由私人筹资兴建，老年人入住需要缴纳各种费用；民办公助机构则是由私人出资并组织运行。主要建筑类型随着经济的发展与社会的变迁，依据机构功能或护理照料的程度、服务对象的差异分为特殊护理院、护理型养老院、康复保健型养老院、老年公寓公办机构。

（二）服务模式

1. **服务内容**　机构照顾服务一般包括日常生活照顾、医疗服务、康复保健和社会性服务。

（1）日常生活照顾：是主要为行动不便的老年人提供的日常生活照顾服务，如协助洗浴、如厕、穿脱衣、移动、喂水、喂饭等内容。一般由机构内的护工完成。

（2）医疗服务：不同于医院的诊疗服务，只是提供注射、输液、管理流食喂送、排尿、测量体温等与医疗有较大关联性的服务。一般由机构内的护士提供。

（3）康复保健：主要为防止老年人生理功能衰退完成的服务，如采用作业疗法、物理疗法、心理疗法、饮食营养疗法对老年人进行预防保健等服务。一般由健康管理师、康复保健师或者在健康管理师督导下由其他人提供完成。

（4）社会性服务：又称社交性服务，主要是帮助老年人适应机构或集体生活，通过成立老年社团组织促进老年人之间的交往，帮助老年人与社区内的各种资源建立和谐关系，促进老年人与家人、亲属和社区的关系。

2. **服务方式**

（1）医养结合护理院：为一所要求技术层次较高的特殊护理院机构，是以医疗服务为主、社会服务为辅的机构服务模式。老年人以卧床的患者居多，或是行动极为不便的慢性病老年患者（包括阿尔茨海默病老人）。服务包含必须提供24h的护理照护，服务多为专业性的医疗、康复保健、护理照顾和其他一些日常生活照料。

（2）护理型养老院：也称为老人护理院、养护之家、老人福利院等，是一种以健康服务为主、社会服务为辅的机构服务模式。老年人以生活完全不能自理者居多，需要提供24h有专业督导的、健康模式护理照料非医疗模式的服务。服务内容主要是些个人照顾、日常生活活动的协助（如穿衣、洗澡、喂食等）和其他一些社会性、娱乐性的服务，只有一定的康复保健和护理照顾。

（3）康复保健型养老院：主要是为某些疾病已经得到治疗、病情比较稳定，不再需要住院，但需要有一定康复专业保健服务的老年慢性病患者所提供的机构服务模式。主要以健康服务为主，社会服务为辅。服务内容主要是专业性的康复保健、护理照顾和其他一般性的日常生活照料。与护理型养老院的区别是入住康复保健型养老院的老年人短期入住，在获得一定的服务且其状况得到改善后即可出院。

（4）老年公寓：是指为老年人提供膳食、住宿、个人服务或社会照顾的机构。主要是以社会服务为主、健康服务为辅的机构模式。服务对象为没有大的健康问题或残疾的老年人。服务内容为提供良好的居住、活动环境和一定的社会性、娱乐性服务。

3. 服务特点

（1）设施建设重点化：通过建设完善的养老设施，实现其基本养老服务功能。

（2）服务需求化：养老机构能够满足老年人集中养老的服务需求，尤其能为失能、半失能这些对养老服务需求最为迫切的老年人提供专业化的照料。

（3）能力专业化：养老机构可以利用设施、人员和技术等方面的能力优势，辐射周边社区，支持居家养老和社区照料服务，提高整个社会养老服务的专业化水平。

（三）推动养老机构提质增效

纵观我国目前老龄事业发展，存在养老服务有效供给不足，质量效益不高的问题，是养老服务体系建设的重要短板。2017 年下发的《"十三五"国家老龄事业发展和养老体系建设规划》有了明确的方向。

1. 加快公办养老机构改革　加快推进具备向社会提供养老服务条件的公办养老机构转制为企业或开展公建民营。实行老年人入住评估制度，优先保障特困供养人员集中供养需求和其他经济困难的孤寡、失能、高龄等老年人的服务需求。完善公建民营养老机构管理办法，鼓励社会力量通过独资、合资、合作、联营、参股、租赁等方式参与公办养老机构改革。政府投资建设和购置的养老设施、新建居住（小）区按规定配建并移交给民政部门的养老设施、党政机关和国有企事业单位培训疗养机构等改建的养老设施，均可实施公建民营。

2. 支持社会力量兴办养老机构　贯彻全面放开养老服务市场、提升养老服务质量的有关政策要求，加快推进养老服务业"放、管、服"改革。对民间资本和社会力量申请兴办养老机构进一步放宽准入条件，加强开办支持和服务指导。落实好对民办养老机构的投融资、税费、土地、人才等扶持政策。鼓励采取特许经营、政府购买服务、政府和社会资本合作等方式支持社会力量举办养老机构。允许养老机构依法依规设立多个服务网点，实现规模化、连锁化、品牌化运营。鼓励整合改造企业厂房、商业设施、存量商品房等用于养老服务。

3. 全面提升养老机构服务质量　加快建立全国统一的服务质量标准和评价体系，完善安全、服务、管理、设施等标准，加强养老机构服务质量监管。建立健全养老机构分类管理和养老服务评估制度，引入第三方评估，实行评估结果报告和社会公示。加强养老服务行业自律和信用体系建设。支持发展养老机构责任保险，提高养老机构抵御风险能力。

"十三五"时期是我国全面建成小康社会决胜阶段，也是我国老龄事业改革发展和养老体系建设的重要战略窗口期，居家为基础，社区为依托，机构为补充，医养结合的养老服务体系更加健全，是"十三五"国家老龄事业发展规划的发展目标之一。居家养老模式补充了家庭和社会养老模式各自的不足，采用由社会提供服务，老年人在家居住并享受相应照顾的模式，成为了近年来获得广泛关注的崭新养老模式。强调老年人不离开家庭，但又不仅仅依靠家庭养老，是以社区服务网络为依托，以社会服务进家庭为标志，为老年人提供生活照料、家政服务、康复护理、医疗保健、精神慰藉等服务。居家养老服务离不开社区服务的支撑，大部分生活能够自理的老年人的养老活动是在社区中完成的。机构养老是社会养老服务体系中的重要补充，并主要是从着力发展公办福利机构、加快发展民办养老机构以及支持公办养老机构公建民营改革等三个方面来实施的。

四、智慧养老

（一）概念

智慧养老（wisdom endowment）是利用信息技术等现代科学技术，围绕老年人的生活起居、安

全保障、医疗卫生、保健康复、娱乐休闲、学习分享等方面需求,支持其生活服务和管理,开展涉及老年人的信息自动监测、预警和主动处置,实现信息技术对安享晚年的友好、自主、个性化技术支持。

(二)服务原理

利用物联网、智能云计算等技术,实现各类传感器终端和计算机网络的无缝连接,实时传递老年人的需求与风险信号,有力地提供老年服务需求并支持风险处置服务,延伸人工养老服务的能力。其核心目的是保障老年人的基本生活需要和医疗卫生服务需求,利用物联网技术,实现老年人、助老服务主体和医疗机构之间的资源进行无缝连接,可以对居家养老、机构养老和社区养老等不同的养老服务模式起到支撑作用。

(三)服务优势

智慧养老最早由英国生命信托基金提出,也被称为全智能老年系统。即打破固有的时间和空间束缚,为老年人提供高质量、高享受的养老服务。智慧养老是随着养老服务相关技术的发展而兴起的新兴理念,是智慧城市的重要实践形式。

智慧养老服务是将智慧养老、信息化养老、健康养老有机融合,通过物联网、互联网、信息化技术(包括智能感知技术、无线定位技术、信息互通和信息处理技术)等新一代技术手段构建智慧健康养老平台,采集个体体征信息、居家养老环境等数据,对家庭、社区、社区医疗机构、健康养老服务机构、大型医疗服务机构的资源进行整合,实现信息的互联互通和分析处理,从而提供高效、便捷、实时、智能、低成本的健康养老服务,以满足人民日益迫切的智慧健康养老需求。

基于我国老龄、高龄人口的持续快速增长、家庭养老能力不断下降、家庭养老成本不断增加的现状,智慧健康养老服务物联网平台通过现代信息技术的应用,对智慧健康养老资源进行有效充分地整合,是顺应时代发展对健康养老模式的创新,对于弥补我国传统养老模式的不足、完善健康养老服务领域的供给渠道,提高居家老年人的生活质量和养老领域卫生服务资源的运行效率都有着不可估量的价值。

(四)发展趋势

随着社会老龄化进程加快,老龄化程度和速度正在不断加剧,老年人养老服务需求的数量和质量均有所提高,传统的养老体系已无法满足当前的养老服务需求。如何做好养老服务,让各类养老资源突破时空局限,建立新型的养老模式,已经在全社会达成广泛共识。如通过信息化模式,可以逐步实现使老年人健康服务从"发病后管理"向"病前管理"的转变,从"单纯服务"向"全程健康干预"的转变,给老年人创造健康幸福的晚年生活。智慧养老会更多地去考虑以"人"为中心的设计思路,比如,老年人防走失腕表、吃药提醒装置、健康预警设备等等。所以,总体来说智慧养老作为政府大力提倡的养老方式,更符合我国国情和传统,更容易为老年人所接受,也有助于应对银发浪潮的冲击。

随着大数据时代的到来,基于物联网信息技术,搭建智慧健康养老平台,我们可以对家庭、社区、社区卫生服务中心和大型医疗服务机构的资源进行整合,为居家老年人和慢性病老年人提供实时、智能、动态、全程的服务,实现智慧养老、信息化养老、健康养老有机融合,解决居家老年人健康养老的服务需求。

(一)破解传统居家养老服务,提升社区养老服务功能

现有传统的养老服务方式和手段难以应对居家养老服务的提升,必须探索通过物联网技术全方位做支撑,实现老年人、助老服务主体和医疗机构之间的资源进行无缝连接的智能化管理系统,促进健康养老产业的智慧化升级和转型,可以对居家养老、机构养老和社区养老等不同的养老服务模式起到支撑作用。实施健康养老领域的产品、模式和服务功能全方位的提升,逐步满足健康养老多层次需求。

（二）构建智慧健康养老服务平台

智慧健康养老物联网平台的核心目的是保障老年人的基本生活需要和医疗卫生服务需求，物联网平台系统应容纳养老、卫生领域的多方功能，做到互联互通、智能处理标准、集智能监护、智能康复、用药提醒、智能呼叫、救援服务、慢性病管理、医师咨询、慢性病监护等功能于一体，实现智慧健康养老服务。

（三）建立智慧健康养老服务新模式

根据《国务院关于加快发展养老服务业的若干意见》的要求，可选取已具备条件的社区为试点，尽快发展老年电子商务，通过现代信息技术的应用，打造智慧健康养老服务物联网平台，对智慧健康养老资源进行有效充分整合，完善健康养老服务领域的供给渠道，提高居家老年人的生活质量和养老领域卫生服务资源的运行效率都有着不可估量的价值。

（佟　青　陈传亮）

第三节　健康养老社会服务

基于人口老龄化的大环境，老年人的健康养老社会服务已经引发了社会各界的普遍关注。社会支持与老年人的身心健康密切相关，良好的社会支持有益于减缓生活压力，保持身心健康和维护幸福感，而社会支持的匮乏则会导致老年人的身心疾病，使其难以维持原来的正常生活。

健康养老（health care for the elderly）社会服务是在社会支持的基础上，结合老年群体的特征进一步划分为家庭、社区、养老机构社会支持，它不仅包括各类支持行为，也包括老年人的各种社会关系，如在生活中与他人的交往行为，以及所处的社会环境等。

一、老年人的家庭支持

家庭是一个自然的支持系统，与生活质量、心理健康和社会适应成正相关，家庭支持越多，老年人的生活质量越好。

（一）概念

《中华人民共和国老年人权益保障法》的相关规定，家庭支持（family support）指子女为父母所提供的经济支持、居住支持、生活照料和精神慰藉等帮助。这也是家庭支持区别于其他社会支持主体的特点。此外，除了子女提供的代际支持，老年人配偶的陪伴和照料也是老年人家庭支持的来源之一。

与政府、社区等支持主体相比，老年人的家庭支持是老年人健康养老社会服务工作中最核心、最重要的部分，是精神养老的重要载体，也是老年人获得主观幸福感的重要因素。家庭成员和老年人的生活息息相关，他们的一举一动、一言一行都会对老年人的情感有潜移默化的影响。良好的家庭关系及家庭支持与老年人的身心健康有着密切关系。来自家庭的经济支持、照料支持和情感支持对老年人精神健康有着举足轻重的作用。

（二）分类

1. 经济支持　在家庭支持中，子女是老年父母的重要经济支持来源，尤其是父母经济供养的唯一生活供给者。家庭支持对农村老年人尤为重要，子女通过金钱或实物给付履行对父母的赡养义务，这是传统孝文化的延续。通过经济支持和日常帮助，不仅能够改善父母的生活状态，提升老年人的精神健康，还有利于老年人生理健康。在家庭中获得子女经济支持越多的老年人，不仅在物质上带来改变，更多地体现为精神满足感，其生活满意度越高。

家庭支持是老年人获得主观幸福感的重要精神保障，能够得到子女的照料和支持是老年人所希望。然而,子女是否给老年人经济支持以及经济支持的力度如何,通常与子女的经济状况有关。一般来说,子女的富裕程度越高,给予父母经济支持的可能性越大,同时给予父母经济支持的力度也随之增大。

现实生活中,老年人和子女之间的经济交往是存在个体差异的,给物的比重要大于给钱的比重,子女更倾向于向父母提供基本生活品的帮助与支持。作为父母,在自己能从事劳动来解决自己生活开销的前提下,大多不愿给子女添加经济负担,子女给予实物支持,父母可以直接用于生活。

2. **照料支持**   当人进入老年期以后感情上会比较脆弱,需要家人的陪伴、呵护和提供日常生活照顾。日常生活照顾(daily care)指老年人在日常生活活动方面所需要的照顾。其中日常生活活动包括基本性日常生活活动和工具性日常生活活动,其中,基本性日常生活活动指基本的自我照顾的活动,包括穿衣、洗澡等;工具性日常生活活动指相比较而言复杂一点的自我照顾活动,包括洗衣、做饭、投资理财等。

家人作为日常生活的最重要支持者,一般来说,老年人生活照料主要来源于配偶和子女。配偶和子女尤其是子女对老年人的家务料理等日常活动提供帮助,可以提升老年人精神健康状态水平。子女少的老年人在家务料理支持上对朋友、亲戚、政府等其他方面的依赖性会增强。

目前,在我国由于家庭居住结构以及子女上班等现实因素,配偶对老年人的照料作用超过了儿女,承担起了最主要的照料工作。在洗衣、做饭和洗澡等这些基本性生活选择中,配偶作为生活伴侣,能够提供的日常生活照料更加及时,并且配偶的照料还起到心理慰藉的作用,所以有时候老年人会更加倾向选择配偶来提供日常生活照顾,配偶对老年人的身心健康有着促进作用,一定程度上,物质和精神满足可以通过夫妻双方相互照料获得。

3. **情感支持**   家庭成员作为和老年人生活息息相关的一组人群,尤其是与老年人朝夕相处和其最关心的家庭成员,他们都会潜移默化地影响到老年人的情感。家庭对老年人精神健康状态的情感支持主要体现在家庭成员对老年人的尊重、关心及慰问等。

家庭关系的好坏和代际支持的力度与老年人的身心健康有着密切联系,良好的家庭关系能使老年人精神愉悦,心理健康状况良好。家庭不和睦,得不到家人尊敬、很少与家庭成员沟通的老年人,心理健康状况较差,发生老年抑郁症的概率较高。

老年人为自己的子女提供帮助,对其自尊感的产生有积极作用,而其自尊感同样会促进老年人的精神健康。养老院和福利院老年人与子女接触比较少,在与子女的交往过程中体验到情感支持的概率也非常低,失去了在家庭中的安全感和归属感,因而他们的精神健康水平较低。

老年人在晚年更加渴望亲情,希望得到家人的关注和重视,期待来自于配偶和子女的精神互动,情感支持对老年人的生活满意度极为重要。家人之间的情感交流有利于满足老年人的精神需求,为老年人提供一个充满爱的生活环境。子女对老年人的精神慰藉虽然仍能发挥一定作用,但这种作用比较有限。

4. **居住支持**   在中国,与成年子女共同居住是老年人养老最常见的方式,随着年龄的增长,老年人会出现各种健康问题,生活也会有许多的不便,与子女共同居住获得照顾,使得他们可以安享晚年,对老年人来说是一种幸福。目前有两种理论支撑子女同住对老年人的影响。

(1)家庭支持理论:该理论认为老年人特别是农村老年人,和子女住在一起,便于老年人获得经济上的支持和日常生活的照料,从而避免老年人晚年时孤独的生活状态,降低其心理疾病的发生率。同子女住在一起,通过他们获得各种社会资源,从而提高其行为的社会控制程度,这对老年人的身心健康是有利的。

(2)家庭冲突理论:该理论认为几代人共同居住,因代际之间生活观念和生活方式的差异会不可避免地产生家庭矛盾,尤其对于在城市生活的家庭来说,这样通过家庭成员之间彼此交流获得情感支持的益处会进一步降低,甚至会出现负面的效果。

老年人现阶段和自己的子女同住,一是出于理性思考后做出的选择,二是因现实中家庭条件的限制等外在因素,不得已而做出的选择。

居住支持对老年人精神健康的影响作用,目前也存在着两种相反的观点。

(1)"杠杆效应":这种观点认为随着年龄增长和不同的居住安排,老年人的精神健康分化将不断扩大,但在高龄老年期这样的差异将会逐渐减小甚至消失,形成精神健康的无差异的最终状况。

(2)"优势积累效应":该观点认为不同的年龄阶段经历的生活环境和事件都会对人的老化过程起到作用。从这个角度看,随着年龄的增长,不同的居住安排对老年人精神健康的影响会不断扩大,以至于最后会出现更大的精神健康差异。

(三)老年人的家庭支持现状

1. 从传统意义上来讲,我国的养老方式主要是家庭养老,由血缘关系和婚姻关系形成的共同居住生活的群体家庭成员来负担老年人的养老。但由于计划生育政策的实施,家庭小型化趋势明显,子女成家立业后单独生活,与父母分开居住现象十分普遍,"4+2+1"家庭结构逐渐成为主体,使得家庭养老的功能逐渐弱化;同时,由于观念的转变,就业的灵活性,使得大量子女离家去往外地打拼,空巢老年人日益增多,空巢家庭的出现对传统家庭养老提出了挑战。

2. 随着医疗条件的改善,我国人口平均预期寿命的延长,高龄老年人数量迅速增多。需要长期照护的、生活不能完全自理的高龄老年人增多,家庭养老的负担日益增重。

3. 由于经济结构和社会结构的转型,传统的城市老年人家庭养老原有的支持系统正面临越来越多的挑战,如市场经济体制的建立,国有企业体制变革,退休职工逐渐实现社会化管理,使得老年人在养老过程中所依赖的单位支持正渐渐丧失;另外,原有的以血缘、姻缘和情缘等私人关系为纽带的非正式社会支持网络也在逐步减弱。随着社会结构的转型,竞争加大,社会流动和居住方式的改变,家庭子女关系、亲戚帮助、邻里援助、朋友支持、同事帮忙等非正式社会支持辅助功能也在慢慢降低。这一切正导致城市老年人养老问题积重难返。

二、老年人的社区支持

社区支持下的健康养老是老年人在自己家居住,家庭成员仍然尽照顾责任,但照顾的重任由社区来承担,照顾的经费来源可以由家庭提供,也可以由社会来提供,如退休养老金、政府购买等。社区和社会力量通过科学的组织和管理,提供完善而专业的老年日常生活照顾服务,是以多样化的照顾形式让老年人在社区内满足一切养老需求的新型健康养老模式。

(一)概念

1. **社区支持(community support)**　指以居住社区为范围,以被支持个体在社区中所拥有的朋友、邻居等社会关系为主体,通过有组织地使用物质和精神手段,对社区成员进行帮助的行为总和。社区支持是社会支持的重要组成部分,包括社区参与、社区管理、社区服务及社区保障等方面的内容。

2. **老年人的社区支持**　以社区为基本单位,为老年人提供各种形式的服务和帮助,旨在提高和促进老年人的生命质量,其内容包括为老年人提供起居照料、精神慰藉、医疗服务和娱乐服务等。

(二)构成

1. **政府**　任何一项社会政策和制度的推行都离不开政府的主导,老年人的社区支持也不例外。在这个体系中,主要要素构成者——政府应当把握好宏观层面,给予清晰明确的政策扶持和

引导,保证资金的筹措和投入,出台优惠政策来鼓励社会力量参与健康养老服务,监督和评估老年人的社区支持服务效果。

2. 社区   是健康养老社会服务的资源整合者和政策主要执行者。它作为最基层的政府组织,可以动员社区内的一切资源和关系网,建立服务平台,执行政府出台的政策,及时了解社区内老年人的动向和需求,为健康养老社会服务提供管理职能。

3. 社会力量   仅仅依靠政府的力量并不能够做到对老年人所需的多种服务的有效供给,必须要充分引进社会力量和市场主体,借助市场和民间资本力量参与社区支持,以提供居家健康养老社会服务,这样才能使资金满足服务需求,老年人才能从各种渠道获得所需的服务。

4. 工作人员   老年人的社区支持工作人员包括社区管理工作者和健康养老社会服务人员,他们是具体工作的执行者。社区管理工作者水平的高低决定了政策措施的落实和效果,健康养老社会服务人员素质的高低决定了健康养老社会服务的质量。

5. 志愿者、义工队伍   单纯依靠社区内健康养老社会服务人员的服务是远不能满足社区内老年人的养老需求的,志愿者和义工队伍是一支重要的补充力量。充分挖掘这支队伍的潜力,发挥他们的积极作用,对促进健康养老社会服务需求的满足和服务质量的提高是十分有益的。

(三)作用

根据老年人的需求,构建一个以居家养老日常生活照料服务、医疗保健服务、精神文化生活服务及良好的社区服务保障为主体功能的"四位一体"的老年人的社区支持。具体包括以下四个方面内容:

1. 日常生活照料服务   以方便老年人养老为发展方向,满足老年人生活供养的日常照顾需要,这是老年人最基本的养老需求,也是老年人幸福生活的基础。具体内容包括:

(1)建立家政服务、日托中心、家庭养老院照顾等多种形式的老年社区生活照顾。

(2)建立定点服务和上门服务相结合、专业队伍服务和志愿者服务相结合的多形式的服务。

(3)建立个性化明显、专门针对不同类型老年对象,如高龄老年人、空巢老年人、残疾老年人、失能老年人等在内的多元化、多层次、多项目的服务内容,提供送餐、陪护及购物购药等服务。

2. 医疗保健服务体系   老年人的医疗保健服务体系建设应注重预防护理,加强社区内卫生保健和家庭护理,满足老年人健康方面的需要,这是老年人幸福生活的关键。具体内容包括:

(1)社区内设有专门的社区卫生服务中心,有全科医生和护士。在社区卫生服务中心的基础上,为老年人提供家庭病床、家庭门诊等上门服务的设施,建设医院、社区卫生服务中心以及家庭互动一体化的医疗健康服务体系,为社区内老年人提供预防、医疗救治、康复训练、保健护理和临终关怀一体化的服务。

(2)建立完善的医疗监测体系,对社区内老年人的生理和心理健康状况进行健康档案管理,依靠社区卫生服务中心对老年人进行日常疾病的预防、治疗、康复以及健康监测和健康管理。

(3)加强社区内形式丰富多彩的医疗保健、教育、交流的科普宣传体系。充分利用社区资源,提高社区内老年人自我保健、自我预防的积极性和主动性,强化对健康保健知识的了解,增强保健意识。

3. 精神文化生活服务体系   以促进老年人参与为发展方向,满足老年人的休闲娱乐、参与社会、心理慰藉等需要,这是老年人高层次的需求,体现了老年人"老有所乐"的思想,是老年人幸福生活的保证。具体内容包括:

(1)社区内建立配套完善的老年活动中心,内含老年活动室、图书馆、健身室、棋牌室、歌舞室等社区老年活动设施,为老年人在社区内开展活动提供场所。

(2)为老年人创建教育体系。在社区内充分利用现有资源开展老年兴趣爱好班,如书法、音乐、绘画及电脑等,满足老年人"老有所学"的需求,引导其继续发挥人生余热。

（3）发挥老年人夕阳红的热情,建立老年人社会参与体系,组织和利用好本社区内老年人资源,让老年人在当好社区志愿者、监督员、儿童教育等方面发挥余热,实现人生的第二次价值。

4. 完善的社区服务保障体系　为了使社区健康养老社会服务能满足老年人的需要,服务体系得到有效的实施,社区服务保障体系的建设和完善是首要任务。具体内容包括:

（1）制度保障:加强社区内健康养老社会服务的制度建设,内容包括社区健康养老社会服务设施的用地用房政策、兴办老年事业的税收政策、政府财政投入政策、城市公共建设配套法律政策、社区内老年人服务与管理制度、规划等。

（2）基础设施保障:加快社区内健康养老社会服务的基础设施建设步伐,从适合老年人居住条件、满足老年人各类需求、改善老年人生活环境等入手,建设完善的健康养老社会服务基础设施。

（3）多元化经济保障:我国老年人的养老经济来源主要依靠养老金和子女供养,但目前我国的养老金水平不高,社会保障制度不完善。社区居家养老需要的不仅仅是政府购买服务力度的加大,还应建立社会参与的多元化投资渠道,大力鼓励中介机构、非营利组织和民间资本进入健康养老社会服务业,加入社区健康养老服务体系的建设,为老年人养老提供经济保障。

（4）人才队伍保障:社区健康养老支持体系最离不开的就是人才的保证。从业人员的知识专业化是城市老年人社区居家养老有效实现的关键。社区工作管理者和服务人员是社区健康养老服务的主要提供者,构建社区健康养老支持体系就必须要加大从事社区健康养老服务的人才队伍培养,逐步建立人才职业化资格认证制度。此外,我们不仅要有专业人才,还要提升其他从业人员的专业水平,要培育社区志愿者队伍,吸引更多热心人士参与社区健康养老服务。

三、老年人养老机构的支持

养老机构作为一种重要的社会养老方式,让老年人度过愉快、安详的晚年生活是养老机构的目的与宗旨。因此应提高养老机构的服务保障水平,加快探索长期照护保险制度。养老机构应根据我国老年人的特点,多层次、多方面地了解与满足老年人的需求,根据老年人的问题针对性地实施干预,使老年人适应养老机构的生活。同时,需要养老机构在工作实践中不断地探索与实践,构建符合我国国情的机构养老模式,使养老机构的老年人切实感受到"老有所养、老有所依"。

（一）概念

老年人养老机构的支持(support from pension institutions)是指老年人集中居住在社会化养老机构中,为老年人提供日常的饮食起居、生活护理、清洁卫生、健康管理和文娱体育活动等一系列综合性服务。通过为入住老年人提供养护服务,开展健康管理,提升机构内老年人的生活质量,达到增进健康、延缓衰老的目的。

（二）分类

养老机构主要服务对象为失能、半失能老年人,因缓解家庭照护压力及家庭内部矛盾入住养老机构的老年人。各级各类养老机构均在国家养老机构服务基本规范的要求下,结合省市级养老机构服务质量规范开展相应的健康养老社会服务。

基于服务对象的身体状况,养老机构划分为自理型养老机构、助养型养老机构和养护型养老机构。

1. 自理型养老机构的支持　以健康状况较好、能够自理的老年人为服务对象,为其提供辅助性生活照料、精神慰藉和文化娱乐等服务。该类老年人对养老机构的需求分为两类:

（1）日间照护:老年人虽然能够自理,但因年纪较大,白天子女上班无人照料,又不愿雇用保姆,晚上子女下班回来后可以照顾。针对该类老年人,一些养老机构提供日间照料服务,也可以

视为"日托式"的托老所。日间照护机构为老年人提供文化娱乐空间、饮食、看护等服务,从而保证生活安全。夜间老年人返回家中居住。

（2）长期照顾:即完全入住养老机构的健康老年人,多数是由于子女不在身边的空巢老年人、子女工作繁忙无暇照顾的老年人、丧偶或独身的独居老年人等。养老机构为其提供一切的生活照料服务,包括房间环境卫生的清洁服务、每日查房服务、每周血压测量服务、理发服务、生活用品代购服务、外出陪同服务等。

2. 助养型养老机构的支持 以健康状况较差的半失能老年人为服务对象,为其提供生活照料、康复照护、精神慰藉和文化娱乐等服务。同自理型养老机构相比,助养型养老机构中生活照料服务的比重更大,且增加了康复护理服务。

3. 养护型养老机构的支持 以健康状况差的失能老年人为服务对象,为其提供生活照料、康复照护、精神慰藉、文化娱乐和临终关怀等服务。同助养型养老机构相比,二者均提供较为全面的生活照料服务,但养护型养老机构中康复照护服务的比重更大,且增加了临终关怀服务。

（三）老年人的养老机构支持的策略

1. 健全的法律政策体系 发达国家老年人群健康养老发展起步较早,各国在发展历程早期均重视法律、政策体系的建设,形成了比较完善的老年健康养老法律、政策体系。美国和日本先后出台政策规范养老机构长期健康照护的各方面行为,包括养老机构长期照护对象、照护标准、照护内容、照护费用、照护者的标准及培训、照护机构的定位及规范、长期照护保险相关制度等。相关法律和政策促进长期照护有法可依、有章可循,是养老机构长期照护事业发展强有力的法律基础。

2. 规范的长期照护保险制度 尽管各国养老机构长期照护保险制度是在各自国情的基础上建立的,但对我国仍有可借鉴之处。以日本为例,养老机构长期护理保险由全民参加,有助于解决全社会共同面临的老年护理问题,而保险涵盖的护理服务内容广泛,重视对护理服务进行分级,既可以实现服务的保质保量,又实现了资源的有效配置。在美国,养老机构长期照护保险作为商业性质的保险,它能根据社会不同的需求开展不同险种的业务,使得长期照护保险更加灵活和多样化。虽然美国养老机构的长期照护保险在老年人照护费用的支出中所占比例不高,但美国政府在面对养老机构长期照护费用的问题上,已尝试通过在现有的保险中新设长期照护项目,或者单独开设养老机构长期照护保险,在商业保险中开始探索养老机构长期照护保险制度,以社会保险的形式与养老保险、医疗保险进行融合等。

3. 多元化的筹资渠道 有利于解决养老机构的费用问题,是养老机构得以长期发展的保障。资金筹集渠道可以是财政税收、社会保险缴费或个人缴纳的服务使用费等。许多发达国家均由政府承担主要责任,如日本政府财政税收承担了50%的养老机构长期照护费用;一部分国家则强调个人的责任,如美国完全由个人负担养老机构长期照护费用;还有一些国家开始重视民间团体和社会力量,如美国联邦政府鼓励非营利组织投入到养老机构长期照护服务事业中去。

4. 专业化和多样化的服务 发达国家注重养老机构服务的专业化和多样化。对养老机构进行功能分类便是保证专业化服务的体现。比如美国根据老年人照护需求不同将养老机构分成技术型护理照护养老机构、中级护理照护养老机构、一般性照护的养老机构3类;日本也将养老机构分为一般保健养老机构、特殊保健养老机构、疗养型机构三种,目的都是便于更有针对性地提供专业的服务。同时,服务内容也逐渐呈多样化的趋势:逐渐涉及日常生活的起居协助、个人卫生、膳食服务等各方面的照护;涵盖了与老年人身体机能相关的多项医疗保健康复服务;关注老年人精神心理方面的慰藉和疏导服务。专业化和多样化的服务提高了老年人尤其是失能老年人的晚年生活质量,是保证养老机构长期照护事业可持续发展的重要前提。

5. 高素质的服务团队 由于养老机构大部分都是长期照护的老年人,长期照护的性质决定

了其对养老机构的高依赖性,为了能够给老年人提供较高质量的服务,发达国家在发展老年人长期照护事业时注重养老机构护理人员的专业素质和技能。为此,各国纷纷制定法律政策对养老机构护理人员的基本素质、资格条件、专业技能、培训等方面提出了严格的标准和要求。所有从事长期照护的人员均需经过培训和资格考试,考试后再接受一定时间的培训,获得相应的资格证书,最后经过临床实践正式上岗。上岗后还需定期接受培训以及职业道德教育和岗位考核。

（贾红红）

第四节　健康养老产业

一、健康养老产业的定义及分类

健康养老是一个泛指的概念,可以理解为一种新型的更高层次的养老理念和方式,它强调养老方式的健康化和老年人的参与,其宗旨是保障老年人的预期健康寿命,提高老年人的生活质量。它以新型养老服务业及其他相关行业为依托,始终坚持以人为本,旨在满足人们日益多元的养老需求。

从服务的角度看,严格来说,"健康服务"和"养老服务"分属两个行业。在国家统计局发布的《2017 版国民经济行业分类》中,虽然健康和养老都属于"Q:卫生与社会工作"门类,但健康服务,比如健康体检等,属于"84:卫生"大类;而"养老服务",比如老年人养护服务或护理服务,属于"85:社会工作"大类。在此,我们重点关注养老产业的框架和分类。

首先要明确的是,养老产业与养老事业(老龄事业)不同。养老事业或称老龄事业主要指的是由政府主办、以老年人为对象的公共服务事业,整体上是非营利性的。政府需要制定相关法律法规来确保其公正、公平以及执行力。而养老产业则多为民间资本经营的面向老年人的营利性业务。

养老产业划分方式很多。以"养老+"的角度看,我们可以从养老涉及的大的行业,把养老产业主要分为四大类(表9-2)。

表9-2　养老产业分类

细分产业	内　　容
养老金融	养老金管理、养老保险等养老相关金融服务
养老地产	以养老为特色的房地产产品和相关服务
养老用品	以老年人为主要目标客户的生活康复辅助器具、产品、保健品等
养老服务	以老年人需求为中心的相关服务

根据国际经验,当一国的老龄化率(65 岁以上老年人占全部人口的比率)达到 6%～8%的时候,会迎来养老金融和养老产品及服务的黄金时期。日本自 1960 年老年人口占比达到 6%之后,商业养老保险和企业年金业务就得到了快速的发展,此后 30 年,商业养老保险和企业年金规模保持 15%左右的高速增长。美国和日本情况类似,从 1975 年起人口老龄化速度开始加快,政府在 1978 年安排建立了现金或延迟安排退休计划(如 401K),年金保费和寿险业务随之飞速增长。而根据国家统计局公布数据,2018 年,中国 65 岁以上老年人占比已达 11.9%。这预示着中国各项养老产业也将进入发展的黄金时期。

全国老龄办数据表明,2010 年我国老年人口消费规模达到 1 万亿元,预计到 2020 年将达到 7.7 万亿元,2030 年达到 13 亿元,2040 年达到 20 万亿元。而从 2015 年至 2050 年间,中国老年人

口的消费潜力将从 4 万亿元左右增长到 106 万亿元左右,占 GDP 的比例将从 8% 左右增加到 33%。我国将成为老龄产业市场潜力最大的国家。

二、养老金融业的构成

一般而言,一个国家的养老保障体系,由三个支柱构成。

第一支柱:社会基本养老保险:由政府强制参保来完成对参保人的基本保障。政策对于缴费形式与保障待遇有明确规定,一般按照工资的一定比例缴付。在我国,基本养老保险主要包括企业职工基本养老保险和城乡居民基本养老保险,前者主要覆盖城镇各类企业职工、个体工商户和灵活就业人员,后者覆盖年满 16 周岁(不含在校学生),非国家机关和事业单位工作人员及不属于职工基本养老保险制度覆盖范围的城乡居民。基本养老保险实行社会统筹与个人账户相结合的方式管理。

第二支柱:企业补充养老保险(即企业年金):由企业主办,在第一支柱的基础上,对于参保人提供额外的保障。缴费较第一支柱更为灵活,保障待遇与所参保的保障内容相关。

根据缴费和给付方式的不同,企业年金计划可以分为三种模式:DB 模式,即待遇确定型(defined benefit)计划,如英国的职业养老金计划;DC 模式,即缴费确定型(defined contribution)计划,如美国的 401K 计划;混合模式,即 DB、DC 混合型计划。

在 DB 模式下,企业年金缴费金额不确定,计划发起人或管理人向计划参与者作出承诺,保证其可以在退休后按照事先确定的金额领取养老金。在 DC 模式下,企业年金计划的缴费比例或金额是确定的,计划参与者退休后的养老金总额是缴费与投资收益之和,投资风险由计划参与者自己承担。

国外几十年的发展历史表明,在 DC 与 DB 两种类型企业年金的选择上,企业更偏好 DC 模式,当今世界各国大多将 DC 计划作为企业年金的发展方向。这是因为,相对于 DB 计划,DC 计划具有诸多优势:一是简便易行,对精算、投资等方面的技术要求不高,适合各种不同发展阶段的市场环境;二是 DC 计划投资风险由职工个人承担,有利于分散风险,企业没有潜在的损失补偿风险;三是 DC 计划比 DB 计划运作更加透明,更容易实施监管。

第三支柱:个人储蓄性养老保险:主要是参保人本人,通过储蓄或购买保险等多种商业手段完成对个人未来生活的保障。保障待遇与购买的产品相关。在我国,《关于开展个人税收递延型商业养老保险试点的通知》的发布,标志着酝酿十余年之久的个人税收递延型商业养老保险试点终于落地。自 2018 年 5 月 1 日起,在上海市、福建省(含厦门市)和苏州工业园区实施个人税收递延型商业养老保险试点,试点期限暂定 1 年。同时,通知还指出,试点结束后,根据试点情况并结合养老保险第三支柱制度建设的实际,有序扩大参与的金融机构和产品范围,将公募基金等金融产品纳入个人商业养老账户投资范围。

在我国,随着老龄人口的快速增长,社会基本养老保险的实际替代率(指劳动者退休时的养老金领取水平与退休前工资收入水平之间的比率)不断下行,养老支付压力巨大。企业年金目前覆盖率不足,不过根据世界银行预测,企业年金市场将以每年 20% 以上的速度增长,到 2030 年中国企业年金规模将达到 1.8 万亿美元。同时,商业养老保险将快速发展,补充基本养老保险不断下行的实际替代率。新"国十条"中已经明确提出"把商业保险建成社会保障体系的重要支柱""推动个人储蓄性养老保险发展",明确了支持商业养老保险的积极态度。预计在个税递延、抵扣账户等优惠政策推出后,个人商业养老保险会迎来一个快速发展期。

以上养老金融产品的设计和运营,以及养老资金的收取、委托管理、投资管理、账户管理等业务,形成了一个巨大的产业。此外,在信托和财富管理行业,养老和财富传承方面的金融服务业也将迎来大发展。

三、养老地产业

在美国,有些老年人在退休以后,会选择离开大城市,到城市周边或风景秀美的地区换购成本更低一些的住宅,或者租住在一些专门开设的"持续照料退休社区(continuing care retirement community,CCRC)"中,在幸福、快乐和安全的保障中度过晚年。这种养老设施叫做"养老社区",一般选址在风景秀美、环境宜居、配套较好、交通方便、成本较低的地方,提供全面、完善和涵盖老年人各种需求的服务。CCRC 的典型代表,业内公认是美国的太阳城(Sun City)。

CCRC 一般要求 55 岁以上才可入住,可以面向包括健康活跃老人、高龄自理老人、失能半失能老人、失智老人的各种老年人群体提供服务。相对应地,CCRC 内的服务设施包括以下形态:

(1) 独立居住区(independent living):可以独立居住的老年公寓或别墅,主要面向健康活跃老人,提供如同家庭一样的环境,只有较少的物业服务。

(2) 生活护理区(assisted living):主要面向需要一些生活照料的老年人,比如高龄自理老人等,提供日常生活的照料服务。

(3) 失能护理区(nursing home):为失能、半失能老年人提供专业护理服务。

(4) 失智照护区(memory care):一般为相对封闭的区域,具有独特的设计,为失智老年人提供专业的照护服务。

CCRC 中一般会配备医疗机构和各种文化、体育、娱乐设施,居住其中的老年人可以共享这些设施,在其中健康快乐地度过晚年。

在中国,房地产行业经历了二十多年的高速增长后,在国家政策、市场竞争、需求变化等因素影响下,面临转型。根据业内专家冯仑的分析,中国的房地产行业将进入"后开发时代",从单纯的住宅开发向全产品线、全价值链和全商业模式转型,从单纯的住宅销售向销售与自持并举、重资产销售与轻资产运营服务并举转型。在实践中,众多房地产企业看到了健康养老这一领域的机会,推出了养老地产这一细分产品。

在商业实践中,养老地产也有广义和狭义之分。狭义的"养老地产",就是传统意义的以住宅销售为主要目的、住宅和商业配套的设计和建设考虑适老化元素及老年人需求的地产开发产业;广义的"养老地产",可以把养老社区也算在内。不过,两者之间区别很大。在盈利模式上,养老地产以住宅销售收益为主,不提供或者只提供很少的物业和配套服务;养老社区以自持和运营的租金和服务收益为主,提供全套的养老护理、生活照料等服务;养老地产的市场主体以房地产开发企业为主,核心资源和要素是土地和住宅;而养老社区的市场主体包括房地产开发企业、保险公司、养老运营公司,核心资源和要素包括土地、运营服务能力等。

四、养老用品业

养老用品业内容广泛。考虑到养老产业是跨多个行业的综合产业,广义上讲,以老年人作为目标客户群体的产品的生产、制造、销售,都可视为老年用品业的一部分。从目前养老用品行业发展的实际情况看,主要是两大类:一是老年保健品和老年医药用品,二是老年人康复和日常生活用品和辅助器具。

(一)老年保健品和老年医药用品

目前老年人消费规模比较大的主要是老年保健品和老年医药用品。随着我国经济的快速发展,广大老年人的生活条件不断发生变化,老年人消费保健品规模持续增加。但由于市场监管以及老年人保健知识匮乏等原因,我国老年保健品市场良莠不齐,假冒、虚假销售甚至欺诈层出不穷,迫切需要规范。老年人对医药用品消费增长也非常快。从 2015 年调查数据来看,我国城市老年人平均医药费支出 2 341 元,占到消费总支出的 11.6%,农村老年人平均医药费支出 1 395 元,占到消费总支出的 15.7%。由于大部分老年人或多或少患有慢性疾病,因此,药品成为一部分老年人赖以维持生命的重要支撑。随着我国老年人规模的日益庞大,未来老年医药用品会持续增长。

老年保健食品指专为老年人生产的保健食品。老年保健食品必须符合老年生理特点,应以低热量、低脂肪、低盐、低糖、高蛋白质和高食物纤维为特征。就功能性老年保健食品而言,当在食品中强化或有意识地降低某些营养素,以适应某些老年人的生理需要和某些老年病所禁忌的食品时,都必须以合理营养和平衡膳食为指导原则。滋补性老年保健食品应以中医辨证论治为宗旨,根据老年人体质的虚实寒热辨证施食,防止滥用食补的倾向。

1996 年 3 月 15 日,我国原卫生部发布的《保健食品管理办法》中明确指出:"保健食品系指表明具有特定保健功能的食品。即适宜于特定人群食用,具有调节机体功能,不以治疗为目的的食品。"从保健食品的定义上看,保健食品不是药物而是适宜于特定人群食用的食品。它应当具有以下几个特点:

（1）保健食品是食品而不是药品,不以治疗为目的,不追求临床治疗效果,也不宣传治疗作用。

（2）保健食品应具有功能性,即具有调节机体功能,这是保健食品与一般食品的区别。如免疫调节功能、延缓衰老功能、改善记忆功能、促进生长发育功能等。其功能须经必要的动物或人群功能试验,证明其功能明确、可靠。

（3）保健食品适于特定人群食用,一般需按产品说明规定的人群食用,这是保健食品与一般食品另一个重要的不同。

目前老年保健品主要有以下分类:

1. 针对心血管疾病为目的的保健品　胆固醇沉积于血管内壁能引起心血管疾病,如高血脂、高血压、动脉硬化和冠心病,并可进一步引起脑卒中。此类专用保健食品需含有降低血液胆固醇的活性成分。例如大豆磷脂软胶囊、深海鱼油、螺旋藻复合片等。

2. 针对防癌抗癌的保健食品　衰老伴随着基因及基因组的改变会改变相关致癌基因的表达。有研究证明,具有生物活性的食品成分对癌症的抑制具有非常重要的作用。

3. 针对老年脑部疾病的保健食品　随着老龄化加剧,脑萎缩、痴呆发病人数剧增,防痴呆健脑食品的研究显得很重要。由于大脑成分中 60% 以上是脂质,而包裹着神经纤维称作髓磷脂鞘的胶质部位所含脂质更多。在所构成的脂质中,不可缺少的是亚油酸、亚麻酸之类必需脂肪酸(多不饱和脂肪酸),因此在防痴呆食品中,提供充足的必需脂肪酸是极为重要的。比如富含必需脂肪酸的核桃仁是最佳健脑食物。此外,鱼油、红花油和月见草油的必需脂肪酸含量很高,也是很好的健脑食品配料用油。

4. 针对老年糖尿病的保健食品　研究证明高纤维膳食对治疗糖尿病非常有效,特别对 2 型糖尿病。如薏米、紫草、甘蔗茎、紫菜、昆布和南瓜等食用药物植物或植物果实中的某些活性多糖组分,就有明显的降血糖作用;百合科、石蒜科、薯蓣科、兰科、虎耳草科、锦葵科和车前草科植物的黏液质中也含有这种降血糖活性的多糖组分,将这些组分提取精制后可用于糖尿病专用保健食品的生产上。

5. 针对衰老的保健品　随着年龄的增长,机体内产生具有清除自由基物质的能力逐渐下降,从而削弱了对自由基损害的防御能力,引起了机体的衰老。为了防御自由基的损害作用,可以向机体内添加适量的天然或人工合成的自由基清除剂,从而达到延缓衰老的目的。自由基清除剂有非酶类清除剂(抗氧化剂)和酶类清除剂(抗氧化酶)两类,被人们研究过的清除自由基很多,但仅有少数几种得到公认并已进入实用阶段。其中抗氧化酶包括超氧化物歧化酶(SOD)、谷胱甘肽过氧化酶(GSH-PX)、过氧化氢酶(cA-T)和过氧化物酶等。抗氧化剂包括维生素 E、维生素 C 和硒等。

我国目前负责保健食品管理的机构是国家市场监督管理总局。保健食品实行注册制,正在构建以《食品安全法》为指导,以《保健食品监督管理条例》为核心的法规体系。日本是较早开始研究食品的保健功能并进行健康声称管理的国家之一,20 世纪 80 年代,文部省就已开展食品保健功能的系统性分析与拓展研究,厚生省则负责规划健康声称食品的市场导入体系、制定该类产品的管理规范。1991年,日本将保健功能食品定名为"特定保健用食品(foods for specified health uses,FOSHU)",并发布相关管理法规《特定保健用食品许可指南及处理要点》。2001年,厚生省提出了"营养素功能食品(foods with nutrient function claims,FNFC)",建立"保健功能食品制度"。2009年9月,FOSHU产品的许可权由厚生省移交消费者厅。在"保健功能食品制度"的基础上,2015年消费者厅又增设了"功能性标识食品(foods with function claims,FFC)",确立了"功能性标识食品体系"。

日本市场上与健康相关的食品药品的定位与分类如图9-1所示,"健康食品"和"保健功能食品"介于食品和药品之间。"健康食品"不得有健康声称,而"保健功能食品"则可以有健康声称,包括FOSHU、FNFC和FFC三类,以不同的方式进行审批管理。

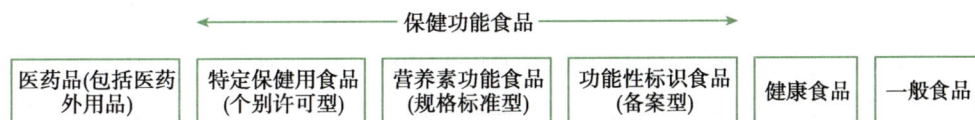

图 9-1　日本保健功能食品分类

（1）健康食品:是以补充营养成分或非营养素类生物活性物质而达到保健目的的食品。为了规范管理市场上的各类健康相关的食品,日本于1985年开始实行"健康食品"认定制度,由日本的健康营养食品协会(Japan Health Food & Nutrition Food Association,JHFA)认定并管理。到目前为止,JHFA已批准的产品主要涉及11大类:蛋白质类(如牡蛎提取物)、脂类(如含EPA/DHA的鱼油、大豆卵磷脂)、糖类(如低聚糖、黏多糖)、维生素类(如小麦胚芽油、含VC食品)、矿物质类(如含钙食品)、发酵产品(如乳酸菌食品)、藻类(螺旋藻、小球藻)、菌菇类(如蘑菇、灵芝)、草药等植物成分(如绿茶提取物、银杏提取物、越橘提取物)、蜂产品(花粉、蜂胶、蜂王浆)以及其他(如葡萄糖酸、辅酶Q10)。

（2）特定保健用食品:1991年,日本明确将市场上的保健功能食品定名为"特定保健用食品(FOSHU)",归属于"特别用途食品"。FOSHU是指含有特定成分、具有调节人体生理功能的食品,其有效性、安全性均有明确的科学依据,并经过严格的审查与评价,需获得消费者厅批准,可标注"消费者厅许可"的标识。

（3）营养素功能食品:2001年,日本提出了"营养素功能食品(FNFC)"。FNFC是为了补充特定营养素的食品,其审批为规格基准型,政府制定FNFC标准,只要产品中营养素的含量在规定范围内即可申请。自2001年至今,FNFC几经调整,目前产品类型既可以是加工食品,也可以是一般生鲜食品,营养素的种类也进行了扩增,主要涉及n-3系脂肪酸、6种矿物元素、13种维生素。

（4）功能性标识食品:2015年起,消费者厅增设了"功能性标识食品(FFC)",创立"功能性标识食品体系"。"功能性标识食品"主要是突出食品中含有的功能性成分,这些功能性成分有助于改善身体状态,起到维持、增进健康的作用,并有科学依据,可标示于产品包装上,如"改善肠道状况""减缓脂肪吸收"等。

从以上日本对健康相关食品的分类可以看出,健康相关食品被划分为健康食品和具有健康声称的食品两大类,建立不同的标准,采取不同的管理方式,突出优势是采用了疏导方式,既可保证健康声称食品审批和管理的高标准,也可促进一般"健康食品"的大发展。

（二）老年生活用品及辅助器具

老年生活用品是专门针对老年人生理生活特点和需求而设计的服装、鞋帽、日常用具等产品。老年辅助器具是针对老年人康复、护理、日常照料、日常生活而设计和生产的一系列辅助器具,如专用护理床、轮椅、步行辅助器、护理垫、成人纸尿裤等。近年来,随着科技的发展以及互联网、大数据和人工智能的应用,老年人康复和生活辅助机器人、智能可穿戴设备、带感应器的辅助器具也开始应用于老年人日常生活,为老年人提供健康检测和健康管理、应急报警、安全防护、辅助日常生活等服务,并可减少护理人员,降低护理和老年人照护成本,受到市场的欢迎。

辅助器具的定义含狭义和广义两种。狭义的定义主要面向老年人、残疾人等辅助康复和生活的器具,比如轮椅、拐杖、老年人和残疾人用的物品、特殊的护理床等;在狭义的基础上,增加一部分可以和健康人共用的产品,并为其增加一些特殊的性能,让老年人、盲人、残疾人都可以用,就成为广义的辅助器具。比如在浴室,洗发液、护发素各有一个瓶子,可以在瓶子表面设定一些盲人可以摸到的凸起,瓶子上有凸起的是洗发,没有的是护发素。这也可以理解为是广义的辅助器具。

另外,还有介于二者之间的一些物品和器具,比如温水洗净便座、残疾人用乘用车以及家里用的电梯等,可以作为辅助器具,也可以与健康人群共用。辅助器具的一些技术也可推广到健康人的日常生活。比如马桶盖,原来是面向某些残疾人的,后来发现健康人用起来也很舒适,因此产品改良得越来越好,使用范围越来越大,已经在日常生活中被广泛使用。还有老年人、残疾人用的车辆,车内座椅可以转动,停车后可以向车门方向旋转,方便出门。一开始是为了残疾人使用,因出入汽车非常方便,现在不少汽车上也都设计了可旋转座椅,方便健康人使用。

在日本,政府通过一系列法规,以及长期介护保险的政策,有力地支持了辅助器具的广泛使用。日本的长期介护保险可应用于老年人租赁和购买辅助器具,长期介护保险可报销绝大部分辅具租赁或购买支出。保险覆盖了 13 大类的产品,包括租赁型的耐用品,比如护理床、轮椅、步行器,以及购买型的产品,比如便座、特殊便器、洗澡用具、护理垫、纸尿裤等,这些直接与皮肤接触的产品,因不适合共享,而且属于低值易耗品,因此采用销售的方式。另外,长期介护保险还支持用于住宅改造,即对老年人居住的年头较长的住宅的改造,便于老年人居家养老。比如在家中进行扶手的安装、去掉小的台阶、防滑、洗手间坐便器的调整等。

经过几十年的发展,日本的辅助器具产业形成了稳定增长的态势。在我国,国务院于 2016 年 10 月 27 日发布了《国务院关于加快发展康复辅助器具产业的若干意见》,提出了产业发展目标,即到 2020 年,康复辅助器具产业自主创新能力明显增强,创新成果向现实生产力高效转化,创新人才队伍发展壮大,创新驱动形成产业发展优势。产业规模突破 7 000 亿元,布局合理、门类齐备、产品丰富的产业格局基本形成,涌现一批知名自主品牌和优势产业集群,中高端市场占有率显著提高。产业发展环境更加优化,产业政策体系更加完善,市场监管机制更加健全,产品质量和服务水平明显改善,统一开放、竞争有序的市场环境基本形成。2018 年 12 月 17 日,民政部、发改委、财政部、中国残联联合发布《关于开展康复辅助器具社区租赁服务试点的通知》,决定通过试点,指导试点地区率先建成供应主体多元、经营服务规范的康复辅助器具社区租赁服务体系,服务网络覆盖本地区 50% 左右社区,通过租赁服务配置康复辅助器具的人数逐步增多,康复辅助器具配置率不断提高,创造一批各具特色的典型经验和先进做法,形成一批可持续、可复制的政策措施和服务模式,为全国康复辅助器具社区租赁服务发展积累经验、提供示范。以上政策的推出,将有力推动中国康复辅助器具市场的发展以及辅助器具在老年人生活中的应用。

五、养老服务业

(一)养老服务业的构成

养老服务业是养老产业中的核心部分,也是养老行业中对老年人而言不可或缺的内容。根据马斯洛心理学理论,人类的需求分为五个方面:生理需求、安全需求、社交需求、尊重需求、自我实现,而这五个方面也对应着养老服务业应当提供的内容(图9-2)。

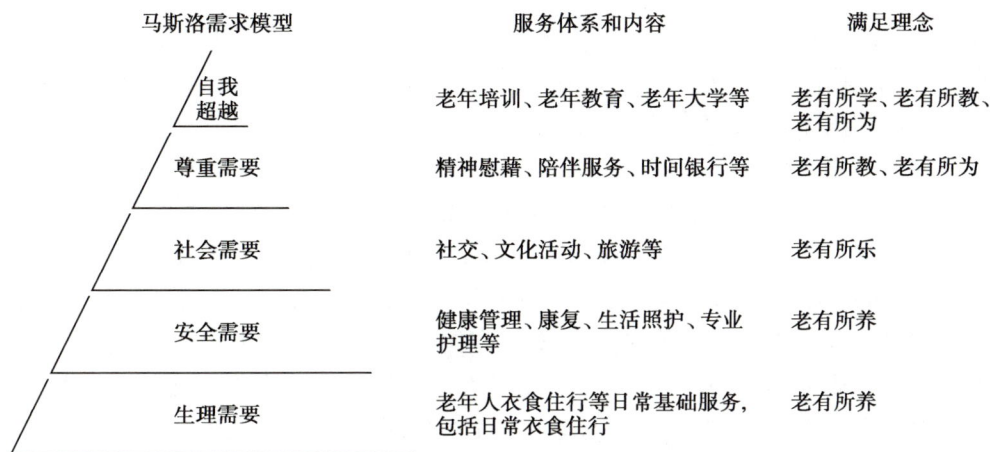

马斯洛需求模型	服务体系和内容	满足理念
自我超越	老年培训、老年教育、老年大学等	老有所学、老有所教、老有所为
尊重需要	精神慰藉、陪伴服务、时间银行等	老有所教、老有所为
社会需要	社交、文化活动、旅游等	老有所乐
安全需要	健康管理、康复、生活照护、专业护理等	老有所养
生理需要	老年人衣食住行等日常基础服务,包括日常衣食住行	老有所养

图 9-2　基于马斯洛需求模型的养老服务体系

根据以上分析,可以看到养老服务业不仅仅是单一的养老护理服务,而是一个综合的行业,要整合各种服务资源,满足老年人多样化的需求。具体包括几类服务:

(1)日常基础服务类:主要满足老年人生理需求,主要是助餐送餐、助洁、助浴、修脚、日常活动陪同等服务。这些服务需要考虑老年人的特点,在健康、安全的基础上,个性化地提供。比如,老年人的餐饮要少油、少盐;助浴要考虑安全等。这些服务可以由专业的养老护理人员提供,也可由其他经过培训的家政服务和其他专业服务人员提供。

(2)专业照护护理类:主要满足部分老年人生活照护、失能失智老年人专业护理的需求,一般由专业的养老护理人员通过居家服务或者集中式服务。

(3)社交文化旅游类:满足老年人的社交、文化交流、旅游等需求的服务。这些服务内容可以由养老护理机构整合各方资源,结合老年人心理和生理特点,在确保安全和健康的前提下提供。

(4)老年教育培训类:满足老年人自我成长、自我成就等需求的服务。国内常见的模式是老年大学。

因此,养老服务产业是一个劳动密集型的行业,涉及医疗服务、康复护理、休闲娱乐等众多行业,其特点是:

(1)服务内容多元化:养老产业随着时代需求的演变,已经脱离了最初的老年照顾、生活服务的含义,涉及医疗、商贸、旅游、咨询、管理、文化等多个内容。就具体内容而言,围绕老年人的"健、医、康、吃、住、行、游、购、娱"等需求,出现的类型有护理服务、康体服务、家政服务、用品商贸、老年旅游、老年教育、老年咨询等。

(2)产业链细分化:养老产业链随着市场需求的多样化以及市场供给能力的不断提升,加之新技术、新模式、新业态的不断涌现,推动养老产业链不断出现新领域,带动养老产业向纵深发展。

《老龄蓝皮书:中国城乡老年人生活状况调查报告(2018)》中指出,老年人消费热点不断形成,照护服务、老年旅游、老龄用品、网络消费成为老年人消费新热点。

(1)照护服务需求规模不断扩大:调查显示,当前高龄老人三千多万,失能老人四千多万。这些空巢、高龄、失能老年人的增加,对照护服务的需求日益凸现。2015年,我国城乡老年人自报需要照护服务的比例为 15.3%,比 2000 年的 6.6%上升将近 9 个百分点。分年龄段来看,高龄老年人对照护服务的需求最为强烈,自报需要照护服务的比例从 2000 年的 21.5%上升到 2015 年的41.0%,上升了将近 20 个百分点,上升幅度是 79 岁及以下老年人的 3 倍多。由此可见,照护服务成为城乡老年人消费的重要项目。从具体服务项目来看,38.1%的老年人需要上门看病服务,12.1%的老年人需要上门做家务服务,11.3%的老年人需要康复护理服务。随着老年人收入的不断提高,这些潜在需求都将转变成老年人有效需求。

（2）老年旅游消费受到青睐:随着我国老年人物质生活条件的不断改善,精神文化生活逐渐成为短板。老年旅游作为满足老年人精神文化生活的一种方式,逐渐受到老年人的青睐。调查显示,2015 年,我国 14.31%的老年人有旅游消费,平均消费金额为 4 928 元。分年龄段来看,低龄老年人是旅游的主体,占 68%,其次是 70~79 岁年龄段的老年人,占 26%,高龄老年人旅游比例比较低,仅占 6%。从未来 1 年出游的计划来看,我国 13.1%的老人明确表示未来 1 年有出游计划,9.1%的老年人表示有可能在未来 1 年外出旅游,由此可见,老年旅游的比例逐年攀升,成为老年人满足精神文化生活的重要方式。而且近年来随着旅居养老、候鸟式养老的不断兴起,极大地拓展了老年旅游的方式。

（3）网络消费成为新宠:随着互联网在我国的普及,网络消费已经成为广大居民消费中不可或缺的部分,老年人也不例外。2015 年的调查数据显示,我国 5.0%的老年人经常上网,其中城镇老年人这一比例为 9.1%,高于农村老年人;低龄老年人网络消费的比例最高,高达 12.7%;大部分老年人上网主要是看新闻,这一比例占到了 85%,其次是看影视剧,占到了 65.4%,聊天和炒股票各占 21.2%和 14%,网上购物占 12.4%。网络的普及不仅有利于满足广大老年人的精神文化生活,同时也为老年人居家养老提供了强有力的支撑,尤其是网络购物的实现,极大地方便了空巢或者独居老人,提高了老年人生活质量。

（二）养老服务交付模式

我国的养老方式主要为居家养老、机构养老、社区养老。其中,居家养老,是指老年人居住在自己或血缘亲属的家庭中,由其他家庭成员提供养老服务。受传统文化的影响,居家养老是东亚国家普遍的养老模式。社区养老,是指老年人居住在自己家中,由社会提供商业化的养老服务。老年人居住在自己熟悉的环境里,既可以得到适当的照顾,也随时欢迎子女的探望。社区养老目前在欧美发达国家比较普遍。机构养老,是指老年人集中居住在特别的养老机构中,由养老机构提供专业的医疗及养老服务,但是一般探望不便,容易造成老年人和子女的隔阂。

根据 2017 年发布的《国务院关于印发"十三五"国家老龄事业发展和养老体系建设规划的通知》,我国提出"十三五"期间的养老业发展目标,提出:居家为基础、社区为依托、机构为补充、医养相结合的养老服务体系更加健全。养老服务供给能力大幅提高、质量明显改善、结构更加合理,多层次、多样化的养老服务更加方便可及。根据全国老龄办的规划,未来我国居家养老、社区养老和机构养老的比例将是"9073",即居家养老占 90%、社区养老占 7%、机构养老占 3%。因此,大力发展居家和社区养老,是我国养老服务业发展的一大趋势。

在日本,2000 年推出的长期介护保险制度,对日本养老模式产生了巨大影响。日本对老年人的界定是 65 岁以上的人群。一般而言,按照衰老的规律,65~74 岁相对年轻的老人基本能够自理,75 岁以上的老年人开始出现不能自理的情形,需要生活照料或介护服务;80 岁以上的超老年人会出现失能、失智的情况。因此,对于健康活跃老人或半自理老人,最适合的是居家和社区养老服务;对于失能、失智的老人,则社区和机构养老服务更加适合。日本养老机构的布局充分体现了以老人需求为中心的特点。另外,由于介护保险的存在,日本养老机构以提供介护保险范围内的服务为主,养老设施也是根据老人的不同护理需求而建设。

Note

日本养老机构因目标客户群体和是否使用介护保险而体现不同类型。按照日本养老机构划分一览表（表9-3），老人院分为特别养护老人院、介护老人保健院、介护疗养型医疗设施、认知症集体老人院、收费老人院（分为看护保险支付型和住宅型两种）、出租型高龄者住宅等。其中：前三种设施建设要有申请手续，根据政府定下的标准，并由符合标准并经过认可的特殊法人来开设。表中左边四个机构类型是以提供介护保险范围内的服务为主，右边三个类型的机构提供偏自费的服务。其中，如果带辅助服务的养老住宅也能提供包括介护在内的服务，也可定义为收费养老院。

表9-3　日本养老机构类型一览表——2017年数据

| 设施种类 | 特别养护老人之家 | 介护老人保健设施 | 介护疗养型医疗设施 | 认知症共同生活介护 | 收费型老人之家 | | 高龄者服务住宅 |
					带介护服务	住宅型	
功能	支援要介护者的日常生活	医院与住所之间的桥梁	以疗养为目的的病人的医疗设施	认知症者住所	老人住宅，也可享受介护服务	老人住宅，如使用介护服务需另签合约	老人租赁住宅，可提供是否平安确认服务，其他介护服务需另签合同
对象	要介护3~5平时需要介护，居家生活困难者	要介护1~5病情稳定，但需要看护、介护、康复者	要介护1~5病情稳定，但平时需要医疗管理者	要支援2~要介护5 接受认知症诊断，能够适应共同生活者	要支援1~要介护5 ※即使自立很多也能入住	自立~要介护5	自立~要介护5
初期费用	无	无	无	0~30万日元左右	0~数百万日元	0~数百万日元	无
月费用	6万~15万日元	13万~15万日元	18万~20万日元	13万~20万日元	15万~40万日元	15万~40万日元	13万~30万日元
介护	设施内介护职员实施				单独签署介护服务合同		
看护	设施内看护职员实施		有些地方有看护职员	设施内看护职员实施	单独签署看护服务合同		
医疗	设施内医疗职位人员（医师等）实施			去医院或者使用医院的上门诊疗服务			
设施数量2015年	7 553	4 192	1 432	13 003	4 688	5 100（2013年）	6 697（2017年）
利用率-%2015年	93.5	92.1	92.6	91.4	91.2	--	--
介护保险法定位	设施服务	设施服务	设施服务	居家服务	居家服务	居家服务	居家服务
	此3设施称为"介护保险3设施"			认知症共同生活介护	特定设施入住者生活介护	介护服务使用"上门介护"	

从日本经验来看，居家和社区养老仍是老年人养老的主要模式。近年来，日本政府在大力推广"社区整体介护系统"，即在社区层面，整合医疗、健康管理、养老护理、志愿者等各种资源，以居家和社区养老的老年人需求为中心，提供基于社区的整合服务。在此理念下，日本政府在大力推

广适合居家和社区养老服务的"小规模多功能机构"模式。小规模多功能养老设施是近年来日本政府积极倡导的养老设施类型,是指均布于各个街区中的,提供日托、短期入住、组团式护理和上门服务等多功能的小型综合养老设施。其根本目的是为老人在宅、在熟悉的社区中养老提供支持,保障老人与家人、邻里人际关系不割裂的同时,为老人提供24小时的个性化护理服务。这类养老设施所提供的护理服务被界定为"小规模多功能居宅护理",是以日间照料为主,兼夜间短期住宿、上门服务以及居住等多种服务。它的特点是全天候、一站式、近距离地服务周边街区的老人,是日本地域密集型养老服务系统的重要组成部分。

英国是较早进入老龄化的国家之一,老龄化问题较为严峻。根据英国国家统计局2017年7月发布的数据,英国65岁以上的老年人占总人口比例的18%,85岁以上的老人占2.4%;预计到2046年,英国65岁以上的老人占比将达到24.7%。同时,英国人的预期寿命也在不断增加。预计到2036年,女性的预期寿命将达86.6岁,男性达83.7岁。

居家和社区养老是目前英国大多数老人选择的养老方式,这体现出英国人"居家养老"或是尽可能地"如同在家养老"的理念。在政府层面,英国社区居家养老主要由卫生和社会保障部以及地方社会服务局管理。英国建立了国民医疗保健制度,由家庭诊所和社区诊所负责提供社区医疗和转诊服务。按照英国有关社区照顾的法令,几乎所有的社区都配备相关的辅助设施、提供面向老年人的服务和帮扶政策。英国也在大力推动综合照护理念,这是指将基本照护、社区照护和社会照护,以被照护者为中心,进行资源整合,建立各机构的联合,以提供连续高质量的照护服务。该理念尤其注重健康和社会照护服务的整合,旨在为老人提供助养、生活护理、医疗及社会服务等综合服务,是从老人的生活到医疗,直至死亡的一个全程照护概念。

如今,英国社区养老已经形成了一套较为完整的体系,与建设养老院、将老人集中起来看护相比,"去机构化"的社区养老可以更好地调动民间资源,展现养老服务的灵活性,也能够让老人最大限度地融入家庭和社区,尽可能让老人能够在自己熟悉的环境中安度晚年。

美国在社区推广医养结合的、全员参与的老年社区照护体系(programs of all-inclusive care for the elderly,PACE)模式。由政府或者保险公司支付,服务提供者给出包括全科医生、专科医生、护士、药剂师、康复师、家庭护理助手、社工等在内的跨学科团队(inter disciplinary team,IDT),评估老年人需求、制订照护计划,为老人提供全面的医疗、健康管理和生活帮助的"打包式"服务。

通过一站式服务,为那些体弱多病、有较多照护需求、需要长期照护的老年人提供了所有Medicare和Medicaid包含的服务以及其他支持性服务。这个模式以被照护人为核心,根据被照护人的需求来提供灵活可选的个体化服务。这种一站式服务模式,使参加人获取服务更加便利。

(1)服务对象:达到入住护理院标准的老人,55周岁以上,认证为需要入住护理院,在PACE服务范围,签订协议后尊重护理计划。

(2)服务内容:日常照护服务、急症护理服务、必要时提供护理院级别的服务,以帮助老年群体应对复杂的医疗性、功能性和社会性需求。

(3)经费来源:PACE的经费主要来自于美国两大主要公共医疗保障计划Medicare和Medicaid。

(4)监督管理:Medicare和Medicaid服务中心与各地方管理署,包括监测和评估PACE机构的组织架构、运营过程、签署的协议和提供的服务。

(王　锦)

思考题

1. 老年人家庭支持的分类有哪几种？
2. 老年人家庭支持中居住支持的观点有哪些？
3. 养老产业如何划分？
4. 什么是养老保障体系的三大支柱？具体是什么内容？
5. 我国居家养老服务体系包括哪几种？
6. 三种不同的健康养老的模式主要区别有哪些？
7. 养老几个细分产业之间，有什么协同关系？
8. 养老产业最核心的价值在哪里？

参考文献

［1］成蓓,曾尔亢. 老年病学［M］. 北京:科学出版社,2018

［2］Theodore AS,Gregory LF. 麻省总医院精神病学手册［M］. 许毅,译. 北京:人民卫生出版社,2017

［3］美国精神医学会. 精神障碍诊断与统计手册［M］. 5 版. 北京:人民卫生出版社,2015

［4］中华医学会精神医学分会老年精神医学组. 老年期抑郁障碍诊疗专家共识［J］. 中华精神科杂志,2017,50 (5):329-334

［5］郝伟,陆林. 精神病学［M］. 8 版. 北京:人民卫生出版社,2018

［6］张伯源. 新编变态心理学［M］. 北京:清华大学出版社,2017

［7］姚树桥,杨艳杰. 医学心理学［M］. 7 版. 北京:人民卫生出版社,2018

［8］李凌江,马辛. 中国抑郁障碍防治指南［M］. 2 版. 北京:中华医学电子音像出版社,2015

［9］Bertoni M,Brunello G. Pappa Ante Portas:The effect of the husband's retirement on the wife's mental health in Japan［J］. Social Science & Medicine,2017,175:135-142

［10］宋卉,蔡琳. 老年健康管理实务［M］. 北京:中国轻工业出版社,2017

［11］孙鹃娟,杜鹏. 中国人口老龄化和老龄事业发展报告 2015［M］. 北京:中国人民大学出版社,2016

［12］傅华. 健康教育学［M］. 北京:人民卫生出版社,2017

［13］《中国高血压防治指南》修订委员会,刘力生. 中国高血压防治指南 2018 年修订版［J］. 心血管病防治,2019, 24(1):24-56.

［14］冯宝玉,陈纪春,李莹,等. 中国成年人超重和肥胖与高血压发病关系的随访研究［J］. 中华流行病学杂志, 2016,37(5):606-611

［15］中华医学会糖尿病学分会. 中国 2 型糖尿病防治指南(2017 年版)［J］. 中华糖尿病杂志,2018,10(1):4-67

［16］中国心血管病预防指南(2017)写作组,中华心血管病杂志编辑委员会. 中国心血管病预防指南(2017)［J］. 中华心血管病杂志,2018,46(1):10-25

［17］中国心血管病风险评估和管理指南编写联合委员会. 中国心血管病风险评估和管理指南［J］. 中华预防医学 杂志,2019,53(1):13-35

［18］田金洲,解恒革,秦斌,等. 适用于中国人群的痴呆筛查和评估框架［J］. 中华内科杂志,2018,57(12): 894-900

［19］于永鹏,迟相林. 帕金森病运动前期的概念、定义、临床表现及预警筛查策略［J］. 中华脑科疾病与康复杂志, 2015,5(1):35-40

［20］胡以松. 从流行病学的角度看待我国的帕金森病筛查［J］. 诊断学理论与实践,2016(2):118-121

［21］Robert AS,Kimberly SA,Durado B,et al. Cancer screening in the United States,2018:A review of current American Cancer Society guidelines and current issues in cancer screening［J］. CA Cancer J Clin,2018,68(4):297-316

［22］中华医学会老年医学分会. 老年综合评估技术应用中国专家共识［J］. 中华老年医学杂志,2017,36(5): 471-477

［23］Yin Z,Chen J,Zhang J,et al. Dietary patterns associated with cognitive function among the older people in underdeveloped regions:Finding from the NCDFaC study［J］. Nutrients,2018,10(4):464

［24］Yin Z,Fei Z,Qiu C,et al. Dietary diversity and cognitive function among elderly people:A population-based study ［J］. J Nutr Health Aging,2017,21(10):1089-1094

［25］Wang H,Hai S,Cao L,et al. Estimation of prevalence of sarcopenia by using a new bioelectrical impedance analysis in Chinese community-dwelling elderly people［J］. BMC Geriatr,2016,16(1):21

［26］张一丹.老年人肌少症风险因素评估及管理研究进展[J].东南国方医药,2017,19(5):508-512

［27］王蓉,胡亦新,范利.增龄性肌肉减少症对老年患者再住院率影响的研究[J].中华保健医学杂志,2016,18(2):106-109

［28］韩雨欣,龙芋君.老年人生存质量评估量表的研究进展[J].中国疗养医学,2017,26(1):21-24

［29］赵鹏,曾强.规范主检报告撰写 提升健康体检质量[J].中华健康管理学杂志,2018,12(3):193-196

［30］中华医学会神经病学分会睡眠障碍学组.中国成人失眠诊断与治疗指南[J].中华神经科杂志,2018,51(5):324-335

［31］中国老年保健医学研究会.居家老年人运动功能评估与干预专家共识[J].中国老年保健医学杂志,2018,16(3):52-56

［32］宋卉,蔡琳.老年健康管理实务[M].北京:中国轻工业出版社,2017

［33］傅华.健康教育学[M].北京:人民卫生出版社,2017

［34］张绍祥,刘军.数字医学概论[M].北京:人民卫生出版社,2018:490-492

中英文名词对照索引

A

| 阿尔茨海默病 | Alzheimer's disease, AD | 115 |
| 安宁疗护 | palliative care/hospice palliative care | 132 |

B

| 病态老龄化 | impaired aging | 154 |

C

长期记忆	long-term memory	15
常态老龄化	usual aging	154
成功老龄化	successful aging	154
痴呆	dementia	115
初级记忆	primary memory	15
次级记忆	secondary memory	15

D

待遇确定型	defined benefit	174
单纯收缩期高血压	isolated systolic hypertension, ISH	45
单腿站立试验	one-leg balance test, OLS	56
电子病人记录	electronic patient record, EPR	137
电子健康档案	electronic health record, EHR	137
动脉粥样硬化性心血管病	atheroselerotie cardiovascular diseases, ASCVD	47
独立居住区	independent living	175
短期记忆	short-term memory	15
多巴胺	dopamine, DA	116

G

感觉	sensation	14
高血压	hypertension	107
工具性日常生活活动	instrumental ADL, IADL	66
功能性标识食品	foods with function claims, FFC	177
功能性伸展测试	function reach test, FRT	56
冠心病	coronary heart disease, CHD	110
国际电信联盟	International Telecommunication Union, ITU	142

| 国家卫生服务保健记录服务 | National Health Service Care Record Service，NHS CRS | 137 |
| 国家卫生信息网络 | National Health Information Network，NHIN | 137 |

H

| 回忆 | remembrance | 15 |

J

肌少症	sarcopenia	106
基础性或躯体性日常生活活动	basic or physical ADL，BADL or PADL	66
计时起立-行走试验	time up and go test，TUGT	56
记忆	memory	15
家庭支持	family support	167
简易认知能力测试	mini-cognitive assessment，Mini-cog	55
建成环境	built environment	24
健康老龄化	healthy aging	5
健康养老	health care for the elderly	167
健康营养食品协会	Japan Health Food & Nutrition Food Association，JHFA	177
缴费确定型	defined contribution	174

K

| 可穿戴设备 | wearable devices | 140 |
| 跨学科团队 | inter disciplinary team，IDT | 182 |

L

老年焦虑症	scnior anxiety disorder	19
老年抑郁量表	geriatric depression scale-15，GDS-15	56
老年抑郁症	late life depression，LLD	20
老年综合评估	comprehensive geriatric assessment，CGA	56
老年综合征	geriatric syndrome，GS	55
临终关怀	hospice care	129
临床医疗信息系统	clinical information system，CIS	135
临终关怀模式	model of hospice care	130

M

慢性非传染性疾病	chronic non-communicable diseases，NCDS	45
慢性肾脏病	chronic kidney disease，CKD	54
慢性阻塞性肺疾病	chronic obstructive pulmonary disease，COPD	50

N

| 脑卒中 | stroke | 113 |

P

| 帕金森病 | Parkinson's disease，PD | 52,116 |
| 匹兹堡睡眠质量指数量表 | Pittsburgh sleep quality index，PSQI | 56 |

Note

Q

情感	affection	17
情绪	emotion	17
全员参与的老年社区照护体系	programs of all-inclusive care for the elderly，PACE	182

R

人工智能	artificial intelligence	141
日常生活活动	activities of daily living，ADL	66
日常生活照顾	daily care	168

S

社区支持	community support	169
生活护理区	assisted living	175
失能护理区	nursing home	175
失智照护区	memory care	175
世界卫生组织	World Health Organization，WHO	61
世界卫生组织的生存质量量表	WHO quality of live，WHOQOL	69
视觉模拟法	visual analogue scale，VAS	56
数字评定量表	numerical rating scale，NRS	56
思维	thought	16

T

糖尿病	diabetes mellitus	111
特定保健用食品	foods for specified health uses，FOSHU	177
体重指数	body mass index，BMI	36
徒手肌力测试	manual muscle testing，MMT	56
退休综合征	retirement syndrome	22

W

| 物联网 | internet of things，IOT | 142 |

X

性格	character	17
血糖生成指数	glycemic index，GI	101
血同型半胱氨酸	homocysteine，Hcy	53

Y

养老机构的支持	support from pension institutions	171
药动学	pharmacokinetics，PK	121
药效学	pharmacodynamics，PD	122
医学图像实时传输与查询、归档系统	picture archiving and communication system，PACS	135
医院信息系统	hospital information system，HIS	135
移动医疗	mobile health，mHealth	142
疑病症	hypochondria	18
意识障碍评估法	confusion assessment method，CAM	56

Note

营养素功能食品　　foods with nutrient function claims,FNFC　　177

Z

再认　　recognition　　15

知觉　　perception　　14

智力　　intelligence　　16

中国动脉粥样硬化性心血管疾病风险预测　　prediction for ASCVD risk in China,China-PAR　　47

自然环境　　natural environment　　24